KB179998

한반도 에너지 전환

한반도 에너지 전환

탈탄소 시대를 향한 새로운 에너지 공동체 구상

서울대학교 아시아도시사회센터 · 에너지기후정책연구소 기획

권승문 · 이강준 · 이보아 · 이정필 · 한재각 · 홍덕화 · 황진태 지음

이정필 · 황진태 엮음

생각비행

한반도 에너지 전환을 위한 사회공간적 상상력

이정필·황진태

2018년 남북정상회담과 북미정상회담이 개최되고, 그 결과로 체결된 판문점 선언과 공동합의문은 한반도 긴장 완화와 평화 정착에 우호적인 분위기를 조성할 기폭제가 될 수 있겠다는 조심스러운 바람을 갖게 했다. 2018년 여름의 끝 무렵에 서울대학교 아시아도시사회센터의 황진태 박사와 에너지기후정책연구소의 이정필 부소장은 한반도 에너지 전환을 주제로 한 세미나팀을 운영하기로 결정했다. 그동안 에너지 전환에 관심을 두고, 연구와 운동을 해오던 일군의 연구자와 활동가들은 오랜만에 한반도에 불어온 훈풍을 타고, 남한의 에너지 전환 이론과 실천을 한반도로 시야를 넓힐 기회로 삼고자 했다.

그해 가을, 두 기관은 '한반도와 아시아 에너지 전환의 미래'라는 주제로 공동심포지엄을 개최했다. 심포지엄 1부 '한반도 에너지 전환의 미래'에서 "행성적 도시화의 차원에서 한반도 에너지 전환의 공간 그려보기"(황진태)와 "한반도 에너지 전환의 비전과 가능성 모색"(이정필·권승문)이라는 두 발표와 지정 토론자들(통일연구원 홍민 박사, 충북대 홍덕화 교수)의 토론을 양분 삼아 '한반도 에너지 전환 세미나'를 시작했다. 2019년 한 해 동안 세미나팀은 에너지 전환론, 에너지 전환의 지리학, 에너지 민주주의, 정의로운 전환 등의 이론공부를 마치고, 북한 에너지시스템 관련 계획과 정책을 살펴봤으며, 남북 에너지 교류협력 실태와 한반도·동북아 스케일의 인프라 건설 계획들을 검토했다.

세미나팀은 처음부터 한반도 에너지 전환론을 학술 논의로 국한하지 않고, 한국 사회에서 사회적·정치적 담론으로서 공론화를 목적으로 단행본 작업을 구상했다. 세미나 모임에서 제안된 아이디어와 문제의식은 단행본 출간 이전에 학술적 검증을 받을 필요가 있었고, 모임에서 발표된 원고 중에서 네 편의 논문(본서의 1장, 3장, 4장, 5장)이 학술지 《공간과 사회》 2020년 봄호에 실렸다.

한반도 에너지 전환론은 무에서 유를 창조하는 작업이 아니다. 그간 국내에서 논의되어온 에너지 전환은 주로 휴전선 밑인 남한의 공간에 한정되었음에도 불구하고, 한반도 정세 변화에 따라 북한을 포함한 한반도, 나아가 동북아 차원에서의 에너지 전환에 대한 관심이 점차적으로 증가하기 시작했다. 비록 에너지 전환이라는 용어를 사용한 것은 아니지만, 과거에도 교류협력 차원에서 국내외 (재생)에너지 지원사업이 간헐적으로 추진되거나 검토된 전례가 있다. 비록 대북제재라는 제도적 장벽이 존재하지만, 재생에너지 교류협력의 당위성과 필요성에 대한 공감대는 시민사회와 학계에 제법 형성되어 있다. 최근 들어서는 남한과 함께 북한도 에너지 전환의 대상 혹은 주체로 접근하려는 제안이 적지 않다. 이들 논의에는 인도주의, 평화주의, 생태주의 관점이 강하게 녹아 있다. 하지만 에너지 전환의 모델과 경로는 하나가 아니다. 국가-자본-기술 주도로 대북 에너지 사회인프라를 구축하려는 논의도 상당한 담론적 힘을 갖기 시작했다.

따라서 한반도 에너지 전환을 논하기 위해서는 첫째, 재생에너지를 비롯한 개별 에너지 사업 부문을 넘어서 거시적 수준과 미시적 수준을 종합하는 다층적 차원에서 에너지시스템 전반의 전환적 사고가 필요하다. 둘째, 남한과 북한이라는 개별적, 폐쇄적 국가공간이 아닌 한반도와 동북아라는 새로운 연결성과 위치성을 담을 수 있는 한반도 차원의 새로운 사회공간적 상상력이 요구된다. 남북한 교류의 공간이 열리면서 어떤 에너지원이 지배적이게 될지, 에너지 전환을 주도할 행위자는 누구인지, 새로운 에너지 경관energyscape이 지역주민 및 지역생태계에 어떤 영향을 미칠지에 대한 단기적, 중기적, 장기적 분석과 전망은 한반도 에너지 전환론을 매개로 지속가능한 한반도 공간을 구축하기 위한 추동력이 될 수 있다. 셋째, 기존 에너지 관련 학계와 정책 분야에서 시도해왔던 과거의 사실fact을 바탕으로 예상되는 미래를 가정하던 수준을 넘어서 '바람직한 미래'로 나아가기 위하여 사실과 더불어 허구fiction를 적절하게 섞어서 어떻게 '보다 구체적이고, 실천적인 환상more concrete and practical illusion'(Hwang, 2021)을 만들 수 있을지에 방점을 둘 필요가 있다. 이상의 지향성이 담겨진 장들은 아래와 같다.

1장(황진태)은 한반도 공간을 '도시적인 것the urban'으로 접근하는 방법을 출발점으로 잡고서 한반도 에너지 전환을 상상하도록 제안한다. 기존에 국가 중심적 시각으로 한반도 일대를 바라봤을 때 포착하지 못한 국경을 가로지르는 행성적 차원에서 동북아 도시화의 역동성을 확인하고, 북한이 화석연료 수출을 통하여 동북아 주변국들의 도시화를 촉진할 배후지로 전락할 가능성이 크다는 점을 예측한다. 이러한 예측을 바탕으로 한반도 지속가능성을 유지하기 위한 대안으로 북한의 화석연료를 땅속에 묻어두고, 남북 공동으로 자원 매장지를 공유화 commoning 하는 방안을 제안한다.

2장(이강준)은 북한에서 출간한 자료를 중심으로 북한의 에너지 체제의 특징과 현 북한 에너지 실태를 분석한다. 북한 자료에 대한 접근이 쉽지 않은 상황에도 불구하고, 한반도 공간의 반쪽인 북한의 상황을 내재적으로 접근하는 것은 실현가능한 한반도 에너지 전환을 구상하기 위한 필수적인 작업이다. 북한의 에너지 관련 법제(헌법 및 법률)와 1947년부터 최근까지 최고지도자들의 신년사를 분석하여 북한 에너지 정책의 거시적 흐름을 짚는 것부터 북한 가정의 재생에너지 사용 실태에 대한 미시적 분석까지 북한의 에너지 경관을 다층적으로 조망한다.

3장(한재각)은 한국의 에너지시스템의 전환 경로를 거시환경-레짐-틈새 단계에 기반한 사회기술 시나리오로 접근한다. 기존 사회기술 시나리오의 비공간적 맹점을 보완하고자 다중스케일적 접근을 접목했으며, '한국'이란 국가 에너지시스템을 살피지만, 국가 스케일에 천착하지 않고, 지역적 스케일, 국제적 스케일 등의 여러 지리적 스케일을 감안하여, 한국의 에너지 전환을 위한 세 가지 경로(국가 스케일: 중앙집권적 전환 경로, 지역 스케일: 에너지 분권과 자립의 경로, 국제적 스케

일: 동북아 슈퍼그리드 경로)를 제시하고, 각 경로에 대한 다면적 평가를 시도한다.

4장(홍덕화)은 앞서 한재각이 살핀 세 가지 경로 중의 하나인 동북아 슈퍼그리드 논의를 집중적으로 파고든다. 현재 슈퍼그리드 논의가 동북아 평화와 재생에너지 전환을 이끌 것이라는 기대감과 다른 한편으로 동북아의 지정학적 긴장관계로 인한 실현가능성에 비관적인 입장 사이에서 논의가 보다 심도 있게 진전되지 못하고 있음을 지적하고, 슈퍼그리드가 통과할 구간의 상이한 체제(자본주의와 사회주의)에 대한 이해, 성장주의 담론에 경도되면서 간과하게 되는 발생 가능한 위험들을 주목할 필요가 있으며, 국제적인 스케일에 기반한 동북아 슈퍼그리드 담론이 에너지 공유재, 공동체 에너지와 같은 지역에 바탕을 둔 여러 전환 경로에 대한 성찰을 막고 있음을 환기하고 있다.

5장(이정필·권승문)은 기존 에너지 전환의 시각이 일국에 한정되어 있다는 문제의식을 바탕으로 2050년 한반도 에너지 미래를 상정한 '한반도 에너지 전환 시나리오'의 예비 작업을 시도한다. 다른 장들에서 사용한 연구방법이 담론 분석을 근거로 한 것과 달리, 이 장은 통계학적 방법을 사용했다는 점에서 차별화된다. 에너지 백캐스팅 시나리오_{backcasting scenario} 작업을 통하여 보여준 한반도 차원의 에너지 전환 경로를 비록 북한 자료에 대한 접근의 제약으로 인하여 풍부한 경로를 보여주지 못한 한계가 있지만 '한반도 에너지공동체' 구상에 필요한 앞으로의 연구과제들을 확인해주는 나침반을 제공한다.

6장(이보아)은 지금까지 추진되었던 남북한 에너지 교류 및 협력의 경험을 평가한다. 그간의 에너지 교류 및 협력은 두 가지 유형으로 나눌 수 있다. 먼저, 안보논리를 내세우면서 경수로 건설, 중유 지원 등을 추진한 정부 주도 사업과 북한 주민들의 에너지 빈곤해소를 목적으로 보일러 지원, 산림복원, 태양광설비 등을 제공한 민간 주도 사업이다. 대규모 자금이 투입된 정부 사업은 별다른 성과를 남기지 못한 것에 비하여 역설적이게도 민간사업은 규모는 작지만, 유의미한 교류의 경험치를 쌓았음을 확인한다. 이는 미래의 한반도 에너지 전환은 기존에 한반도를 감싸고 있는 안보 논리와 국가 행위자만 내세울 것이 아니라 한반도 지속가능성의 가치를 지향하고, 한반도에 존재하는 다양한 행위자들의 참여를 열어야 한다는 필요성을 환기한다.

일본 소프트뱅크의 손정의 회장은 2011년 3월 후쿠시마 원전 사고 이후, 발전소 가동중단으로 일본 사회가 전력부족 위기에 직면하자 일본 외부로부터 전력 에너지를 공급받는 것을 해결책으로 판단하고, 몽골에 대규모 재생에너지단지를 만드는 것을 중심으로 한 아시아슈퍼그리드를 제안했다. 그의 제안이 허황된 이야기로 폐기될지, 실제로 시도될지는 학술적, 정책적 논의를 거치는 작업이 필요하겠지만, 사회 세력들이 그의 제안에 호응하는가 여부도 중요하다. 적어도 한국에서는 문재인 대통령을 비롯한 정부 관료들이 그를 만났으며, 언론은 이들의 만남을 비중 있게 다루었다. 이처럼 현 정권이 에너지 전환에 대한 관심이 상당히 높고, 특히 남북대화가 제기되면서 한반도라는 새로운 공간에 대한 전략적 고민이 많은 상황에서 이 책에 대한 정부의 관심도 높을 것으로 예상한다.

물론 이 책이 한반도 에너지 전환의 청사진을 제시하지는 않는다. 대신에 저자들은 한반도 에너지 전환의 공론화를 촉진하기 위한 새로운 사회공간적 상상력을 바탕으로 한 정교한 사고실험思考實驗들을 시도했다. 모쪼록 정부 측(산업자원통상부, 한국전력, 에너지경제연구원 등)과 더불어 에너지 전환에 참여하는 시민단체와 민간연구소, 학자, 활동가들의 관심과 그들의 비판을 포함한 건설적인 반응을 기대한다. 한반도 에너지 전환의 공론화에서부터 전환은 이미 시작되었다!

차례

들어가며 한반도 에너지 전환을 위한 사회공간적 상상력   4

1
한반도 에너지 전환의
개념화를 위한 시론

한반도 에너지 전환론, 구체적인 미래 만들기의 출발점   19
행성적 도시화의 시선에서 에너지 전환 논의를 공간화하기   28
행성적 도시화의 시선에서 한반도 에너지 전환을 내다보기   34
한반도 구성원들이 함께 만드는 한반도 에너지 전환의 미래   56

2
북한 에너지 전환의 갈림길:
현황과 특징

북한 에너지 문제를 바라보는 남한 언론의 시각   63

북한 에너지 실태   65

북한의 에너지 위기와 해결 노력   75

북한 에너지 체제의 특징과 시사점   85

3

한국 에너지 전환의 미래: 다양한 스케일의 전환 경로 탐색

한국 에너지 전환의 지리적 스케일   93

전환연구, 전환의 지리학 그리고 사회기술 시나리오   96

한국 에너지 시스템 전환의 다층적 분석   107

한국 에너지 전환 경로의 시론적 탐색 및 토론   117

국가적 스케일을 넘어서는 전환 경로 탐색의 필요   125

4
동북아 슈퍼그리드와
에너지 전환의 경로

전환 경로와 사회기술적 상상   131

전환 경로의 분기점   136

한국 정부의 동북아 슈퍼그리드 구상   146

환호와 냉소 사이의 동북아 슈퍼그리드   154

슈퍼그리드에 대한 다른 상상은 가능한가   165

5
한반도 에너지 전환 경로와
시나리오 구상하기

한반도 에너지 전환의 상상력   171

에너지 전환론의 이론적 검토   175

남북한 에너지 현황과 정책 비교 분석   184

한반도 에너지 전환 경로와 시나리오 구상   200
한반도 에너지 공동체를 향하여   219

6
남북 에너지 교류·협력 평가와 과제

한반도 에너지 전환 추진의 실천대實踐隊로서 교류·협력   226
남북 에너지 교류·협력 유형   229
남북 에너지 교류·협력 평가와 과제   256

나오며   한반도 에너지 공동체의 열린 미래   294

미주   302
참고문헌   313

1

한반도 에너지 전환의
개념화를 위한 시론

황진태

이 장은 '예상되는 미래'를 예상하기보다 '바람직한 미래'로 나아가기 위한 한반도 공간의 미래상의 일부로 한반도 에너지 전환을 개념화하고, 한반도 에너지 전환이라는 미래 만들기의 상상력을 촉진하고자 앙리 르페브르가 제시한 '도시적인 것'의 사유를 전유한다. 기존 도시에너지 전환 논의는 도시의 성장을 가능케 한 비도시 지역에 위치한 자원매장지, 발전소, 송전선 등이 갖는 공간성과 비도시와 도시 간의 관계성을 간과하는 경향이 있다. 대안적으로 이 글에서 필자는 도시적인 것의 사유를 통해 비도시 지역에 대한 관계론적 이해가 어떻게 남한과 북한을 아우른 한반도의 에너지 전환을 촉진할 단초를 마련할 수 있을지를 탐색한다. 한반도 공간을 도시적인 것으로 접근하는 새로운 사회공간적 상상력은 동북아시아 냉전구도가 낳은 분단 체제하에서 고착화된 국가 중심의 하향적 거버넌스의 관성으로부터 벗어날 전환의 계기를 탐색하는 데 도움을 줄 수 있을 것으로 기대된다. 한반도 에너지 전환의 구체적인 전략으로 북한의 화석연료 매장지를 도시녹색공유지로 규정하고, 땅속에 내버려둘 것을 제안한다.

한반도 에너지 전환론,
구체적인 미래 만들기의 출발점

2018년 남북정상회담을 계기로 남북대화가 재개되면서 에너지 이슈도 남북대화의 현안으로 부상했다. 그동안 주목할 만한 남북간 에너지 협력은 1990년대 북한에 한국 표준형 경수로 원자로 건설을 위하여 설립된 한반도에너지개발기구 KEDO: Korean Peninsula Energy Development Organization 정도를 들 수 있다. 이 장에서 던질 화두인 '한반도 에너지 전환'은 단순히 전력난을 겪는 북한에 발전소를 건설하는 것이 최종 목적이 아니라 남한을 포함한 한반도 공간의 지속가능성을 담보하기 위한 에너지 체계 재편의 구상이 담겨 있다. 남한 사회에서 에너지 전환이 제기된 배경은 탄소배출에 따른 기후변화에 대한 우려가 높아지고, 특히 2011년 후쿠시마 원전 사고를 계기로 그간 남한의 근대화/산업화/도시화를 떠받쳐왔던 국가 주도의 중앙집중형 화석연료 기반의 에너지 정책의 지속가능성에 의문이 제기되면서 대안적으로 분권형 재생에너지 체계의 도입을 주장하는 시민사회와 학계, 지자체에서 공론화가 활발해졌기 때문이다. 더불어 지난 2018년 재개된 남북한 대화는 남한에 국한되었던 에너지 전환의 공간적 범위를 한반도로 확장하는 계기를 마련했다.

필자는 '예상되는 미래expected future'를 예상하기보다 '바람직한 미래desirable future'(Hajer and Pelzer, 2018)로 나아가기 위한 한반도 공간의 미래상으로서 한반도 에너지 전환을 개념화하고자 한다. 바람직한 미래를 만들고자 노력해왔던 시민사회 진영은 과거의 경험적 자료를 바탕으로 에너지 수요를 예측하는 것을 최우선의 목표로 삼은 포캐스팅forecasting 접근이 가정하는 예측의 정확성이 근본적으로 불확정적이라고 지적한다. 대안적으로 시민사회 진영은 미래의 에너지 수요는 고정적이지 않고, 현재와 미래의 경제, 기술, 사회적 선택에 따라서 유동적으로 구성된다는 구성주의적 접근에 기반을 둔 백캐스팅backcasting을 지향한다(정연미 외, 2011; 한재각·이영희, 2012). 필자는 시민사회 진영의 대안적 에너지 시나리오 작업이 기존에 소수의 국가 관료와 (주로 신고전경제학에 바탕을 둔) 전문가들이 주도하는 지식의 정치를 깨뜨리는 데 상당히 기여했다고 본다.

그러나 이러한 에너지 시나리오 작업에서 다뤄지는 발전원별(원자력, 수력, 태양광 등), 수치별(TOE, %, ppm, Twh 등) 그래프는 에너지 전환을 비공간적으로 접근한다는 점에서 바람직한 미래의 구체적인 상을 그리는 데에는 한계가 있다. 예컨대, 전기 에너지의 생산-송전-소비 과정에서 나타나는 불균등발전과 환경부정의environmental injustice와 글로벌환경거버넌스의 정책적 관심이 탄소저감을 위한 말단처리기술end-of-pipe에 쏠리면서 화석연료 매장지가 간과된다. 이러한 필자의 문제의식은 에너지기후정책연구소에서 최근 시도한 시민 참여 에너지 시나리오 만들기에서 "대규모 산업단지와 대도시를 위해 농어촌이 희생되는 지역 불평등"(에너지기후정책연구소, 2017: 85)이라는 도시와 촌락 간의 공간적 관계성과 국가-지자체-마을 같은 지리적 스케일에 따른 차이를 주목한 사회-공간적 이해의 중요성을 강조했다는 점에서도 재확인된다(에너지기후정책연구소, 2017: 158-165). 이 글에서 필자는 본격적으로 공간적 사고의 필요성을 환기하고자 한다.

전기에너지는 석탄, 석유, 가스 매장지로부터 시작하여 발전소, 송전탑, 송전선, 변전소를 거쳐 에너지를 소비하는 공장, 회사, 가정까지 지리적으로 이동된다는 점에서 필연적으로 공간이 필요하고, 에너지 경관energyscape을 형성한다(Bridge et al., 2013; Huber, 2015; Gailing et al., 2019). 즉, 에너지 전환의 시나리오 구상은 현재 에너지 경관이 어떻게 형성되어왔고, 그것이 사회에 어떠한 영향을 미쳤는지 평가하고, 이를 바탕으로 미래에 어떤 형태의 에너지 경관을 형성할지 예측하는 작업으로 접근할 수도 있다. 이 장에서 필자는 한반도 에너지 전환이라는 '미래 만들기futuring'(Hajer and Pelzer, 2018)를 위한 새로운 사회-공간적 상상력을 촉진하고자 '도시적인 것the urban'의 사유를 전유한다. 여기서 도시적인 것이란 건조환경, 인구, 행정기관, 문화시설 등이 밀집된 물리적 공간으로서의 전형적인 도시city에 국한하지 않는다. 프랑스의 저명한 도시사회학자 앙리 르페브르Henri Lefebvre는 일찍이 1970년에 펴낸 *The Urban Revolution*에서 "사회는 완전히 도시화되었다"는 가설로 시작한다.

"도시적 직조urban fabric는 성장하고, 그 경계를 확장하며, 농업적 생활양식의 잔여물을 부식시킨다. 이 '도시적 직조'라는 표현은 도시적 건물이 들어찬 세계로 좁게 정의되지 않고, 촌락에 대한 도시의 지배를 드러내는 모든 것을 포함한다. 이런 의미에서 시골의 별장, 고속도로, 슈퍼마켓 등은 모두 도시적 직조의 일부분이다."(Lefebvre, 2003[1970]: 3-4)

르페브르가 제시한 가설의 실현은 곧 '도시적 직조'로 뒤덮인 지구, 그의 다른 표현으로 "완전한 도시화"(Lefebvre, 2003[1970]: 4)의 상태를 가리킨다. 그런데 여기서 우리가 르페브르의 도시적인 것, 도시적 직조, 도시사회와 같은 개념들에 주목하는 이유는 지구상에서 도

[그림 1] 국제우주정거장에서 본 한반도의 야경. 2014년 1월 30일 촬영.

출처: NASA 홈페이지, 원본사진은 https://www.nasa.gov/content/korean-peninsula-seen-from-space-station

시화가 100% 완료된 미래상을 논하기 위해서가 아니다. 그러한 도시사회로 가고 있는 이행단계(도시화 0%와 100% 사이)인 현재와 가까운 미래의 공간에서 도시와 비도시 간의 경계가 모호해지며, 비도시 지역은 도시화의 논리에 포섭된다는 '촌락에 대한 도시의 지배' 관점이 *The Urban Revolution*이 출간된 지 50년이 지난 지금 여기의 남한과 북한 그리고 한반도 차원의 도시화 과정을 이해하고, 예측하기 위한 존재론적, 인식론적, 실천적인 통찰을 제공할 것으로 기대되기 때문이다.

보다 구체적으로 르페브르의 도시적인 것에 관한 사유는 바람직한 미래로서 한반도 에너지 전환을 모색하는 데 아래와 같은 유용한 함의를 제공한다.

첫째, 한반도 공간은 국가들의 합(즉, 남한+북한)으로 수렴되지 않는 도시적인 것으로의 변화가 두드러지고 있다. 따라서 이러한 변화를 인지하고, 예측할 새로운 인식론이 필요하다. 한반도 공간을 국가들의 합으로 인식해왔던 원인은 한반도와 주변 동북아가 "러시아-중국-북한 vs. 한국-미국-일본"이라는 (신)냉전의 지정학적 구도(백낙청(1998)의 용어로 '분단체제')가 반세기가 넘도록 구조화되어 왔기 때문이다. 이러한 구조는 시민들에게 국가라는 렌즈를 통해서 사회적 공간을 인식하는 '방법론적 국가주의'(박배균, 2012; Hwang, 2016)의 덫에 빠지게 했다. 방법론적 국가주의는 국제우주정거장에서 한반도 야경을 촬영한 사진처럼 국경을 넘어선 도시적인 변화들을 설명하지 못한다. 도시연구에서 지표면의 야간 불빛은 도시화의 수준을 평가하는 척도로 활용된다(Pandey et al., 2013; Ma et al., 2015). 우리의 심상지도에 그어져 있는 국경선들을 잠시 지우고, 그림1을 본다면 지구대기층 너머 우주 공간을 배경으로 밝혀진 불빛들을 통해 동북아에서도 "행성적planetary"(Lefebvre, 2003[1970]; Brenner, 2013) 차원의 도시화가 전개되고 있음을 직관적으로 확인할 수 있다. 바야흐로 국가 중심적 사고의 한계를 직시하고, 도시적인 것으로 변화하고 있는 한반도 공간을 주목할 시점이 온 것이다.

둘째, 르페브르는 도시사회가 산업화로부터 잉태되었지만 도시화 100%로 향한 도시사회의 성숙과정에서 도시화란 산업화의 종속적 결과물이 아니라 산업화와 함께 자본주의를 추동한 것으로 이해한다. 앞서 지적한 방법론적 국가주의의 야누스Janus적 맹점은 우리 사회의 시선이 국가기구와 국가 스케일에 과도하게 초점을 맞추는 것과 더불어 이 시선이 국가가 수행해온 산업화의 결과(세계은행의 용어로 "기적miracle"(World Bank, 1994))를 목격하면서 "국가기구/국가스케일 ⊐산업화의 논리"라는 인식이 구축되었다는 점이다. 최근의 비판적 공간연구는 20세기 중반부터 서구와 비교하여 상대적으로 짧은 시간 안에(여러 연구자들의 표현처럼 "압축적"으로) 한국을 비롯한 동아시아 국가들은 산업화와 도시화가 동시다발적으로 나타났음을 밝혔지만(박배균 외, 2014; 이상헌 외, 2017; 박배균·황진태, 2017; 박배균·김동완, 2013; Hsu et al., 2018; Sonn and Kim, forthcoming), 여전히 사회적 인식은 도시화를 산업화의 종속변수로 보는 인식이 지배적이다. 하지만 그림1에서 남한 지역을 밝힌 야간 불빛의 조명은 산업화의 엔진인

공업단지들(대표적으로 남동임해공업지역)에도 있지만, 공업단지가 적은 서울 수도권과 대도시들을 중심으로 강렬하게 이글거리고 있다. 즉, 대도시를 중심으로 대낮처럼 밝은 야간 불빛들은 생산의 영역뿐만 아니라 도시민들의 일상적인 도시적 삶을 유지하기 위한 소비의 영역에도 상당한 전기에너지가 필요하다는 사실을 보여준다. 따라서 에너지 전환을 시도할 전략적 공간으로 도시를 주목할 것을 시사한다.

셋째, 에너지 전환의 전략적 공간으로 도시^{city}를 주목하지만, 전환의 공간은 남한의 국가공간 내부에 자리한 대도시(서울, 대구, 부산 등)만으로 한정되지 않는다. 비도시 지역을 도시적 직조의 일부분으로 봐야 한다는 르페브르의 시각은 도시화 과정이 비도시 지역의 착취를 수반하고 있음을 밝히는 도시와 비도시 간의 관계적 이해의 필요성을 환기한다(Arboleda, 2016a, 2016b; Saguin, 2017). 다시 말해, 도시의 성장을 가능케 한 비도시 지역에 배치된 발전소, 자원매장지, 송전선 등이 갖는 관계성을 주목해야 한다. 대도시를 중심으로 야간조명을 밝힐 수 있는 것은 비도시 지역에 배치된 발전소들과 고압송전선을 통하여 전달된 전기에너지 덕분이지만, 이러한 사실은 그림1에서 발전소가 입지했을 것으로 추정되는 어두운 지역인, (르페브르의 용어로) '가려진 지대^{blind field}'로 남아 있다.[1] 그런데 필자는 도시와 비도시의 관계성을 남한의 공간 내부로 국한하지 않는다. 그림1에서 가장 어두운 지역은 북한이다. 남한의 불빛과 비교할 때, 북한에 대도시 평양이 존재한다는 사실을 알고 있음에도 불구하고, 북한 전역을 덮고 있는 블랙홀과 같은 어둠으로 인해 이곳을 비도시로 보게 된다. 지금까지의 국내 도시연구의 인식론은 남한의 국가경계를 넘어서지 못하고 있다.[2] 행성적 도시화의 시대에 남한의 도시화 과정에서 북한의 공간은 외부가 아니라 내부적으로 구성되어야 한다. 도시와 비도시 지역에 대한 관계론적인 이해를 담은 도시적인 것의 사유를 통하여 남한과 북한을 아우르는 한반도의 에너지 전환을 촉진하는 계기를 마련할 수 있을지를 탐색하는 이 글은 구체적인 실천전략으로 북한 지역의 화석연료 매장지를 국가 혹은 자본의 소유가 아닌 남북한 시민들이 집합적으로 관리하는 도시녹색공유지urban green commons로 공유화할 것을 제안한다. 사실, 남한의 도시화 과정은 배타적 사적재산권과 성장 중심의 발전주의를 지향해오면서 사회구성원들은 공공성, 공유화에 대한 철학이 빈곤하고, 전환 실험을 위한 물리적 공간 또한 제한된 실정이다. 이러한 상황에서 북한의 에너지 전환을 위한 공유화 모델의 시행은 비록 통일 이후를 가정한 것이지만, 통일 이전부터 관련 논의를 시작함으로써 남한 사회가 공유화의 가치를 사회적으로 학습하게 된다면, 경직된 남한의 에너지 전환에도 가속도가 붙을 수 있다는 점에서 의미가 있다.

넷째, 도시적인 것의 사유는 사회적 동원mobilization의 전략적 스케일로서 유용하다. 방법론적 국가주의에 젖어 있던 우리의 인식은 국가를 비판하고 저항해왔다. 국가는 비판과 저항의 대상으로 명확하게 지칭될 수 있지만, 동시에 관료제를 포함한 복잡한 조직의 특성으로 인하여 추상화되고 물신화되어 있다. 반면 도시는 국가보다 구체적으로 인식된다. 도시적인 것의 사유는 도시에 사는 우리가 누리는 도시적인 삶을 위하여 비도시 지역이 희생되는 관계성을 인식하게 해줌으로써 에너지 전환의 주체가 자신임을 깨닫게 한다. 여기서 도시 스케일과 도시 공간에 대한 강조는 단순히 국가에 대한 반抗을 의미하지 않으며, 국가에 도시적 사유를 불어넣는 것이다. 다시 말해, 도시 스케일에서 형성된 도시적 논리와 의제를 국가 스케일로 끌어올려 국가 정책에 반영하기 위한 스케일 뛰어넘기scale jumping를 의도한다(이를 '국가의 도시화urbanizing the state'로 지칭할 수도 있겠다). 르페브르가 말한 도시사회로 성숙되어가는 도시화 100%의 지점은 그림1의 가장 거대한 '가려진 지대'인 북한마저 주변국과 같은 휘황찬란한 야경이 들어서는 물리적, 가시적 형태의 변화만을 가리키지 않는다. 도시와 비도시 사람들이 마주치고, 도시와 비도시 지역 간의 관계성을 이해하고, 도시적 직조의 일부이자 한반도의 지속가능성을 유지하기 위한 일환으로 북한의 화석연료 매장지를 도시녹색공유지로 남겨둠으로써 얻게 될 '능동적 어둠'일 수 있다. 이는 행성적 도시화의 흐름 속에서 한반도 공간의 재편에 대한 공간적 이해를 바탕으로 형성된 주체들의 실천과 비전이 국가의 정책선택을 변화시킬 수 있음을 시사한다.

이상 네 가지 함의를 추출할 수 있는 르페브르의 도시적인 것에 관한 사유는 방법론적 국가주의의 늪에 빠져 있는 기존 도시연구와 비교하여 인식론적, 실천적으로 차별화된다.

이하 이 글의 구성은 다음과 같다. 2절에서는 비공간적인 에너지 전환 논의의 공간화를 시도한다. 이를 위하여 최근 서구 인문지리학에서 다뤄진 에너지 전환 논의 그리고 르페브르의 도시사회 개념을 보다 분석적으로 체계화한 닐 브레너Neil Brenner의 행성적 도시화 planetary urbanization 논의를 검토한다. 2절에서 논한 에너지 전환의 공간적 접근을 바탕으로, 3절에서는 한반도 에너지 전환의 개념화를 모색한다. 핵심적으로는 한반도 에너지 전환의 구체적인 전략으로 북한의 화석연료 매장지를 도시녹색공유지로 규정하고, 이를 땅속에 내버려두기 위한 공유화 모델을 논한다. 결론에서는 본문에서 다룬 논의를 정리하고, 미래의 과제를 제기한다.

행성적 도시화의 시선에서
에너지 전환 논의를 공간화하기

본 절에서는 3절에서 논할 한반도를 도시적인 것으로 접근하고, 한반도 에너지 전환을 위한 구체적인 전략으로 북한에 매장된 화석연료를 땅속에 내버려두자는 제안을 이론적으로 뒷받침하고자 행성적 도시화와 에너지 전환 논의를 접합한다.

르페브르로부터 영감을 받은 브레너는 도시적인 것을 보다 분석적, 체계적으로 접근하기 위하여 행성적 도시화 개념을 제시한다 (Brenner, 2013). 행성적 도시화는 집중적 도시화concentrated urbanization와 팽창적 도시화extended urbanization로 구성된다. 집중적 도시화는 특정 입지에 인구, 인프라, 투자 등이 집중되는 일반적인 도시화를 의미한다. 즉, 집중적 도시화는 기존 도시연구의 분석 대상인 'city'로서의 도시의 성장을 가리킨다. 팽창적 도시화는 도시^{city}의 물리적 경계를 넘어서 노동, 상품, 문화 형태, 자연자원, 에너지, 농업 등의 대규모 순환구조와 전 지구적인 교통 인프라 및 정보통신기술망과의 연결성을 주목한다. 팽창적 도시화는 집중적 도시화와 별개의 과정이 아니라 상호 연계되어 행성적 도시화를 구성한다. 행성적 도시화 논의에 영감을 받은 일련의 연구자들은 특히 팽창적 도시화 개념을 주목하여 도시와 지리적으로 인접한 비도시 지역뿐만 아니라 대륙적, 지구적 스케일을 가로질러 원거리의 비도시 지역과 연결된 도시화 과정을 밝히는 연구들을 시도하고 있다(Arboleda, 2016a, 2016b; Kanai, 2014; Kanai and da Silva Oliveira, 2014). 가령, 마틴 아볼레다^{Martín Arboleda} (2016a, 2016b)는 최근 전 세계적인 원자재 가격 급등이 선진국과 개발도상국의 도시화에 필요한 원자재 수요가 높아진 것에서 기인하고, 이러한 수요를 충족하기 위하여 비도시 지역으로 간주되었던 아마존을 비롯한 라틴아메리카에서 자원 채굴이 활발해졌으며, 결과적으로 지역생태계와 지역공동체가 파괴되는 일련의 과정을 팽창적 도시화로 분석하였다.

정리하면, 브레너가 특정 도시의 경계를 넘어선 자연자원과 에너지의 흐름을 팽창적 도시화의 과정으로 정의하고, 아볼레다가 비도시 지역인 아마존의 채굴이 태평양 건너편에 있는 개발도상국들의 도시화 과정과 연결된 팽창적 도시화 과정임을 구체적으로 밝힌 것은 도시와 지리적으로 인접한 비도시뿐만 아니라 원거리에 위치한 비도시 지역과 도시에너지 전환 간의 관계를 주목하는 본 연구의 문제의식과 포개어진다.

서론에서 환기했듯이, 기존 에너지 전환 논의가 비공간적이다는 진단은 생산과 소비를 포함한 에너지의 전체 흐름을 두고 선행 논의가 주로 에너지를 소비(즉, 연소)할 때 발생하는 탄소에 주목하기 때문이다. 전 지구적 기후변화의 위기 속에서 탄소는 인류에게 공동의 적이라는 의문의 여지가 없는 사실 앞에서 국제기구들과 국가들은 탄소를 저감하기 위한 '십자군 전쟁'에 참전하고 있다(Swyngedouw, 2010). 필자는 탄소저감을 위한 국제기구와 국가의 노력의 효과와 중요성을 간과하지 않는다. 여기서 초점은 에너지 전환 논의가 탄소저감을 위한 말단처리기술의 개발(극단적 형태는 탄소 포집 및 저장 기술)에 과도하게 주목하고, 국제기구들이 탄소저감을 위한 완화mitigation, 적응adaptation 사업들을 대상으로 한 재정지원을 선호하면서 현재 에너지 전환의 문제를 곧 탄소저감으로 국한하면서 다른 문제들을 '문제'로 인식하는 것을 막고 있다는 점이다(Princen et al., 2015).

최근 비판적 사회과학을 바탕으로 한 일군의 에너지 연구자들은 단행본 *Ending the Fossil Fuel Era*(The MIT Press, 2015)를 발간하면서 에너지 전환의 초점은 연소 이후에 무엇이 벌어졌는가가 아니라 연소 이전인 채굴 단계로 향해야 한다고 지적한다(Princen et al., 2015: 6). 여기서 '다른 문제들'은 에너지 이동의 전체 흐름에서 말단처리뿐만 아니라 연료 활용을 위하여 땅속에 묻혀 있던 화석연료를 채굴하는 지역의 공간과 채굴 과정에서 발생하는 전 지구적인 수준의 경제적, 환경적, 사회적, 문화적 영향과 변화를 포함한다. 비록 직접적으로 도시를 호명하지 않지만, 이들 에너지 연구자들이 에너지 전환 논의에서 채굴 단계가 누락되었음을 지적한 것은 행성적 도시화 연구자들이 강조한 팽창적 도시화 과정에서 자원매장지인 비도시 지역을 주목한 것과 동일한 '가려진 지대'를 가리키고 있다. 이렇게 두 논의는 "에너지 문제는 본질적으로 도시 문제"(Rutherford and Coutard, 2014: 1371)임을 공유하고 있다.

이어서 이들 연구자들은 20세기 동안 화석연료를 중심으로 발전해온 경제발전과 근대적 생활방식으로부터 인류가 자유롭지 않고, 탈화석연료 지향적인 사고로 나아가는 것의 어려움을 인식하는 한편, 현재의 화석연료 의존 사회 시스템이 출현한 지 불과 2세기도 되지 않았으며, 화석연료 고갈과 화석연료의 시장성이 떨어지면서 이 헤게모니가 쇠락하고 있음을 직시해야 한다고 강조한다. 이러한 상황 인식을 바탕으로 이들은 탈화석연료사회로 이행하기 위한 적극적인 전략으로 '화석연료를 땅속에 내버려두기 keeping fossil fuels in the ground' 를 제안한다. [3] 이들은 이 전략이 실현가능성이 떨어지는 이상理想에 그치지 않음을 증명하고자 미국의 애팔래치아, 에콰도르의 아마존, 독일 구舊동독 지역, 노르웨이 북해 등에서 시도된 사례들을 소개하는데, 성공과 실패를 기준으로 각각의 사례를 판단하기보다는 탈화석연료사회로 나아가기 위한 실천의 출발점으로 보고자 한다. 여기서 필자는 화석연료를 땅속에 내버려두자는 그들의 제안을 적극적으로 받아들이는 것과 더불어 지속적으로 땅속에 내버려두기 위한 제도적 방안에 대한 고려를 추가한다. 그 일환으로 공유화commoning의 논리를 검토할 필요가 있다.

공유화는 이기적 개인[4]이 아니라 협력적, 사회적 개인들이 모인 공동체를 기반으로 자치적 관리를 지향하면서 다양한 가치들이 공존하는 공간을 확보하고자 한다(Ostrom, 1990; 황진태, 2016b). 최근 한국 사회에서는 자본에 의하여 도시가 자산증식의 공간으로 전락하게 되는 투기적 도시화가 심화되면서 도시민의 공공공간, 주거공간, 영업공간, 녹지공간이 광범위하게 침식되자 이에 대한 대안으로 도시공유화urban commoning의 논리를 도시공간에 이식하려는 것에 대한 관심이 커지고 있다(황진태, 2016b; 박배균, 2018; 이승원, 2019; 박인권 외, 2019). 도시녹색공유지는 공공공간과 녹지공간의 특성을 갖고 있는 도시자연에 도시공유화의 논리를 접목한 공유자원이다. 도시에너지 전환 논의에서도 확인된 맹점이지만, 도시녹색공유지 논의도 녹지, 공원, 도심정원, 텃밭과 같은 도시의 물리적 경계 내부의 자연들에 국한하여 도시녹색공유지로 간주하는 경향이 있다(홍덕화, 2018; Colding et al., 2013). Kip(2015)은 앞서 소개한 르페브르의 도시에 대한 시각을 수용하면서 도시공유지의 '도시'는 영역적으로 경계 지어진 용기entity를 의미하는 'city'가 아니라 다양한 스케일상의 여러 행위자들과 제도들의 상호작용을 포괄하는 도시적인 것으로 볼 것을 제안했다(황진태, 2016b: 6). 따라서 르페브르와 브레너의 시각에서 도시녹색공유지를 바라보면, city와 무관해 보였던 비도시 지역에 자리한 자연들

(예컨대, 국립공원, 4대강, 비무장지대, 아볼레다의 연구지역인 아마존, 이 장에서 다루는 북한의 화석연료 매장지 등)은 이것들에 내재한 생태적, 문화적, 사회적, 인류사적 가치들과 도시와의 관계성을 바탕으로 도시녹색공유지로 규정할 수 있다(황진태, 2016b: 11).

1980년대 후반 유럽 동구권 사회주의 국가들의 체제전환 과정에서 소위 '충격요법shock therapy'으로 불리었던 자유화, 민영화 방안을 담은 급격한 개방정책이 시행되면서 소득분배의 불균등, 복지시스템의 붕괴, 자살률 증가. 성불평등의 심화, 에너지 빈곤층energy poor의 양산 등을 초래했다(Sachs, 1995; Buzar, 2007; De Vogli and Gimeno, 2009; 이용갑, 2002; 함인희, 2004; 김부헌·이승철, 2015). 동구권에서 확인된 국제기구(특히, 국제통화기금)와 서구 강대국 주도의 체제전환 과정에서 발생한 문제들은 북한에서도 반복될 가능성이 클 것으로 예견되고 있다(김준기, 1997; 정세진, 2003; 정웅, 2005; 이춘근·배용호, 2006), 더구나 남한의 투기적 도시화가 북한으로 확산되거나 유사類似제국주의의 차원에서 남한 자본이 새로운 시장으로서 북한 진출을 노리는 상황에서 시장주의 정책 일변을 넘어서는 다양한 가치(지속가능성, 생태, 공유 등)를 내포한 정책 모색이 요구된다.[5] 충격요법의 폐해를 피하기 위하여 공유재로서 토지를 접근하면서 미래의 북한토지제도를 모색한 조성찬(2019)은 북한의 화석연료 매장지에 도시공유화의 논리를 이식하려는 필자의 문제의식과 상통한다.

행성적 도시화의 시선에서
한반도 에너지 전환을 내다보기

도시적인 것으로서의 한반도 공간

앞서 간략히 살펴본 한반도 야경 사진을 좀 더 자세히 들여다보자. 야간 불빛의 규모는 행성적이나 불빛의 밀도는 지리적 차이가 나타난다. 사진의 왼쪽 상단인 중국 동북부 지역의 밝은 야경은 압록강 경계까지 남하하고, 서울 수도권을 중심으로 거의 전 국토가 밝은 남한의 불빛은 북상하려다 한반도의 중간지점에서 멈추었다. 주지하다시피 중국과 남한 사이의 어두운 공간은 바다가 아니라 북한이다. NASA(미국항공우주국)는 이 사진을 홈페이지에 게재하면서 북한의 수도 평양에 326만 명의 인구가 살고 있지만, 야경은 "작은 섬"처럼 보인다고 묘사했고, 남한 영토에서 뚜렷하게 보이는 해안선이 북한에서는 보이지 않는 이유로 남북한 국민의 1인당 전력소비량 차이를 들면서 해안선의 명도^{明度}를 국가의 경제적 수준과 연관하여 평하였다(Wright, 2014).

동일한 사진도 해석하는 사람에 따라서 다양하게 읽을 수 있다(Rose, 2016; 황진태, 2019). 경제성장을 경험한 주변국 관료나 자본은 이 사진을 북한이 자기네처럼 경제성장을 달성하기 위해서는 개방과 체제의 전환이 필요하다는 근거로 삼을 것이다. 흥미롭게도 한국 상황에 밝은 한 외국인 연구자는 이 사진을 보고서 북한에 매장된 자원에 관심을 보이는 다국적 기업과 북한 정부 관료들의 경제주의적 사고를 경계하고, "남한이야말로 자국 영토의 밤하늘을 북한의 그것처럼 어둡게 만들도록 노력해야 한다"면서 북한에 석탄화력발전소가 아니라 재생에너지를 확대해야 한다고 주문한다(임마누엘 페스트라이쉬, 2018).[6]

앞서 필자가 제안했듯이, 우리의 심상지도 속에 그려진 동북아시아의 국경선들을 잊고, 사진 속 압록강과 휴전선 사이의 어둠이 '작은 섬' 하나만 떠 있는 바다가 아니라 육지임을 상기하면, 중국 동북부와 남한의 밤을 밝힌 불빛들은 물속에서 잉크가 퍼져나가는 브라운Brown 운동처럼 머지않아 북한 쪽으로 번질 것으로 예측할 수 있다. 물론 현실의 공간을 물리학 법칙처럼 깔끔하게 예측할 수는 없다. 중국, 남한, 북한, 일본, 러시아, 미국과 같은 국가들 간의 지정-지경학적geoeconomic-geopolitical 긴장관계가 동북아 공간을 채우고 있고, 그 결과, 바다로 착각할 거대한 어둠이 북한에 깔렸기 때문이다.

여기서 필자는 현재 동북아에 존재하는 미국과 중국을 중심으로 형성된 지정-지경학적 긴장관계, 즉 이들 국가 간inter-nation 관계로부터 만들어지는 국제적 스케일international scale이 지배적이면서 다른 지리적 스케일(예컨대, 도시 스케일, 동북아를 넘어서는 글로벌 스케일 등)상에서 새로운 형태의 역동성이 만들어지고, 이를 활용하려는 상상력과 실천이 제한되는 방법론적 국가주의에 빠졌다고 본다. 방법론적 국가주의로부터 빠져나오기 위한 영감을 얻고자 필자는 국가보다 도시(화)를 먼저 떠오르게 하는 사진에 주목했다. 우주정거장에서 이 사진을 촬영한 연구자가 바라본 불빛들을 도시화로 읽는다면, '남한+

북한=한반도'라는 국가 중심적 사고를 우회하여, 한반도 자체를 도시적인 것으로 볼 수 있다. 한반도를 도시적인 것으로 접근하는 제안은 국가 및 국제적 스케일에서 활동하는 국가 행위자와 글로벌 행위자들의 상대적으로 '경직된' 상황인식과 대처능력과 달리, 보다 기민하고, 유연하고, 창의적인 비전과 실천을 고안할 여지를 확보할 수 있다.

동북아시아의 팽창적 도시화를 위한 배후지로서의 북한

전기에너지는 화석연료(석탄, 석유, 액화가스)를 연소하거나 우라늄을 핵분열시킬 때 발생하는 열을 이용하여 발전기를 돌려서 얻는다. 사진 속 야간 불빛을 켜기 위해서도 전기에너지가 필요하다. 북한은 풍부한 석탄 매장량을 자랑하는데도 불구하고, 사진처럼 어둠이 뒤덮은 상황은 화석연료뿐만 아니라 연료를 전기에너지로 바꿀 기술과 장비, 재정이 뒷받침되어야 함을 환기한다. 만약, 유엔 안보리의 대북 제재가 완화되어 정상적인 교역이 재개된다면, 북한 주변국의 불빛들이 북한으로 확산될 가능성도 커지겠지만, 주변국의 야경 불빛을 유지시키거나 더 환하게 만들기 위한 화석연료를 공급할 배후지hinterland로 북한이 기능할 가능성 또한 커진다.

1970년대 말부터 시작된 중국의 개혁·개방 정책은 황해를 사이에 두고 한반도와 마주한 중국 동부 연안에서 도시화(상하이, 랴오닝성 다롄, 산둥성 칭다오, 저장성 닝보 등)가 전개되었다(박인성, 2017). 북한의 석탄은 유엔 안보리 대북제재 결의로 인한 수출 전면 금지 이전까지 동맹국인 중국의 도시화와 산업화 과정에 중요하게 사용되었다. 사진 왼쪽 하단의 산둥반도의 불빛은 동부 연안의 도시화 양상을 보여준다. 석탄 수출 금지 이전까지 북한의 대중對中 무연탄 총수출량의 약 85%는 산둥반도를 포함한 동부 연안 지역으로 수출되었다. 북한 무연탄의 이점(저휘발성, 저유황, 고열량)과 더불어 중국 국내의 석탄매장 지역이 서부 지역에 몰려 있어서 동부 연안까지 긴 수송거리로 인한 높은 운송비용, 중국의 무연탄 수입국 1위였던 베트남이 최근 경제성장으로 베트남 국내 수요가 높아짐에 따라 베트남으로부터의 수입량이 줄어든 상황과 맞물리면서 2012년 이후부터 수출금지 이전까지 북한은 중국의 최대 무연탄 수입국(연간 1000만 톤)이었다(정우진, 2015).[7]

다음으로 사진 왼쪽 상단인 중국 동북부 지역은 1990년대만 하더라도 중대형 국유기업의 도산과 설비 노후화, 격렬한 노동자 운동이 발생하면서 '현대 중국의 스탈린식 러스트 벨트', '동북현상'[8]이라는 신조어가 만들어질 정도로 낙후지역이었다(박철현, 2017). 그러다 2000년대 중앙정부는 '동북진흥'의 일환으로 창춘-지린-투먼 개발, 랴오닝 연해경제벨트 등의 대형 프로젝트를 추진한다(Lee, 2014: 183-184). 중국 동북부 개발은 지역개발사업의 성격을 넘어서 미국과의 지정-지경학적 긴장관계 속의 전략적 완충지대로서 북한을 고려한 것이다. 이는 창춘-지린-투먼 개발과 랴오닝 벨트 프로젝트가 각각 압록강과 두만강에서 북한과의 초국경적 경제활동을 촉진하려는 계획이 포함된 사실을 통해서 확인할 수 있다(Lee, 2014: 185-187). 전면 수출금지 이전 북한의 대중 무연탄 수출은 평안도에 매장된 무연탄을 남포항을 통하여 수출(약 85%)했고, 북한과 인접한 랴오닝성에는 약 10~15% 정도를 수출하면서 동북부 지역의 교역 비중은 높지 않았다(정우진, 2015: 18). 하지만 앞으로 대북제재가 완화되고, 중국의 동북진흥 정책이 활성화된다면 북중 국경지역을 중심으로 동북부 지역에서는 새로운 전력수요를 맞추기 위한 석탄 수요가 늘어날 확률이 높다.

끝으로 남한을 살펴보자. 앞서 페스트라이쉬(2018)는 북한이 중국의 도시화 과정을 뒷받침하기 위한 자원공급처로 전락하지 않도록 남한 정부의 역할을 주문했지만, 남한 정부가 북한에 매장된 자원을 바라보는 시각은 현재로서는 중국과 큰 차이가 없다. 2018년 4월 남북정상회담 직후, 남북교류 활성화의 기대감이 높아지면서 남한 정부 측에서는 북한광물자원 개발을 위한 연구프로젝트를 발표하고(《동아사이언스》, 2018년 6월 15일), 당진, 울산, 호남 화력발전소를 운영하는 산업통상자원부 산하기관인 한국동서발전은 북한에 신규화력발전소 건설계획과 국내 노후화력발전소의 북한 이전 계획, 북한 무연탄을 수입하여 동해화력발전소에 사용하겠다는 계획을 발표했다(《경향신문》, 2018년 5월 8일). 진보 성향의 언론에서는 "북한 광물자원 어마어마... 땅 밑에 '삼성·현대' 있는 셈"(《한겨레》, 2018년 5월 2일)이라는 자극적인 기사 제목을 사용하면서 정부, 자본과 유사한 경제 중심적 사고를 드러냈다.

이처럼 남한에서 북한의 화석연료 매장지를 바라보는 경제 중심적 사고의 기원은 근 반세기 동안 남한의 공간에서 작동했던 화석연료를 바탕으로 성장한 압축적 근대화/산업화/도시화의 경로의존성이며, 새로운 자원의 배후지이자 잠재적 시장으로 기대되는 북한에도 투영된 것이다. 사진 속 남한의 야간조명에 대하여 NASA 관계자(Wright, 2014)는 서울의 불빛과 군산의 불빛의 크기가 다르다고 언급했지만, 이를 서울과 평양 간의 불빛 차이처럼 질적인 차이로 보진 않았다. 마찬가지로 페스트라이쉬(2018)도 "가난한 나라" 북한을 주목하지 남한 내부의 불균등 발전에 대해서는 언급하지 않았다. 하지만 사진 속 남한에 켜진 불빛의 분포와 밀도를 면밀히 살펴보면, 서울 수도권을 중심으로 집중적으로 밝고, 다음으로 몇몇 지방 대도시가 밝고, 나머지 지역은 상대적으로 덜 밝거나 어두운 식으로 차이가 나타난다.

남한의 도시화와 산업화의 동력이 된 전기에너지는 대도시로부터 원거리, 즉 사진에서 상대적으로 덜 밝아 보이는 해안지역에 입지한 화력발전소와 핵발전소로부터 공급받아왔다. 발전소에서 생산한 전기를 대도시로 공급하기 위해서는 대규모 송전탑이 필요하다. 발전소와 송전탑이 입지한 지역사회는 각종 경제적, 사회적, 문화적, 환경적 피해를 입어왔다(Lee et al., 2018; 여기봉, 2018; 엄은희, 2012). 정부와 언론에서는 발전소에서 생산된 전기에너지가 대도시로 공급됨으로써 얻는 '국가적 편익'이 '지역의 피해'보다 크다는 인식을 재생산한 탓에 지역사회의 피해에 대해 반세기 가까이 도시민들은 공감하지 못했다(황진태, 2016a). 이처럼 에너지 정책을 둘러싼 도시와 비도시

지역 간 인식의 간극은 최근 기후변화, 후쿠시마 원전 사고, 밀양송전탑투쟁, 전국적인 미세먼지 문제와 같은 일련의 에너지 및 환경 관련 사건들이 연쇄적으로 발생하고서야 비로소 도시민들이 지역 피해의 심각성을 알게 되면서 좁혀지기 시작했고, 기존 화석연료 중심의 에너지 정책에 대한 성찰이 시작되었다.

특히, 신고리 5·6호기 공론화 논의(이영희, 2018; 윤순진, 2018)와 미세먼지로 인한 석탄화력발전소 운영 중지는 남한에서 화석연료를 이용한 발전소를 건설할 입지를 확보하기가 쉽지 않은 새로운 국면에 돌입했음을 알리는 신호탄이었다. 남한 최대의 에너지 소비도시라는 오명을 입고 있는 서울에서 원전하나줄이기 정책이 추진되고, 화력발전소가 밀집된 충청남도에서는 지방자치단체 단위의 에너지 전환을 고민하고, 지자체보다 작은 농촌 단위에서도 에너지 전환 및 자립 프로그램이 시행되면서 에너지 전환과 재생에너지에 대한 관심이 전국적으로 높아졌음을 보여준다(이상헌 외, 2014; 정인환·고순철, 2004; 김종안, 2020). 이러한 변화는 기존 화석연료에 기반한 에너지 정책에 근본적인 재검토를 시사한다. 새로운 변화의 기류는 석탄화력 및 핵발전 관련 기업들로 하여금 신재생에너지 사업을 시작하도록 압박했지만, 이들이 그동안 이익을 누려온 화석연료 발전 부문을 전면 포기한 것은 아니었다. 현재 한국동서발전, 한국중부발전과 같은 정부 소유의 공기업과 삼성물산, 현대건설, 두산중공업 등의 대기업들은 개발도상국들을 대상으로 핵발전소와 화력발전소 수출에 전력투구 중이다(Hwang et al., 2017; 《뉴스1》, 2019년 9월 9일; 《파이낸셜뉴스》, 2019년

9월 30일; 《이데일리》, 2019년 12월 17일; 《전자신문》, 2019년 8월 28일; 《아이뉴스24》, 2019년 10월 7일).

앞서 소개한 2018년 남북정상회담 직후, 한국동서발전이 북한에 신규 석탄화력발전소 건설 계획을 발표하자 동서발전의 직속기관인 산업통상자원부는 동서발전의 계획을 검토한 사실이 없다고 해명했다(《정책브리핑》, 2018년 5월 8일). 이는 북한의 의사를 묻지 않고 수립한 남한의 일방적인 계획이 남북화해 무드에 찬물을 끼얹었을 것이라는 부담감이 작용한 것으로 추정된다. 그러나 동서발전이 최근 인도네시아에 화력발전소를 준공하고, 이 사업에 한국무역공사와 한국산업은행이 금융지원을 한 사실에서 보듯이(《이데일리》, 2019년 12월 17일), 남한 정부는 남북교류의 명목하에 개별 국내 발전 부문 자본들의 새로운 이윤증식 활동을 지원하는 입장이다. 동서발전이 북한에 건설할 화력발전소의 이름을 "평화발전소"로 명명한 것은 "한반도 평화경제"를 지향하는 문재인 정권으로 하여금 화석연료 기반 발전 부문에 대한 지원에 정당성을 부여하려는 담론 전술로 볼 수 있다.

지금까지 북한을 둘러싼 주변 국가들의 팽창적 도시화의 흐름과 팽창적 도시화를 뒷받침하기 위한 배후지로서 북한을 바라보는 경제 중심적 시각을 확인했다. 이를 통하여 북한에서 에너지 전환이 쉽지 않을 것임을 예상할 수 있다. 반세기 가까이 화석연료 중심의 경제발전과 근대화에 연루되었던 남한 정부와 국내 자본의 입장에서는 오랫동안 형성된 사회기술적 관성으로부터 빠져나오기가 쉽지 않아 보인다. 진보 성향의 언론조차 북한의 "땅 밑에 '삼성·현대' 있는 셈"이라는 식의 경제 중심적 시각을 되풀이하는 것은 에너지 전환에 대한 철학과 대안이 사회적으로 부재하다는 현실을 드러낸다.[9] 이 시점에서 새로운 사회-공간적 상상력이 필요하다.

한반도 에너지 전환 과정에 도시공유화의 논리를 이식하기

21세기 들어서 화석연료 고갈과 막대한 양의 탄소배출은 기후변화에 대한 전 지구적인 경각심을 고조시켰다. 특히, 경각심은 도시로 향하고 있다. 세계 인구의 절반 이상이 거주하고, 방대한 화석연료를 소비하고, 탄소를 배출해온 대표적인 공간이 도시이기 때문이다. 즉, 인류의 지속가능성은 이제 '도시화된 행성의 지속가능성'(Seto et al., 2017)과 동의어가 되었다. 하지만 이러한 행성적 의제를 해결하기 위하여 구성된 글로벌환경거버넌스는 각 국가의 화석연료에 기반한 생산자들의 산업적 이해관계와 화석연료를 바탕으로 형성된 근대적 도시생활양식에 익숙한 소비자들의 관성에 의하여 탄소배출 감축목표와 실천은 보수적으로 설정되어 있다. 이런 구조에서 역설적이게도 도시에너지 전환 정책과 운동은 기후변화 위기의 사생아인 도시를 전환의 전략적 공간이자 스케일로 재전유하면서 국가(중앙정부)로부터 기대하기 힘든 기민한 움직임으로 창의적인 실험들을 도시에서 시도하고 있다(Bulkeley, 2005, 2013; Rutherford and Coutard, 2014; Monstadt and Wolff, 2015; Shaffer et al., 2018; Wachsmuth et al., 2016). 이처럼 전 지구적이지만, 아직은 파편적, 국지적으로 전개되는 전환의 실험들은 한국의 서울과 지방도시에서도 전개되고 있다(Lee et al.,

2014; 백종학·윤순진, 2015; 박종문·윤순진, 2016; 안정배·이태동, 2016; 충청남도·에너지기후정책연구소, 2018; 지역에너지전환을 위한 전국네트워크, 2018; 김현우 외, 2016).

현재 진행 중인 도시에너지 전환 실험이 화석연료 중심 자본주의의 한계를 사회적으로 학습하고, 도시정부와 지역사회가 중심이 되어 화석연료를 대체할 에너지원을 모색하려는 구체적인 실천이 동반된다는 점에서 앞으로 한국 사회에서 에너지 전환의 중요한 출발점이 될 것이다. 다만 이러한 시도들이 보다 효과적으로 전개되기 위해서는 '도시'에너지 전환에 대한 다음과 같은 인식론적 고민이 병행되어야 한다. 기존 도시에너지 전환에서 주목하는 도시는 앞서 행성적 도시화 논의의 용어를 빌리면, 높은 인구밀도와 빽빽한 인공 건축물이 들어서는 집중적 도시화가 전개되는 'city'를 가리킨다. 그러나 집중적 도시화는 도시화 과정의 전부가 아닌 일부에 해당한다. 위성사진 속 밝은 불빛을 밝히는 대도시들은 이들 도시들의 물리적 경계를 넘어서 국내 및 국외 비도시 지역[10]에 매장된 자원의 채굴과 채굴된 화석연료를 이용하여 전력을 생산하는 발전소와 연결된 팽창적 도시화 과정이 수반된다. 이러한 팽창적 도시화 없이는 사진과 같이 대도시의 불빛을 밝히기란 어렵다. 고로 도시에너지 전환의 도시는 '도시적인 것'으로 접근해야 한다.

그동안 남한에서는 서울 수도권을 중심으로 한 몇몇 대도시와 나머지 비도시 지역 간의 불균등 발전이 지속되어왔다. 불균등 발전은 팽창적 도시화의 심화로 읽을 수 있다. 비도시 지역의 경제적, 사회적, 생태적 착취(채굴 및 발전소 입지)를 수반하는 팽창적 도시화 과정은 그동안 "조국근대화", "국가경제발전"이라는 미명하에 정당화되었다(황진태, 2016a, 2016b). 이처럼 팽창적 도시화 개념은 한국 발전주의 도시화에 대한 분석적 개념으로도 활용될 수 있지만, 실천적 개념으로도 확장될 수 있다. 즉, 팽창적 도시화 개념은 그동안 대도시에 거주하는 도시민들이 누려온 수준 높은 삶의 질이 비도시 지역에 사는 사람들과 그곳의 자연을 착취하여 가능했다는 사실을 도시민들이 '관계적'(최병두, 2017)으로 이해할 수 있다는 점에서 윤리적 함의가 있으며, 도시와 비도시의 경계를 넘어서 비도시 지역의 삶을 개선하기 위한 정치적 동원과 연대에 필요한 정치적 공감대를 형성하는 데도 도움이 될 수 있다.[11] 결정적으로 시민들이 실시간 미세먼지 현황(그림2)을 확인하는 것이 일상이 된 생활의 변화는 근대화와 경제성장을 상징하는 사진(그림1)과 동전의 양면임을 깨닫게 해준다.

도시적인 것으로서 남한을 바라보는 것은 한반도의 또 다른 공간인 북한을 포함한 한반도 에너지 전환을 논하기 위한 '필수통과지점'(Callon, 1984)이다. 현재 남한 도시에서 시도되는 분권화된 에너지 전환 실험의 경험들은 북한의 에너지 전환을 추진하는 데도 유의미하다. 원거리 송전 인프라가 열악한 북한은 국지화된 에너지 체계인 재생에너지를 도입하기에 적합하며, 분권화된 재생에너지의 공간적 특성은 북한의 지도이념인 주체사상에 따라 에너지 자립성을 강조하는 국가 차원의 에너지 정책방향과도 조응하며, 풍력에너지, 조력에너지, 태양에너지, 수력에너지가 풍부한 자연조건 덕분에 오래전부

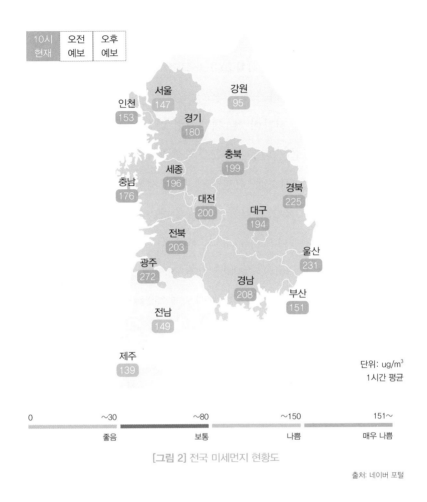

10시 현재	오전 예보	오후 예보

서울 147
강원 95
인천 153
경기 180
충북 199
세종 196
충남 176
대전 200
경북 225
대구 194
전북 203
울산 231
광주 272
경남 208
부산 151
전남 149
제주 139

단위: ug/m³
1시간 평균

0	~30	~80	~150	151~
	좋음	보통	나쁨	매우 나쁨

[그림 2] 전국 미세먼지 현황도

출처: 네이버 포털

터 북한 당국은 재생에너지에 대한 관심이 컸다. 따라서 통일 이전인
남북협력 단계부터 남한에서 시도되는 도시에너지 전환의 기술과 노
하우를 북한에 전수한다면 통일 이후 한반도 에너지 전환의 주춧돌
이 될 것이다(Sin et al., 2010; Yi et al., 2011; 김경술, 2012). 다만 여기서
간과해선 안 될 부분은 에너지 전환의 내용이 순전히 기술 논의로 환

원되어서는 안 되며, 기술을 둘러싼 사회기술시스템, 지리적 위치(1세계/3세계), 이념(자본주의/사회주의)을 고려하여 다채롭게 진행될 수 있음을 염두에 둬야 한다는 것이다.

남한에서 에너지 전환이 제1세계처럼 화석연료에 기반한 산업화와 도시화를 경험한 다음 단계로 재생에너지로의 '전환'을 의미한다면, 산업화, 도시화를 경험하지 못한 제3세계에서는 바이오매스(biomass: 장작, 목탄, 농업 부산물, 동물 폐기물 등) 연료로부터 근대적 연료(즉, 전기에너지 이용)로의 '전환'을 가리킨다(Leach, 1992; Gebreegziabher et al., 2012). 2008년 기준, 북한의 도시에서는 가정 취사를 위해 석탄(63%)을 중심으로 바이오매스(28%)가 사용되고, 비도시에서는 바이오매스(75.3%)가 주를 이루고, 다음으로 석탄(20.5%)이 사용되었다는 조사결과를 보면 제3세계 상황과 유사함을 알 수 있다(UNEP, 2012: 28). 통일연구원 홍석훈 박사의 "북한의 관심사는 거창한 전력산업이 아니라 '어떻게 하면 집집마다 충분히 난방을 할 수 있는가'"(《한국경제》, 2019년 11월 14일)라는 발언도 남한의 에너지 전환의 경험을 북한에 일방적으로 이식할 것이 아니라 내재적 접근을 통해 북한의 필요needs에 귀 기울이는 태도가 필요함을 환기한다(미주 5 참고). 더불어 체제 전환된 사회주의 국가들에서 에너지 부문 민영화가 단행된 이후, 에너지 가격이 상승하면서 출현한 에너지 빈곤층을 사회주의 국가의 제도적 유산인 복지제도만으로 해결하지 못하는 상황에서 개방과 시장자본주의의 한계를 확인할 수 있다(Buzar, 2007).

통일 이후, 북한의 에너지 전환 과정에 시장자본주의의 논리가 도입될 것으로 예측된다는 점에서 체제 전환국들에서 초래된 상황이 북한에서 반복될 수 있다. 앞서 논했듯이, 중국과 남한에서 전개될 화석연료 기반의 팽창적 도시화는 북한을 이들 주변국들의 자원공급을 위한 배후지로 전락시킬 가능성이 크다. 더구나 남한의 성장거점인 서울 수도권이 지리적으로 인접한 평양과 연담도시화가 될 것으로 전망된다(민경태, 2018). 남한 사회에서 화석연료 중심의 팽창적 도시화에 대한 정치적 반발과 환경의식 수준이 높아지면서 막히게 된 발전소 건설을 재개하기 위한 새로운 입지와 북한에 매장된 화석연료를 확보하기 위하여 북한에 진출하려는 남한 자본에 의하여 새로운 불균등발전 패턴(서울-평양(1등 지역)/나머지 남한(2등 지역)/나머지 북한(3등 지역))이 나타날 수 있다. 여기서 필자는 앞서 제기된 난제들을 해결할 한반도 에너지 전환의 돌파구 중 하나로 북한의 화석연료를 땅속에 내버려둘 것을 제안한다.

기후변화와 관련된 글로벌환경거버넌스는 탄소배출을 줄이려는 말단처리기술에 집중하지만, 대기로 방출될 탄소를 머금은 화석연료가 지표 밖으로 노출되는 지점은 간과하고 있다. 이러한 인식은 경제성만 있다면 화석연료의 채굴을 정당화하는 경제주의적 접근과 공모한다(Princen et al., 2015).[12] 앞서 소개한 *Ending the Fossil Fuel Era*는 땅속에 화석연료를 묻어두자는 주장이 극단적인 게 아니라 지구의 경제적, 사회적, 문화적, 생태적 지속가능성을 교란하는 화석연료를 여전히 채굴하는 것이야말로 극단적인 결정으로 보아야 한다고 주장한다. 비록 이 책에 소개된 사례들이 저자들이 밝히듯 성공사례로 단언하긴 어렵더라도 자원이 매장된 지역에 거주하는 원주민과 함께 저항의 연대가 만들어지고, 초국적 기업과 결탁할 것으로만 생각한 국가가 초국적 기업에 맞서 화석연료를 땅속에 내버려두기로 결정하게 된 "사회적 실험"(Princen et al., 2015: 115)들은 포스트 화석연료 시대의 출발점으로 주목할 만하다.

*Ending the Fossil Fuel Era*에 소개된 사례 중에서 독일의 경험은 한반도 에너지 전환에 시사하는 바가 크다는 점에서 간략하게나마 소개할 필요가 있다. 후쿠시마 원전사건 이후, 2022년까지 핵발전소 가동을 전면 중단하고, 재생에너지 중심의 에너지 전환을 선언한 독일은 에너지 전환의 모범국가로 국내에 알려져 있다(진상현·박진희, 2012; 박진희, 2012). 하지만 내부적으로는 전환의 딜레마가 놓여 있다. 바로 핵발전소 폐쇄로 감소되는 전기에너지 공급량을 충당하기 위하여 석탄을 이용한 화력발전의 비중을 높이려 하고, 이 때문에 구舊동독 지역에 매장된 석탄을 채굴하려는 것이다(Princen et al., 2015: Ch. 9). 사례 지역은 폴란드 국경에서 멀지 않은 독일 동부 루사티아Lusatia 지방에 있는 프로슈임Proschim으로 360명가량(2014년 기준)이 사는 작은 마을이며, 마을주민들은 이곳 노천광산을 개발하려는 스웨덴 국영에너지기업과 대립하고 있다. 사회주의 동독 시절 이 지역은 채굴로 인하여 유럽에서 공기가 가장 오염된 곳으로 악명이 높았고, 환경은 파괴되고, 지역사회는 해체되었다. 그런데 통일 이후에는 에너지 전환을 명목으로 지역주민들이 동일한 위협에 직면하는 역사

의 아이러니가 발생한 것이다.[13] 이 사례는 (서독의 입장에 가까운) 남한 정부와 남한 자본이 (동독의 입장에 가까운) 북한의 화석연료를 바라보는 경제 중심적 시각과 이러한 시각이 야기할 미래의 사회적 갈등에 대한 기시감을 불러일으킨다. 독일 사례를 통해 갈등뿐만 아니라 저항의 연대가 만들어지는 과정도 남한 사회가 참고할 수 있다. 채굴로부터 직접적인 영향을 받을 범위에서 벗어난 지역에 사는 독일 시민들이 채굴에 반대하는 이유 중 하나는 독일은 "인구가 매우 밀집된 국가"라서 다른 지역에 사는 사람들에게도 채굴로 인한 환경적 피해가 돌아간다고 보기 때문이었다(Princen et al., 2015: 234). 독일의 면적은 약 35만km^2이고, 남한과 북한을 합한 한반도 면적은 약 22만km^2로 한반도가 독일보다 작다는 사실은 남북한 주민들 간에 '마주침의 정치'(Merrifield, 2013)가 형성되기에 독일보다 한반도가 더 유리한 지리적 조건을 갖췄다고 볼 수 있다.

실시간 미세먼지 수치를 확인하는 것이 일상이 된 남한 사회는 그림2와 같이 제주도를 포함하여 전국적으로 높은 수치의 미세먼지를 흡입하게 되면서 미세먼지를 실질적인 위험[14]으로 인식하기 시작했으며, 미세먼지에 대한 부정여론은 정부로 하여금 전례 없는 화력발전소 운영의 일시적 중단과 노후화력발전소의 조기폐쇄를 결정하도록 압박했다. 중국뿐만 아니라 현재 북한으로부터도 미세먼지의 월경이 관측된다는 점(배민아 외 2018; 김인선·김용표, 2019: 134-135)에서 남한 정부 출신의 관료와 남한 지역에 근거한 자본이 주도하여 북한에 신규 화력발전소를 건설하고, 남한의 노후화력발전소를 이전한다면, 남한 사회는 북으로부터 월경하는 대량의 미세먼지에 노출될 확률이 높다. 즉, 북한의 화석연료를 채굴하고, 발전소를 운영하는 것이 특정 사회 세력(정부 관료, 자본)에게는 경제적 이익을 가져다주겠지만, 통일된 새로운 한반도 공간에 거주할 다수의 시민들이 경제적, 사회적, 문화적, 환경적 피해를 볼 것으로 예측되며, 이를 막기 위한 도시와 비도시, 남한과 북한을 횡단하는 저항의 연대가 만들어질 수 있다.

여기서 화석연료를 땅에 묻어두는 선택이 화석연료를 지표 밖으로 꺼내 시장의 흐름 속에 순환시키는 선택보다 다양한 사회적 가치들(총체적 표현으로 '한반도의 지속가능성')을 지킬 수 있다는 정당화와 제도화의 고민이 선행되어야 한다. 그러한 대안 모색의 일환으로 북한에 묻힌 석탄들을 도시녹색공유지로 규정하는 방안을 고려할 수 있다. 도시녹색공유지로서 북한에 매장된 화석연료의 공동관리를 논할 때, 누가 관리의 주체가 될 것인지에 대하여 아래와 같은 선제적 고민을 시도했다.

공유지는 1)공유될 자원resource, 2)공유화 실천commoning practice을 포함한 제도institution, 3)공유자원의 생산 및 재생산에 참여할 커머너commoner들로 구성된 공동체community, 이 세 가지 요소로 구성된다(Kip et al., 2015: 13). 즉, 공유지는 특정 자원의 물리적 측면만으로 국한되지 않으며, 특정 자원이 공유자원으로 유지되도록 하는 제도와 사람을 포함하는 복합적 구성물이다(황진태, 2016b: 2). 이러한 공유지 개념을 따라 그림3은 필자가 통일 이후를 기준으로 북한 화석연료 매장

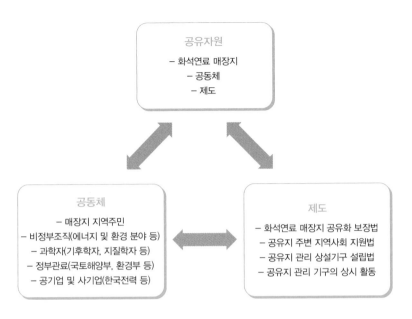

[그림 3] 북한 화석연료 매장지의 도시공유화 모델
(정부 부처명과 기업명은 독자의 이해를 돕고자 남한에서 사용하는 명칭을 사용함)

지에 대한 도시공유화 모델을 조악하게 제시한 것이다.

먼저, 공동체를 살펴보자. 자연자원에 기반한 전통 공유지 논의[15]에서 공유자원을 관리할 공동체 구성원은 지역주민이다. 그림3도 공유자원인 매장지 인근 지역주민을 포함한다. 하지만 화석연료 매장지를 공유화하기 위한 공동체 구성원 목록에는 지리적 인접성에 기반한 지역주민들로 한정되지 않는다. 북한의 화석연료 매장지가 공유자원으로 규정되는 배경에는 매장된 자원이 지역주민들의 직접 사용에 관한 문제이기보다 동북아에서 성장 중심의 행성적 도시화를 뒷받침할 자원으로 사용될 가능성이 크고, 이러한 행성적 도시화 과정은 자원이 매장된 지역의 범위를 넘어서 한반도 공간의 지속가능성의 지속 여부와 직결되기 때문이다. 따라서 매장지의 지리적 국지성을 넘어서 다양한 지리적 스케일상에 있는 행위자들이 공동체 구성원으로 참여할 요건을 갖는다(황진태, 2016b: 7). 지역주민 다음으로 예상 가능한 구성원은 비정부조직이다. 여러 공유화운동 사례들에서 확인되듯이, 도시공유화 운동과 환경운동 세력들은 지역주민과의 연대를 통하여 공유화를 사회 의제로 쟁점화하는 단계부터 제도화 단계, 상시적 관리 단계((가칭)공유지 관리 기구의 활동(공유지에서의 채굴활동 감시, 생태계 조사, 대안적 생태관광 기획 및 운영 등)에 참여)에서 역할을 맡을 수 있다.

다음으로 필자는 공동체 구성원 목록에 정부와 자본(기업)을 포함했다. 이들의 포함 유무는 논쟁적이다. 공유화 운동을 하는 무정부주의 성향의 사회운동 세력 중에는 공유화의 주체 명단에서 국가와 자본을 배제하기 때문이다(하비, 2014: 154). 그러나 화석연료를 땅속에 내버려두기 위한 제도적 방패로서 국가 역할의 중요성을 상기한다면, 공유화를 지향하는 사회 세력들은 국가를 미리 배격하기보다는 '전략관계적'(Jessop, 1990)으로 활용하는 선택지를 열어둘 필요가 있다(유사한 관점으로 Angel(2017), Wachsmuth et al.(2016: 393)). 전략관계적 접근은 국가의 제도적, 공간적 선택성이 소수의 국가 관료나 자본의 의지에 따라서 일방적으로 결정되는 것이 아니라 국가 안팎에 존재하는 다양한 사회 세력들 간의 정치적 경합의 산물임을 강조한다. 앞서 언급한 북한에 화력발전소를 짓고, 광물을 개발할 의지를 보인 남한의 국가 관료와 공기업들을 본다면 이들은 공유화에 반대하는 세력이지만, 이들의 계획이 한반도 지속가능성에 부정적인 영향을 미칠 것으로 판단한 도시와 비도시 지역을 횡단하는 시민들의 연대와 저항이 커진다면, 정치적 부담을 받은 정부는 공유화 전략에 호의적인 정책을 결정할 수도 있다. 국가 관료들은 결코 일괴암一塊岩이 아니다. 관료들은 지리적 스케일(중앙정부, 지방자치단체 등), 담당부처에 따라서 상이한 이해관계와 입장을 취하고 있으며, 공유화 세력은 공유화를 지지할 가능성이 큰 관료들(예컨대, 국토해양부의 균형발전 담당부서, 환경부 등)과의 연대를 모색할 균열지점을 찾아내야 한다.

국가의 전략적 활용이 필요한 또 다른 이유는 공유지를 구성하는 세 가지 요소 중 하나인 제도와 관련된다. 커머너들의 공유화 실천은 사유화의 논리가 지배적인 기존 자본주의 공간에 균열을 내기 위한 중요한 모멘텀을 제공한다. 이러한 커머너들의 실천이 단시일 내에 휘발되지 않고, 응결되기 위해서는 이들의 지속적인 실천뿐만 아니라 실천을 보장하는 제도의 확보가 중요하다. 전통 공유지에서는 지역사회의 내부 규약만으로도 공유지의 유지가 가능했지만, 현대 자본주의 사회에서는 지역의 관습을 넘어선 제도들을 통하여 자본주의와 사유화가 작동한다는 점에서 이러한 조절regulation을 담당하는 국가의 역할을 간과할 수 없다. 특히, 동아시아 발전국가의 맥락에서 국가 주도의 근대화를 경험한 한국과 수령의 영도를 제도적으로 보장하는 영도 체계를 경험한 북한에서 나타난 강한 국가의 제도적 유산은 민주주의의 역사에서 보자면 부정적이지만, 강한 민주적 통제에 바탕을 둔 국가의 전략적 활용은 사회주의 국가들의 체제 전환 과정에서 목격한 국제기구(대표적으로 국제통화기금)와 초국적 기업들의 시장자본주의 중심의 개혁·개방의 논리에 매장지가 직접적으로 노출되는 문제를 막을 수 있다. 커머너들의 매장지 공유화 활동을 안정적으로 보장할 수 있는 (가칭)화석연료 매장지 공유화 보장법, (가칭)공유지 관리 상설기구 설립법(그림3)과 같은 제도적 씨앗들을 발아시키기 위해서 공유화 세력은 국가의 전유를 적극적으로 고려해야 한다.

국가에 이어 자본은 사유재산권을 옹호하고, 이윤창출을 위하여 만들어진 존재라는 점에서 공유화의 논리와 명백히 충돌하는 것으로 보인다. 특히, 화석연료를 이용하여 이윤증식을 해온 기업들은 화석연료 사용을 금지하려는 사회 세력과 갈등 관계에 놓이기 쉽다. 하지만 한반도 지속가능성을 유지하는 데 참여하는 것이 자신들의 중장기적인 이윤창출이나 대외적인 기업이미지의 차원에서 도움이 된다고 판단한 자본들의 참여를 유도할 수도 있다(황진태, 2016b: 9). 화석연료 기반의 기업 중 일부가 재생에너지 사업에 참여하거나 이명박 정권에서 녹색성장을 지지한 기업들의 행동은 자신들의 이윤증식과 안정적인 경영환경을 확보하기 위한 녹색분칠greenwash로 볼 수 있지만(Hwang et al., 2017), 자본이 사회의 지배적 담론의 자기장으로부터 자유롭지 않다는 점을 보여주는 것이기도 하다. 공유지 공동체 구성원으로서 자본이 참여할 경우 공동체 측에서 기대하는 바는 단순히 기업의 금전적 지원만은 아니다. 화석연료 기반의 기업들조차 화석연료 매장지를 공유화하는 전략에 동조할 정도로 한반도 지속가능성

담론을 중심으로 "정치적 경계"(무페, 2019)가 그어졌음을 상징적으로 보여준다는 점에서 의의가 있는 것이다. 이러한 사회적 헤게모니 지형의 강화는 북한 화석연료 매장지의 공유화라는 단일 사례를 넘어서 전방위적으로 공유화의 논리가 반영된 전환 실험에 대한 남한 사회 구성원들의 수용도를 높일 수 있다는 점에서 공유화 세력은 자본과의 연대가 가능한 기예art를 고민해야 한다.

앞서 언급한 공동체 구성원 목록은 고정되어 있지 않다. 비록 이 글에서 언급하지 않았지만 세대, 젠더, 계층에 따라 다양한 시민들에게 참여의 문을 활짝 열어야 한다. 참여의 문을 '활짝' 열어두는 것을 두고서 자칫 상이한 이해관계에 있는 구성원들 간의 충돌과 결과적으로 공동체 균열을 우려할 수도 있다. 아마도 지향하는 철학이 정면 배치되는 비정부조직(공유화 지향)과 자본(사유화 지향) 간에 긴장관계가 형성될 가능성이 가장 크다. 필자는 설사 자본과 국가가 배제된 공동체라 하더라도 내부 갈등이 없으리라고 생각하지 않는다. 오히려 공유화를 두고서 국가, 자본과 지역주민, 비정부조직 간의 긴장관계가 형성되고, 이들 간의 토론, 갈등, 타협을 경험하는 과정이야말로 한반도 차원에서 귀중한 사회적 학습social learning이다. 이러한 사회적 학습이 누적될수록 사회구성원들은 막연한 두려움(예컨대, 공유화를 공산주의와 동일시하는 편견)과 경로의존성(발전주의와 성장주의, 투기적 도시화 등)으로부터 탈피하여 전환 실험을 지지할 가능성이 커질 것이라는 점에서 사회적 학습을 경험한 커머너들과 그들이 전개한 실천으로 성취한 제도들도 화석연료 매장지와 마찬가지로 공유자원에 속한다(그림3).

　다시 그림1을 보자. 북한 지역에 깔린 어두움은 혹자들이 말하듯이 현재 북한의 가난을 드러내는 증거로 볼 수도 있지만, 화석연료에 기반을 둔 성장 지향적인 행성적 도시화를 막는 완충지대의 역할을 할 미래의 도시녹색공유지의 현현顯現일 수도 있다. 페스트라이쉬(2018)는 북한의 어둠이 유지되는 것을 북한 주민들의 "검소한 습관"으로 규정했지만, 이는 북한 주민들이 갖고 있을 다양한 필요를 간과하고, 가난을 강요하는 것일 수도 있다. 이러한 지역주민과 공유화간의 대립각은 미주 11에서 소개한 남한 사회의 불균등발전을 완화하기 위한 제도들을 응용한 (가칭)공유지 주변 지역사회 지원법(그림3)과 같은 법안을 제정함으로써 해소되어야 한다. 통일 이후 한반도 공간에서 화석연료를 묻어두고, 공유화의 실천에 참여하기로 결정한 북한 주민들에 대한 지원은 '시혜'가 아닌 미래[16]의 한반도 지속가능성에 기여하는 것에 대한 보상으로 접근하는 정당화 작업이 뒤따라야 할 것이다.

한반도 구성원들이 함께 만드는
한반도 에너지 전환의 미래

이 글은 미래 지향적이다. 기존 주류 전문가들의 에너지 시나리오 연구에서 사용한 포캐스팅 기법은 과거의 경험 자료를 바탕으로 미래 예측을 시도한다. 그러나 미래는 과거와의 끊임없는 대화의 상대는 될 수 있을지언정, 과거와 동일하진 않다. 예측 불허의 인류세, 기후 변화와 더불어 격변하는 동북아시아의 정세 속에서 포캐스팅으로는 한반도는커녕 남한의 에너지 시나리오마저 예측하는 데 한계가 있다. 이 글에서 필자는 한반도 에너지 전환이라는 미래 만들기의 상상 력을 자극하고자 르페브르의 도시적인 것의 사유를 끌어왔다. 한반 도 에너지 전환은 단지 공상이 아니라 현재와 미래의 시공간을 향한 정밀하고, 치열한 사고실험을 위한 '가상적 대상virtual object'(Lefebvre, 2003[1970]: Ch. 1)이며, 이 실험의 목표는 예상되는 미래를 예상하기 보다 바람직한 미래를 제시하는 데 있다. 현재 화석연료를 중심으로 근대화/산업화/도시화된 한국 사회의 경로의존성과 분단 체제에 묶 여 있는 남북한은 이러한 구조적 제약으로부터 벗어나기 위하여 이 산화탄소로 채워진 과거에 대한 결산과 지속가능한 미래를 내다보는 전망을 제시해야 한다.

이 글은 공간적이다. 에너지 전환을 비롯한 글로벌환경거버넌스 의 정책 및 학술 논의는 탄소저감을 위한 말단처리기술에 초점을 맞 추면서 생산-송전-소비 과정에 대한 총체적 에너지 경관을 보지 못 하거나 외면하고 있으며, 에너지 시나리오는 발전원별, 수치, 그래프 를 '언어'로 사용하면서 언어로 환원되지 않는 에너지 경관을 간과한 다는 점에서 비공간적이다. 에너지를 생산하고, 송전하는 비도시 지 역과 에너지를 소비하는 도시 지역 간의 관계적 이해를 강조하는 도 시적인 것(르페브르) 혹은 행성적 도시화(브레너)의 사유는 한반도라는 아직 오지 않은 새로운 공간에 대한 상상이 남북한의 에너지 전환과 이곳의 지속가능성을 담보할 결정적인 계기를 마련하는 데 필요하다는 점에서 중요하다.

이 글은 실천적이다. 혹자들은 도시사회 혹은 행성적 도시화의 출현을 곧 국가, 자본, 기술 주도의 도시화로 오해한다. 그러나 행성적 도시화 과정은 동시적으로 기존 도시화 과정에서 배제되었던 비도시 지역의 주민들이 도시민들과 마주치게 함으로써 도시화 과정을 통제하기 위한 민주주의를 고민할 '마주침의 정치'가 발생한다. 예컨대, 팽창적 도시화의 산물인 정보통신기술의 발달로 지구 반대편에서 벌어지고 있는 초국적 기업이 추진하는 원시림에서의 석유채굴에 저항하는 원주민들을 인지할 수 있으며, 교통 인프라의 발전으로 이동성이 획기적으로 향상된 도시민들이 원시림으로 가서 원주민들과 연대를 형성하거나 원주민들이 석유채굴을 하는 기업의 본사가 위치한 제1세계 도시로 이동할 수 있다는 점에서 도시사회와 행성적 도시화 논의는 실천성을 담지하고 있다. 이 글에서 필자는 한반도 에너지 전환의 구체적인 공간적 실천으로서 도시녹색공유지로 북한의 화석연료 매장지를 규정하고, 이것을 땅속에 내버려둘 것을 제안했다. 도시녹색공유지는 자연자원으로만 구성되지 않으며, 공유자원을 공유화하려는 도시민들의 지속적인 실천을 요구한다.

한반도 에너지 전환에 관한 미래지향적, 공간적, 실천적 비전을 응축한 이 장은 국내 에너지 전환 담론을 자극하는 새로운 영감과 아이디어들이 담겨 있다. 미래의 전환은 현 상태에서 상이한 이해관계와 시각을 가진 사회 세력들 간의 정치적 투쟁(Geels, 2014; Burke and Stephens, 2018)임을 부정할 수 없지만, 전환을 막고 있는 화석연료 기반의 사회 세력들에게조차 매력적으로 보이는 전환의 "긍정적인 담론"(Geels et al., 2017: 1243)을 빚어내는 기예가 필요하다. 한반도 에너지 전환은 통일 이후 혹은 남북 간 대화가 재개될 때까지 기다릴 의제가 아니다. '가상적 대상'으로서의 한반도 공간에 대한 적극적인 미래 만들기를 실천하고 있는 바로 지금 여기서 시작되었다.

2

북한 에너지 전환의 갈림길:
현황과 특징

이강준

한반도의 에너지 전환을 고민하는 데 있어서 북한 에너지 체제의 특징과 상황에 대한 이해가 선행될 필요가 있다. 그러나 북한 체제의 폐쇄성으로 인해 북한 관련 정보가 매우 제한적인 상황에서 섣부른 접근이 갖는 위험성이 있다. 왜곡된 정보를 바탕으로 한 진단으로 문제를 잘못 정의했을 경우 해법의 정합성이 훼손될 가능성이 매우 크기 때문이다. 그러나 북한 에너지 관련 정보가 제한적이라는 한계를 감안하더라도 국내외 언론과 공공데이터를 통해 북한 에너지 체제 특징의 얼개를 정리할 수 있다. 이 장에서는 우선 기사 분석을 통해 북한 에너지를 보는 남한 언론의 시각을 살펴보고, 둘째 통계청의 자료와 1946년 이후부터 현재까지의 북한 최고지도자들의 신년사, 그리고 북한의 헌법과 법률 등을 분석하여 북한의 에너지 실태를 정리한다. 셋째 선행 연구보고서 등을 통해 북한의 에너지 위기 실태와 원인, 해결 노력을 정리하고, 끝으로 북한 에너지 체제의 특징과 시사점을 정리한다.

북한 에너지 문제를 바라보는
남한 언론의 시각

한국언론진흥재단에서 제공하고 있는 빅카인즈에서 최근 30년간 '북한 에너지'로 총 4만 856건의 기사가 검색되었다. 키워드 트렌드 결과를 보면, 1994년과 2008년, 2018년에 언론보도가 매우 많았음을 알 수 있다.

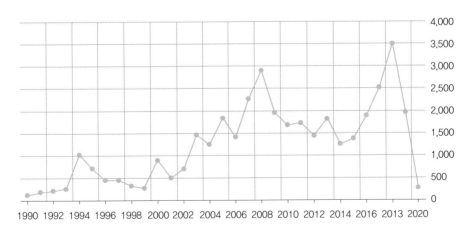

[그림 1] 빅카인즈 키워드 트렌드(검색어 "북한 에너지", 검색기간 1990.1.~2020.4.)

1994년은 북한 에너지 갈등을 해소하기 위한 방안으로 북미 간의 제네바합의가 이뤄지고, 북한이 핵을 포기하는 대신 미국과 관련국들은 경수로를 지어 북한에 대한 경제적 보상을 하기로 합의했다. 그리고 경수로가 완공되기 전까지는 중유를 북한에 지원하기로 하고, 북미 관계 정상화를 이루기 위한 조치를 취하기로 했다.

2008년은 남한에서 대선이 끝나고 노무현 정권에서 논의되던 2차 북핵 위기 극복을 위한 다양한 시도들이 좌초되어 한반도 에너지 갈등이 고조되던 시기였다. 2000년대 아들 부시 정권 등장 이후 북한의 고농축우라늄 의혹을 새롭게 제기했고, 이에 따른 대북중유공급 중단결정과 경수로 사업의 지지부진 등으로 인해 '제네바합의'가 실질적으로 파기됨에 따라 북미 간 재협상을 요구하는 북한과 과거와 같이 그런 요구에 응하지 않겠다는 미국 사이에 갈등이 대두되었다.

2018년은 극한 대립으로 치닫던 남북관계가 문재인 정부 등장 이후 남북, 북미 정상회담 등으로 한반도 긴장 완화를 위한 다양한 조치가 모색되었다. 전 세계의 주목 속에 2018년 4월 27일 판문점 평화의 집에서 11년 만에 남북정상회담이 진행됐고, 같은 해 6월 12일 싱가포르에서 사상 최초로 북미정상회담이 성사됐다. 이 회담에서 양 정상은 '완전한 비핵화', '평화체제 보장', '북미 관계 정상화 추진', '6.25 전쟁 전사자 유해송환' 등 4개 항에 합의했다. 그러나 2019년 2월 27~28일 베트남 하노이에서 열린 두 번째 정상회담이 제재 완화 등을 둘러싼 양측의 합의 실패로 결렬에 이르렀다.

빅카인즈의 연관어 분석 결과 역시, 북한 에너지 이슈와 관련한 남

한 언론의 보도는 주로 '북핵 위기'와 관련되어 있음을 알 수 있다. 반면 재생에너지와 관련해서는 에너지난 돌파구 모색을 위해 소형 태양광 패널이 확산되고 있다는 유의 보도가 주를 이뤘다. 김정일 체제 후반에 재생가능에너지법을 제정하고, 김정은 체제 등장 이후 재생에너지 정책과 지역 자립형 에너지 체계를 강조하고 있는 점 등은 상대적으로 크게 주목하지 않았다.

북한 에너지 실태

통계로 본 북한 에너지

북한의 2017년 일차에너지 소비 규모는 우리나라 1960년대 초반 수준인 1124만 TOE^Ton of Oil Equivalent(석유환산톤)에 불과하다. 같은 해 1인당 에너지 소비 규모도 0.348TOE로 비OECD 국가 평균 1.316TOE의 26.4%에 불과하며, 우리나라 1인당 에너지 소비의 7.7% 수준에 불과하다(《중앙일보》, 2018). 한편, 국제에너지기구(IEA)에 따르면 한국의 2017년 기준 에너지 소비량은 1인당 5.73TOE로, 경제협력개발기구(OECD) 국가들의 평균 4.10TOE 대비 약 40% 많았다(《한국경제》, 2019).

북한은 45억 톤의 무연탄과 160억 톤의 갈탄 부존량을 보유하고 있는 석탄 부국이다. 전국에 걸쳐 600여 개의 탄광을 보유하고 있으며, 일차에너지의 절반 이상을 석탄이 담당한다. 그러나 전력을 비롯한 각종 중간 투입재의 공급 부족, 연관 산업 및 인프라의 동반 부실 등으로 석탄산업은 크게 위축되어 있으며, 유엔 제재에 따른 수출 금지로 심각한 산업적 위기를 겪고 있다.

연간 250만 톤 내외의 원유를 러시아와 중국으로부터 우호적 조건으로 수입, 정제하여 공급하던 북한의 석유산업은 양국의 지원성 원유 공급이 50만 톤 내외로 줄어들어 크게 위축되어 있다. 장마당을

[표 1] 남북 에너지 수급 비교(2018년 현재)

	1차에너지 공급량 (천 TOE)	1인당 공급량 (TOE)	발전설비 용량 (MW)	발전 전력량 (억 kWh)	원유	
					수입량 (천 배럴)	정제량 (천 BPSD)
북한(A)	14,220	0.57	8,150	249	3,885	70
남한(B)	307,501	5.96	119,092	5,706	1,116,281	3,204
B/A	21.6	10.5	14.6	22.9	287.3	45.8

출처: 통계청 북한통계포털 http://kosis.kr/bukhan

중심으로 민간 수요가 증가하면서 시장에는 불법 유출된 석유와 밀수된 석유 등의 거래가 일상화되면서 유통의 혼란이 확산되어 있다.

설비 부족, 연료 공급의 어려움, 설비 노후화 등의 기계적 문제, 연관 산업의 동반 부실도 북한 전력산업의 기능 저하도 심각한 상황이다. 2017년 발전량은 235억 kWh로 우리나라의 4.4% 수준에 불과하며, 연간 1인당 전력소비도 635kWh로 우리나라의 5.9% 수준에 불과하다.

석탄, 석유, 전력 등 북한의 에너지산업은 많은 문제들이 오랜 기간 누적되어 사실상 한계 상황에 처해 있는 것으로 보이며, 북한 자체의 역량으로는 회복이 어려운 상황으로 파악된다. 결국 북한 에너지산업의 복구와 중장기적 공급능력 확충을 위해서는 외부 자본과 기술의 광범위한 도입이 불가피하게 요구되는 상황으로 파악된다(김경술, 2019).

2000년대 후반 이후 북한의 에너지 공급의 증감 여부에 관해서는 적지 않은 이견이 존재하지만, 현재 북한에 에너지 공급이 크게 부족하다는 데는 이견의 여지가 없으며, 북한의 재생에너지 개발 및 활용은 이러한 절대적인 에너지 공급 부족이 배경이다. 특히 민간부문에 대한 북한 당국의 전력 공급 우선순위에서 뒤로 밀려 상대적으로 전력 상황이 더욱 열악하기 때문에 재생에너지 활용에 더욱 더 적극적이다(빙현지 외, 2017).

[표 2] 북한주민의 에너지 소비구조와 실태

		소비자	국가공급 여부	공급실태	부족분 대체
조명	전기	전체주민	○	일부 공급	양초, 석유등잔, 산업용 기름등잔
취사	가스	평양주민	○	일부 공급	석유 시장구입
	석탄	지방도시주민	○	거의 미공급	나무, 대팻밥, 톱밥
	나무	농촌주민	○	거의 미공급	볏짚, 옥수숫짚 등
	석유	평양주민	○	일부 공급	시장에서 자체구입
		일부지방주민	×	자체	–
	전기히터	일부주민	×	자체	–
난방	온수	평양주민	○	거의 미공급	석유히터, 솔방울 등 자체
	석탄	지방도시주민	○	거의 미공급	석탄, 나무, 대팻밥, 톱밥 등
	나무	농촌주민	○	거의 미공급	일부 메탄가스에 의한 난방 볏짚, 옥수숫짚, 풀대
	석유난로	일부주민	×	자체	–
가전제품	전기	전체주민	○	일부 공급	자동차 배터리 충전 이용
배터리충전	전기	일부주민	×	자체	–
전기재봉	전기	가내수공업자	×	자체	–

출처: 빙현지·이석기(2017: 18) 재인용

법률로 본 북한 에너지

조선민주주의공화국 사회주의헌법 제169조는 "조선민주주의인민공화국의 국장은 《조선민주주의인민공화국》이라고 쓴 붉은 띠로 쌓아 올려 감은 벼이삭의 타원형 테두리 안에 웅장한 수력발전소가 있고 그 위에 혁명의 성산 백두산과 찬연한 붉은 오각별이 있다"라고 규정하고 있다. 헌법에 명시되어 있듯이 북한에서 수력발전소는 특별한 의미를 지닌다.

1993년 10월 20일 채택된 북한의 국장법에 따르면 국장의 정의는 "해당 국가의 성격과 사명을 반영한 표장형식의 국가표식이며 상징" 이다. 김일성 주석이 직접 "새 사회 건설의 첫 시기에 전력공업이 가지는 중요성을 언급하며 나라의 휘황한 발전전망을 보여주는 웅장한 수력발전소를 그려 넣도록 했다"는 것이 북한의 해설이다. 특히 북한 국장에 등장하는 수력발전소는 당시 북한의 최대 발전소였던 평북 삭주군 청수읍 수풍발전소를 원형으로 하고 있다. 1943년 완공된 이 발전소는 완공 당시 동양 최대의 수력발전소였고 총 발전용량이 64만 kW에 달했다(《동아일보》, 2013).

한편, 북한의 대표적인 에너지 관련 법제는 〈에네르기관리법〉,

[그림 2] 북한의 국장

출처: 위키미디어 공용

[표 3] 북한의 에너지 관련 법제 현황

	법률의 사명	비고
에네르기관리법 주체87(1998)	"에네르기의 공급과 리용에서 제도와 질서를 엄격히 세워 에네르기의 낭비를 없애고 늘어나는 에네르기 수요를 원만히 보장하는데 이바지한다."	4장 34조
전력법 주체97(2008)	"전력시설건설과 생산, 공급, 리용 및 급전지휘에서 규률과 질서를 엄격히 세워 늘어나는 인민경제의 전력수요를 보장하고 인민생활을 향상시키며 사회주의경제강국건설을 다그치는데 이바지한다."	7장 74조
원자력법 주체88(1999)	"원자력을 평화적 목적에 리용하는 것은 조선민주주의인민공화국이 견지하고 있는 일관한 원칙이다. 조선민주주의인민공화국 원자력법은 원자력의 개발과 리용에서 제도와 질서를 엄격히 세워 늘어나는 인민경제의 동력수요를 원만히 보장하고 인민들의 물질문화생활을 향상시키는데 이바지한다."	20조
중소형발전소법 주체96(2007)	"중소형발전소의 건설과 운영, 전력리용에서 제도와 질서를 엄격히 세워 늘어나는 전력수요를 원만히 보장하는데 이바지한다."	5장 49조
연유법[1] 주체96(2007)	"연유의 생산, 수송과 보관, 공급과 판매, 소비에서 제도와 질서를 엄격히 세워 연유의 랑비를 없애고 인민경제적수요를 원만히 보장하는데 이바지한다."	6장 61조
흑색금속법[2] 주체101(2012)	"흑색금속의 생산과 공급, 리용, 파철관리에서 제도와 질서를 엄격히 세워 인민경제의 늘어나는 흑색금속수요를 원만히 보장하는데 이바지한다."	5장 58조
유색금속법[3] 주체98(2009)	"유색금속의 생산, 공급과 리용, 회수와 수매에서 제도와 질서를 엄격히 세워 늘어나는 유색금속의 수요를 원만히 보장하는데 이바지 한다."	5장 46조
주물품협동생산법 주체95(2006)	"주물품의 생산에서 제도와 질서를 엄격히 세워 주물품에 대한 인민경제적수요를 원만히 보장하는데 이바지한다."	27조
지하자원법 주체98(2009)	"지하자원의 탐사, 개발, 리용에서 규률과 질서를 세워 사회주의경제건설을 다그치고 인민생활을 높이는데 이바지한다."	5장 51조
석탄법 주체100(2011)	"석탄탐사와 탄광개발, 석탄생산, 공급, 리용에서 제도와 질서를 엄격히 세워 늘어나는 인민경제의 석탄수요를 원만히 보장하고 사회주의경제강국건설을 다그치는데 이바지한다."	6장 76조
재생에네르기법 주체102(2013)	"재생에네르기의 개발과 리용을 장려하고 재생에네르기산업을 활성화하여 경제를 지속적으로 발전시키고 인민생활을 높이며 국토환경을 보호하는데 이바지한다."	6장 46조

출처: 법률출판사(2012), 재생에네르기법은 민주조선(2013) 인용

〈전력법〉, 〈원자력법〉, 〈중소형발전소법〉, 〈연유법〉, 〈흑색금속법〉, 〈유색금속법〉, 〈주물품협동생산법〉, 〈지하자원법〉, 〈석탄법〉, 〈재생에네르기법〉 등을 꼽을 수 있다(법률출판사, 2012).

북한의 전력 관련 법제는 우선 '전력법'을 기본으로 하고 있고, '에네르기관리법', '중소형발전소법' 등을 관련 법령으로 들 수 있다. 북한의 사회주의헌법은 전기 또는 전력에 대하여 직접적인 규정을 두진 않고 있다. 그렇지만 "국가소유권의 대상에는 제한이 없다"(제21조 제2항)는 규정과 "국가는 나라의 경제발전에서 주도적 역할을 하는 국가소유를 우선적으로 보호하며 장성시킨다"(제21조 제4항)는 규정에 비추어 전력에 대해서는 국가의 기간산업의 인프라로서 중요한 관리 대상에 해당함을 알 수 있다. 전기는 국가적 에너지자원의 핵심 동력이라는 점에서 국가경제정책의 주요 항목으로 다루어지고 있다(박정원, 2016: 227-228).

먼저, 에네르기관리법의 주요 내용은 제1조에서 에너지에 대한 공급과 이용에 있어 제도와 질서를 엄격히 세워 낭비를 없애고 늘어나는 수요를 원만히 보장한다고 명시하고 있다. 또한, 제11조에서 전력생산의 품질을, 제24조에서 중소형발전소 적극 건설과 운영을 다루고 있다.

둘째, 중소형발전소법은 총 5장 49개 조문으로 구성되어 있으며, 각 장에서는 중소형발전소법의 기본, 중소형발전소의 건설, 운영, 전력, 이용, 사업에 대한 지도통제로 구성되어 있다(박정원, 2016: 220). 중소형발전소(제2조)는 2만 kW까지의 발전능력을 가진 발전소이며,

그 종류에 대해서는 수력, 화력, 조수력, 풍력 등 여러 가지 동력자원에 의거한 발전소라고 명시하고 있다.

셋째, 전력법은 전력법의 기본(제1장), 전력시설건설(제2장), 전력생산(제3장), 전력공급(제4장), 전력의 이용(제5장), 급전지휘(제6장), 전력부문 사업에 대한 지도통제(제7장) 등의 장을 두고 있다. 전력법(제1조)은 "전력시설건설과 생산, 공급, 리용 및 급전지휘에서 규율과 질서를 엄격히 세워 늘어나는 인민경제의 전력수요를 보장하고 인민생활을 향상시키며 사회주의경제강국건설을 다그치는데 이바지"하는 것을 목적으로 한다. 전력산업이 인민경제에 주요한 부문임을 강조하고, 이를 통해 사회주의 경제 강국 건설의 핵심사항임을 보여준다.

넷째, 1992년 2월 12일 최고인민회의에서 채택된 원자력법(제1조)은 "원자력의 개발과 리용에서 제도와 질서를 엄격히 세워 늘어나는 인민경제의 동력수요를 원만히 보장하고 인민들의 물질문화생활을 향상"시키는 데 이바지하는 것을 목적으로 하고 있다. 그 외 원자력의 감독통제(제4조), 방사능광물의 탐사와 채취(제6조), 원자로와 핵연료의 관리(제9조), 방사선피해의 방지와 보상(제11조, 제12조), 핵안전감독체계(제19조) 등을 다루고 있다.

다섯째, 2013년 최고인민회의 상임위원회에서 채택한 재생에네르기법은 재생에네르기의 개발과 리용을 장려하고 재생에네르기산업을 활성화하여 경제를 지속적으로 발전시키고 인민생활을 높이며 국토환경을 보호하는 데 이바지하는 것이다. "국가는 기관, 기업소, 단체와 공민이 재생에네르기를 널리 개발하고 리용하는 것을 적극 장

려"하고, "국가는 재생에네르기의 자원조사와 개발, 리용계획을 바로
세우고 실행하도록 하여야 한다"고 규정하고 있다(《민주조선》, 2013년
8월 23일).

신년사로 본 북한 에너지

1946년 1월 1일 김일성 주석이 "신년을 맞이하면서 전국인민에게
고함"을 발표한 이래, 북한 신년사는 "당과 국가의 수반이 새해를 맞
이하여 시행하는 공식적인 연설이나 그 연설문"이라고 정의할 수 있
다. 북한은 신년사를 통해 최고 지도자가 직접 전 국민과 국제사회를
상대로 당해 연도 국정 전반에 대한 지표를 제시하고, 정책 방향을 대
내외적으로 밝혀 왔다. 아래에 신년사에서 언급하고 있는 '에너지' 관
련 주요 내용을 발췌하여 소개한다.

[표 4] 북한 최고지도자 신년사 '에너지' 관련 주요 내용

연도	신년사 내용	비고
1947	"…전반적인 인민경제계획과 함께 매개 공장, 광산, 철도운수, 체신기관들에서도 계획을 수립하며, 그 실행을 위하여 사업을 구체적으로 조직하고 검열하며…"	
1959	"…올해에 농촌의 전기화를 실현하는데서 커다란 승리가 이룩될 것입니다. 농촌의 전기화가 기본적으로 실현되면 농촌의 종합적기 계화가 촉진될 것이며…"	
1965	"…평양화력발전소와 운봉발전소의 건설을 빨리 완공하며 중소형 발전소들을 많이 건설하여야 하겠습니다. 석탄공업부문에서는 대규모 탄광들의 기술장비를 강화하고 그 생산능력을…"	김일성
1975	"…기본건설전선에서는 발전소건설을 앞세워 북창화력발전소 제3계단 공사와 청천강화력발전소, 대동강발전소 건설을 빨리 다그쳐야 하겠습니다…"	
1984	"…올해에 사회주의 경제건설에서 화력을 집중하여야 할 부문은 석탄공업입니다. 석탄은 우리나라 주체공업의 식량이며 석탄생산을 빨리 늘리는 것은 모든 경제과업을 성과적으로…"	

연도	신년사 내용	비고
1998	"…석탄, 전력 공업부문의 로동계급은 견인불발의 의지로 생산에서 일대 앙양을 일으킴으로써 긴장한 석탄과 전력문제를 풀어야 한다. 북창화력발전련합기업소를 비롯하여 현존발전능력을 최대한 효과적으로 리용하는 것과 함께 도처에서 중소형발전소건설을 군중적 운동으로…"	김정일
2005	"…전력, 석탄, 금속공업과 철도운수부문이 대고조의 앞장에서 기세높이 나아가야 한다. 대규모수력발전소 건설을 다그쳐 조업기일을 앞당기고 석탄생산을 정상화하며 화력발전설비들의 능력을 높여 전력생산을 훨씬 늘려야 한다…"	
2011	"…석탄이 꽝꽝 나와야 비료와 섬유도 쏟아지고 전기와 강재도 나온다. 석탄공업부문에서는 매장량이 많고 채굴조건이 좋은 탄광들에 힘을 집중하고, 새 탄밭들을 개발하여…"	
2014	"…지금 있는 발전소들에서 전력생산을 최대한으로 늘이기 위한 대책을 세우는 것과 함께 긴장한 전력문제를 근본적으로 풀기 위한 전망계획을 바로 세우고 그 실현을 위한 투쟁에 힘을 넣으며 수력자원을 위주로 하면서 풍력, 지열, 태양열을 비롯한 자연에네르기를 이용하여 전력을 더 많이 생산하도록 하여야 합니다…"	
2016	"…지금 있는 발전소들을 정비보강하고 만부하로 돌려 전력생산을 최대한 늘이며 단천발전소 건설을 비롯하여 발전능력을 새로 더 조성하기 위한 투쟁과 자연에네르기를 적극 리용하여 긴장한 전력문제를 풀기 위한 사업을 힘 있게 밀고나가야 합니다…"	김정은
2018	"…인민경제의 자립성과 주체성을 강화하는데 총력을 집중해야 합니다…도들에서 자기 지방의 특성에 맞는 전력생산 기지들을 일떠세우며 이미 건설된 중소형 수력 발전소들에서 전력생산을 정상화하여 지방 공업 부문이 전력을 자체로 보장하도록 하여야 합니다…"	
2019	"…전력문제해결에 선차적인 힘을 넣어 인민경제 활성화의 돌파구를 열어야 합니다. 올해 사회주의 경제건설에서 나서는 가장 중요하고도 절박한 과업의 하나는 전력생산을 획기적으로 늘이는 것입니다…"	

북한은 신년사를 통해 거의 예외 없이 경제부문에서 '광산, 석탄, 발전소' 등을 언급해왔다. 북한은 전통적으로 인민경제의 선행 4대 부문으로 '전력, 석탄, 금속, 철도운수부문'을 꼽아 왔다. 특히 1990년대 이래 에너지 수급위기가 심각해지면서 "현존 발전능력을 최대한 효과적으로 이용(1998)"하고, "도처에 중소형발전소 건설(1998)"을 군

중적 운동으로 독려하고, "석탄생산을 정상화하여 화력발전설비들의 능력(2005)"을 높이고, "도·시·군들에서 자기 지방의 다양한 에네르기 자원을 효과적으로 개발 리용(2019)"할 것을 촉구했다.

특히 김정은 위원장은 "자연에네르기를 적극 이용(2016)"하여 전력 문제 해결할 것을 촉구하는 한편, "인민경제의 자립성과 주체성을 강화(2018)"하고, "자기 지방의 특성에 맞는 전력생산 기지(2018)"를 기운차게 일어세울 것을 촉구했다. 2019년에는 "올해 사회주의경제건설에서 나서는 가장 중요하고도 절박한 과업의 하나는 전력생산을 획기적으로 늘이는 것"이라고 강조했다.

신년사를 통해 본 북한의 에너지 정책은 에너지의 효율적 이용, 석탄생산 정상화와 화력발전소 설비능력 제고, 지역별 중소형 발전소 건설, 자연에네르기 사용 권장 등으로 요약할 수 있다.

북한의 에너지 위기와
해결 노력

북한 에너지 위기의 원인

북한의 에너지 위기는 1991년 소련 해체에 따른 오일쇼크가 결정적 계기가 되었다. 소련으로부터 구상무역 결제방법(수출자에 대한 수입대금의 전부 또는 일부를 수입자가 제품으로 지급하는 거래)에 의해 국제시장가격의 절반 가격으로 수입했던 북한은 소련이 해체됨에 따라 석유공급이 격감하게 되었고, 본격적인 오일쇼크를 겪게 되었다. 소련의 해체는 석유뿐만 아니라 '전력난'을 야기했다. 화력 및 수력발전소 등 소련 기술에 의존해왔던 북한 에너지 인프라의 유지와 개보수가 이뤄지지 않아 설비 노후화에 따른 생산량 저하가 가속된 것이다.

소련 해체와 함께 1990년 중반에 일어난 일련의 재해, 즉 홍수와 가뭄은 기왕에 취약성을 드러내기 시작한 북한의 에너지 시스템에 치명타를 가한 요인이 되었다. 1995~1996년 홍수는 농작물과 농촌 생태계를 파괴했고, 도로와 철도의 훼손과 더불어 농촌 지역의 송배전망을 파괴했다[4]. 즉 자연재해가 전력소비 인프라를 망가뜨리는 구실을 한 것이다. 또한 많은 탄광이 물에 잠기면서 석탄채굴에 지장을 초래했다. 홍수는 토양유실을 야기했는데, 유실된 토사가 하천이나 댐으로 흘러들어가 수자원을 감소시키고, 발전설비를 훼손함으로써 수력발전을 감소시키는 요인이 되었다.

일련의 자연재해는 인간의 환경파괴와 긴밀한 상관관계를 갖고 있는데, 즉 산림파괴와 산림생태계 훼손은 근본적으로 식량난 및 에너지난과 깊은 연관성이 있다. 식량난과 에너지난은 무분별한 산지 개발과 식물과 나물, 땔감의 과도한 채취를 불러왔는데, 산림 생태계가 파괴되면서 집중호우나 장마를 견디지 못하고 홍수가 발생했다. 홍수는 토양유실을 유발하면서 식량난으로 이어지고, 자연환경의 훼손은 더욱 심화되는 악순환을 겪게 되었다.

한편, 1990년대 석탄생산과 공급의 급감은 전력난과 악순환을 그리게 되는데, 북한은 산업부문이나 화물운송부문에서 '자력갱생'의 기조에 따라 석유 소비를 최소화하기 위해 전력에 의존하게 되는 '전력 과소비 구조'를 만들어냈다. 석탄 생산과 전력이 맞물려 있는 구조이기 때문에 전력난이 빚어지자 석탄생산의 차질이 빚어지고, 채굴과 석탄의 수송도 전기를 사용하는 기관차의 몫이기 때문에 전력난을 겪는 와중에 비록 석탄을 캤다 하더라도 수송이 원활하지 못했다. 전력이 부족해서 석탄조달이 어려워지고, 석탄조달이 안되니 발전이 안 되는 악순환을 그리게 된 것이다.

북한 에너지가 심각하게 위기에 빠진 원인을 요약하면, 1991년 소련의 해체에 따른 오일쇼크, 1990년대 중반 일련의 홍수와 가뭄, 식량난에 따른 산지개발, 전력난에 따른 석탄 생산·운송의 차질과 발전량의 저하라는 악순환이 반복되고 있는 것이다(이강준, 2007).

2000년대 들어 북한의 에너지 사정이 다소 개선되었지만, 근본적인 해결에는 크게 못 미치는 수준으로 관측된다. 그러나 전력 등 북한의 에너지 사정은 발전량 추정치와 달리 김정은 집권 이후 지속적으로 개선되고 있다는 것이 북한 방문자 등의 대체적인 평가다(빙현지·이석기, 2017).

북한의 재생가능에너지 정책

북한은 전력 문제가 심각해진 1990년대 초반 이후 신년사에서 '전력'과 '석탄' 등 에너지 문제를 빼지 않고 매년 언급했다. 지속적으로 인민 경제의 핵심적인 선행 분야로 석탄공업, 전력공업, 철도운수와 금속공업을 반복적으로 강조하고 있다. 그만큼 북한의 에너지 문제가 심각하고, 중요한 부문을 차지한다는 것을 방증한다.

김정은 위원장은 권력을 승계한 이후인 지난 2013년 '재생에네르기법'을 제정한 데 이어, 2014년 신년사를 통해 '최초로' 에너지 절약과 자연에네르기를 이용한 전력 생산을 강조했다. 김 위원장은 신년사에서 "풍력, 지열, 태양광을 비롯한 자연에네르기를 이용하여 전력을 더 많이 생산"해야 하고, "전 사회적으로 절약 투쟁을 강화하여 한 와트의 전기, 한 그램의 석탄, 한 방울의 물도 극력 아껴" 써야 한다고 강조했다.

또한, 2016년 신년사에서는 "지금 있는 발전소들을 정비보강하고 만부하로 돌려 전력생산"을 최대한 늘이며, "자연에네르기를 적극 리용하여 긴장한 전력문제를 풀기 위한 사업"을 힘 있게 밀고나가야 하고, "모든 부문, 모든 단위에서 생산된 전기를 절약하고 효과 있게 쓰기 위한 된바람"을 일으켜야 한다고 강조했다. 한발 더 나아가 2017년에는 "국가통합전력관리체계를 실속 있게 운영"하고, "교차생산조직을 짜고 들어 전력생산과 소비사이의 균형을 맞추며 다양한 동력자원을 개발하여 새로운 발전능력을 대대적으로 조성"할 것을 주문했다. 김정은 위원장의 메시지에서 "발전효율 개선-재생에너지 생산-에너지 절약-통합관리"라는 지속가능한 에너지체계를 위한 고려 요소를 정확히 인식하고 있다고 볼 수 있다(이강준, 2015; 2018).

실제 북한 관련 국내외 언론을 보면, 재생가능에너지 기술 개발과 보급 확산에 노력하고 있음을 알 수 있다. 가령, 국가과학원 산하에 '자연에네르기연구소' 설립(《조선중앙통신》, 2014년 11월 4일), 조선녹색

후원기금 설립(《연합뉴스》, 2014년 12월 4일), 풍력 발전 비중 10%이상 확대 계획(《조선중앙통신》, 2013년 11월 18일), 황해남도 강령군에 '국제 녹색모범기지' 특구 설정(《데일리엔케이》, 2013년 11월 6일), 풍력 에너지 외국 투자 기업에 소득세 감면(《조선신보》, 2014년 1월 21일), 에너지 효율 높인 10종 소형 풍력 발전기 개발(《조선중앙통신》 2014년 11월 28일), 김책공대 풍력 발전기 개발(조선중앙TV, 2014년 12월) 등 범국가 차원에서 적극적으로 재생가능에너지 기술 개발과 보급에 박차를 가하고 있다.

북한 선전매체 메아리는 지난 2019년 2월 '평안북도 송배전부에서 1천여kW의 자연 에네르기 발전능력 조성'이라는 기사를 통해 "압록강 하류지구에 300여m² 면적의 자연 에네르기 발전소를 새로 건설했다"며 "(평안북도) 송배전부에서는 자력갱생의 기치 높이 있는 예비와 가능성, 잠재력을 최대한 동원 리용(이용)해 3600여 개에 달하는 태양빛 전지와 계통병렬형변환기, 동력케블(케이블)들을 마련했다"고 전한 바 있다. 지난 2019년 3월 20일《노동신문》은 "(평안북도 송배전부가) 발전능력을 확장하는데, 계속 힘을 넣어 성과를 확대해나가고 있다"며 "최고령도자동지(김정은 위원장)께서 지난해 11월 신의주시 건설 총계획을 지도하시면서 자연 에네르기를 최대한 리용하여 도시 전력 공급망체계를 구축할 데 대하여 주신 강령적 과업 관철에서 돌파구를 열어놓았다"고 설명했다. 나아가 '이들처럼 자연 에네르기를 중시하고 널리 개발 리룡(이용)하자'라는 기사를 통해 "최근 평안북도 송배전부에서는 능력이 큰 자연에네르기발전소를 일떠세우고(건설하고) 신의주시의 중요대상들과 주민 세대들에 대한 전력공급에 이바지하고 있다"고 보도한 바 있다. 북한은 평안북도에 신재생에너지 발전소를 건립한 것을 두고 자력갱생의 모범사례로 선전하는 것으로 전해졌다(《데일리엔케이》, 2019년 6월 14일).

이런 범국가 차원의 재생가능에너지 기술 개발과 보급, 확대 정책뿐만 아니라, 일반 가정에서도 소형 태양광 발전을 구입해 전력 수급을 자체적으로 해결하고 있는 것으로 알려졌다. 북한에서는 상업시설을 중심으로 중국산 태양광 모듈과 배터리가 큰 인기를 끌고 있다고 한다. 24V 태양광 모듈과 대용량 전기저장장치는 보통 200~300위안 정도인데, 협동식당이나 컴퓨터 오락방 및 노래방 입장에서는 그

[그림 3] 평안남도 남포시 령남배수리공장에 세워진 풍력발전기

출처: 조선중앙TV=연합뉴스

리 비싼 비용은 아닌 것으로 알려져 있다. 특히 김정은 집권 후 지역마다 상업관리소와 편의봉사관리소에서 운영하는 찻집, 컴퓨터 오락방, 노래방 및 당구장들이 급증했는데, 이런 상업시설들은 주로 야간에 영업을 하므로 과거에는 경유 발전기를 가동해서 운영했지만 최근 유가급등으로 태양광발전 시설 설치가 증가하고 있는 것으로 확인되었다. 태양광 모듈을 사용하는 곳은 북한 전역에서 약 10만 가구에 달하고 있는 것으로 추정된다. 한 증언에 의하면 북한 10가구당 2가구가 태양광 모듈을 소유한 것으로 알려져 있다. 또한 LED 조명 설치도 급증 추세에 있는 것으로 알려져 있다(《인더스트리뉴스》, 2018년 10월 9일). 한 매체는 북한 소식통을 인용해 "주민 40% 정도가 햇빛판을 사용하고 있다(《데일리엔케이》)"고 소개했다. 이를 얼마나 신뢰할 수 있을지 모르지만, 최소한 태양광 등 재생가능에너지가 확산되고 있는 것은 분명한 사실로 보인다.

북한 당국은 2019년 초 풍력 등을 통한 전력 문제 해결의 필요성을 역설한 김정은 국무위원장의 신년사가 발표된 뒤 각 지역 특성에 맞는 다양한 에너지원을 효과적으로 개발해야 한다고 강조해오고 있다. 노동당 기관지《노동신문》등 북한 매체는 풍력 발전을 '가장 발전력이 많은 에너지자원', '원천이 고갈되지 않고 생태환경 파괴가 없는 전망성이 큰 에너지자원'이라고 소개하면서 효율성을 대대적으로 선전했다. 이 신문은 최근까지도 풍력 등 자연에너지를 통한 전력 문제 해결을 언급하고 있는데, 그러면서도 이를 위한 동력은 '자력갱생 정신'을 통해 확보하라고 주장하고 있다(《데일리엔케이》, 2019년 9월 18일).

[그림 4] 북한 살림집에 설치된 태양빛 집열판

출처: 조선중앙통신=연합뉴스

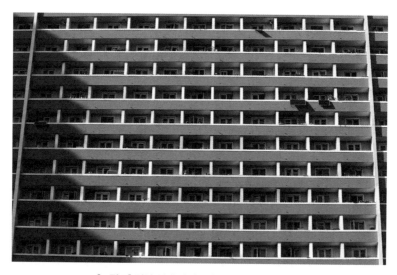

[그림 5] 평양 시내 아파트에 설치된 태양광 패널

출처: Alexander Demianchuk/TASS=연합뉴스

북한은 김정은 집권 이후 에너지 정책으로서의 재생에너지 개발 및 보급 정책이 강조되고 있다. 북한의 재생에너지 관련 동향이 더욱 주목을 받는 이유는 재생에너지 개발 정책이 이전에 없던 새로운 정책이라기보다는 주민과 소규모 생산시설 등에서 재생에너지 활용이 증가하고, 재생에너지 개발을 위한 북한 당국의 움직임이 상대적으로 활발하게 관찰되기 때문이다. 또한 기존의 전력 생산구조로 전력 문제를 해결할 수 없기 때문에 재생에너지를 이용하면 전력 사정이 좋아질 수 있다는 대내외적인 선전 목적으로 재생에너지 이용을 강조하고 있는 측면도 존재한다(빙현지·이석기, 2017; 36).

북한의 재생에너지 개발은 1993년 자연에네르기개발이용센터를 설립하면서 시작되었으며, 조직을 확장하여 2014년 10월 13일 자연에네르기연구소를 신설했다. 5층의 중앙청사와 실험동, 종합공장동, 19개 연구실(풍력, 지열, 태양열, 생물질에너지 등), 21개 실험실, 전자도서실에 180여 명의 연구원(박사 7명, 학위 소유자 60명)들로 구성했다(빙현지·이석기, 2017: 43). 이 외에도 2003년 평양국제새기술경제정보센터가 환경보호, IT, 에너지개발, 원예, 유기농 부문의 국제교류 확대를 목표로 설립하여 운영 중이다.

한편, 북한은 2014년 자연에네르기 중장기 개발계획을 수립했으며, 2044년까지 자연에네르기 발전설비용량을 500만 kW로 확대하겠다는 계획이다. 재생에너지 발전의 목표 설비용량인 500만 kW는 현재 북한의 주요 전력 설비인 수력 발전을 상회하는 규모이다. 2015년 기준 발전 설비용량은 742만 7000kW로 이 중 수력이 446만

7000kW, 화력이 296만 6000kW이며, 청천강계단식발전소의 총 출력이 43만 kW이다.

북한의 에너지 위기 해결 노력

여러 상황을 종합해보면, 북한은 에너지 위기 해결을 위해 총력을 다하는 것으로 보인다. 1946년 이후 북한의 신년사를 분석해보면, 크게 세 개의 국면으로 나눌 수 있다. 먼저, 1990년 이전에는 소련으로부터 안정적이고 저렴하게 구상무역의 방식으로 석유를 공급받아 에너지수급에 큰 문제가 발생하지 않았다. 물론 이때에도 인민경제의 4대 선행부문(전력, 석탄, 금속, 철도운수)으로 에너지 문제를 지속적으로 강조해왔다.

두 번째 시기는 1990년대 소련의 해체로 인한 석유수급 위기와 노후 발전설비로 인한 발전효율 저하, 연이은 자연재해로 송배전망을 포함한 전력 인프라의 붕괴로 인해 극도로 에너지수급의 위기상황에 봉착했다. 이후 핵개발 정책과 핵확산금지조약 탈퇴로 미국을 중심으로 한 서방세계와의 벼랑 끝 외교를 통해 위기타파를 꾀했으나 에너지위기 해결의 측면에서 보면 성공적이었다고 평가하기 어렵다.

세 번째 시기는 2011년 김정일 사후 김정은 체제가 들어선 이후 현재까지로 볼 수 있다. 권력의 전면에 등장한 김정은은 '김정일 유훈통치'를 선언하고, 핵개발 정책을 밀어붙이는 한편, 자립갱생의 원리 하에 지역별 중소형 발전소 건설을 줄기차게 독려하고 있다. 또한 재생에네르기 정책을 강력히 추진하고 있는데, 2013년 재생에네르기법을 제정하고, 2014년 신년사를 통해 자연에네르기 이용, 에너지 절약과 효율화를 적극적으로 강조했다. 한마디로 에너지 위기 해결을 위해 할 수 있는 모든 것을 다하고 있다고 볼 수 있다.

북한을 방문한 국제NGP 관계자들의 증언에 따르면, 1990년대의 극단적인 에너지 빈곤 상태는 벗어난 것으로 보인다. 그러나 야간 위성사진이 잘 보여주듯이(1장 참고), 북한의 에너지 위기는 현재진행형이고, 특히 평양 중심의 불균형 발전, 즉 평양-지역 간의 격차가 매우 큰 것을 알 수 있다.

북한 에너지 체제의 특징과 시사점

북한 에너지 전환의 갈림길

현 상황에서 북한이 어떤 선택을 할지 예측은 어렵고, 어쩌면 부질 없을 수 있다. 다만 북한 신년사와 법률 등 제도의 변화, 그리고 국내외 언론과 정책보고서 등을 통해 에너지 위기를 극복하기 위한 의지와 노력을 확인할 수 있다. 북한은 에너지 위기 극복을 위해서는 어떠한 것도 할 태세인데, 위기 극복의 여러 경로가 있을 수 있다. 특히 남한과의 관계 속에서 새롭게 어떠한 에너지 체제를 형성할 것인지가 한반도 에너지 전환의 측면에서 의미가 있고, 중요하다.

북한 에너지 체제가 갖는 기회와 강점의 측면에서 보면, 먼저 북한

체제의 핵심운영 원리인 '자력갱생'은 '지역분산형 에너지 체제'의 핵심적인 작동원리와 맞닿아 있다. 둘째 에너지 위기 상황에서 불가피한 선택이라고 하지만, "1와트의 에너지는 한 방울의 피와 같다"는 구호가 웅비하듯이 '에너지 절약과 효율화'는 '에너지 전환'의 핵심적인 원리와 맞닿아 있다. 셋째 '재생에네르기'의 강조는 기존 화력 중심의 에너지 체제를 극복하고, 새로운 지속가능한 에너지산업 육성의 출발이라는 점에서 매우 중요하다. 아울러 재생에너지를 매개로 한 남북경협의 가능성까지 염두에 둔다면 한반도 에너지 전환의 중요한 구심점이 될 수 있다.

재생에너지를 통한 한반도 에너지 협력은 다양한 기대효과를 가져오는데, 먼저 정치적 측면에서 보면, 북한의 지속가능한 에너지체계 수립을 통한 한반도 갈등요인을 해소하고, 북한의 핵폐기 프로그램과 연동해 재생에너지를 지원함으로써, 북측이 필요로 하는 전력 공급의 안정성에 기여할 수 있다. 둘째, 경제적 측면에서 재생에너지는 송전이나 화력·원자력 발전소 건설과 비교해 경제성을 확보하고 있고, 사실상 남한의 재생에너지 산업과 연계함으로써 남한의 중소기업 육성 및 일자리 창출 효과가 크다. 또한 북한 에너지 시장이라는 남한 재생에너지 기업의 안정적 시장 확보를 통해 재생에너지 산업의 국제경쟁력 강화할 수 있고, 기후협약에 따른 배출권거래제도나 산업용 전력의 판매수익 등을 고려해 정부가 지원할 경우 투자기업의 수익성을 보장할 수 있다. 셋째, 인도적 측면에서 북핵 갈등으로 인해 더욱 삶이 피폐해진 북한 주민에 대한 긴급한 지원이 필요한 데, 재생에너지 지원을 통해 에너지기본권을 확립할 수 있다. 넷째, 장기적으로 한반도 시대를 준비하는 통일비용의 측면에서 한반도의 안정적 에너지원 확보를 위한 미래투자이고, 에너지를 매개로 한 공동 노력의 과정에서 장기적 한반도 에너지체계 구축의 사전적 작업의 의미를 지닐 수 있다(이강준, 2007).

한반도 에너지 전환의 시사점

여전히 남북 간의 긴장관계는 해소되지 않고 있고, 이명박 정부 이후 현재까지도 민간 차원의 교류 협력은 막혀 있다. 북한 어린이를 지원하는 대북 지원 단체의 담당자로부터, 자신들이 지어준 어린이 병원의 사후 관리가 필요한데, 2008년 이후 평양을 방문하지 못한다는 호소를 들었다. 남한 정부는 북한을 자본 이익을 창출하는 시장으로만 접근할 것이 아니라, 한반도의 역사성과 특수성을 인정하고, 정권의 성격과 상관없이 지속적인 남북 교류를 통한 상호 신뢰의 기반을 다져야 한다.

또한 시민사회와 민간 차원에서 북한 주민의 에너지 빈곤을 극복하고, 한반도의 지속가능한 에너지 체계 수립을 위한 재생가능에너지 협력에 주목할 필요가 있다. 우선 북한 에너지 체계에 대한 이해와 에너지 빈곤 실태, 재생가능에너지 남북 협력 모델 창출 등에 집중할 필요가 있다.

한반도 재생가능에너지 협력은 북한의 에너지 빈곤 극복과 나아가 북한의 지속가능한 에너지체계를 구축함으로써 북핵 갈등 해소에 기여할 수 있다. 또한 한국의 재생가능에너지산업 기반 구축과 대북 인도적 에너지 지원 전략을 연계함으로써, 한반도의 녹색산업 기반 확충을 통해 지속가능한 에너지 체계와 녹색 일자리를 창출할 수 있다. 이것은 남북경협 활성화라는 측면 외에도 한반도 녹색에너지 시장 창출을 통해 남한의 기술 개발과 북한의 에너지 빈곤 해소와 연계할 때 효과가 극대화될 수 있다.

정치·외교적 측면을 넘어 지구촌 어젠다로 '빈곤 퇴치'와 '지속가능한 개발', 그리고 당면한 북한 주민의 심각한 에너지 빈곤을 해결하고, 중장기적으로 한반도의 지속가능한 에너지 체계 구축을 위한 '남북한 재생가능에너지 협력'을 주목할 필요가 있다(이강준, 2018).

에너지 효율·저감 정책과 재생가능에너지를 중심으로 하는 '한반도 에너지 전환 구상'은 북한의 에너지 빈곤 극복과 나아가 지속가능한 에너지 체계 구축에 기여할 수 있다. 재생가능에너지는 소규모-분산형-자립형 모델이 용이하여, 북한 주민의 에너지기본권 향상에 실질적이고, 즉각적인 도움이 될 수 있다. 아울러 재생가능에너지의 설치와 유지·보수 과정에서 수많은 일자리가 신규로 생겨날 뿐만 아니라, 한국의 재생가능에너지 관련 (중소)기업의 안정적인 시장창출과 기술개발이라는 최적의 '남북경협' 효과를 기대할 수 있다.

남과 북은 서로 갈구해온 축적의 시간 끝에 맞이한 기회를 잘 살려야 하는 것은 우리의 의무이다. 이 과정에서 정부의 역할이 중요하겠지만 진보정당, 환경단체, 재생에너지기업, 그리고 시민도 함께 나설 필요가 있다. 또다시 정권과 재벌의 손에 우리의 미래, 한반도의 미래를 맡겨둘 것이 아니라, 진보진영과 시민사회의 공론화를 통한 미래설계를 적극적으로 시도해야 한다(이강준, 2018).

한국 에너지 전환의 미래: 다양한 스케일의 전환 경로 탐색

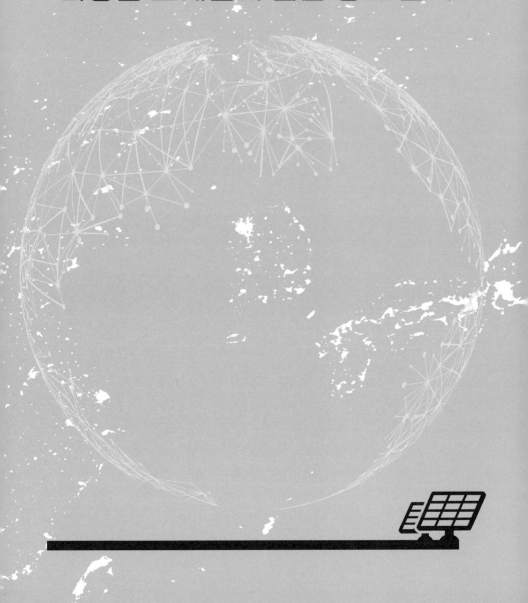

한재각

이 글은 한국의 에너지시스템을 다층적 관점에서 분석하고 다양한 전환 경로를 탐색하는 것을 목표로 한다. 우선 전환연구 및 전환의 지리학에 대해서 개괄적으로 살펴보고, 다양한 전환 경로를 탐색하기 위한 '사회기술 시나리오' 방법론과 네덜란드 에너지 전환의 시나리오를 검토한다. 이어 한국의 에너지시스템을 거시환경, 레짐 그리고 틈새라는 다층적 관점을 통해서 분석한 후, 한국의 에너지 전환을 위한 세 가지 전환 경로(중앙집권적 점진적 전환 경로, 에너지 분권과 자립의 경로, 동북아 슈퍼그리드 경로) 시나리오를 개발하고 토론할 것이다.

한국 에너지 전환의
지리적 스케일

2017년 이래 한국 정부는 에너지 전환 정책을 추진 중이고 이를 두고 한국 사회는 격렬한 사회적 갈등을 겪고 있다. 한국에서 에너지 전환은 후쿠시마 핵사고 이후 필요성이 본격적으로 부각되었으며, 핵위험, 미세먼지, 기후변화에 대응하기 위해서 핵발전과 석탄발전의 비중을 줄이고 재생에너지 비중을 늘려가는 것으로 이해되고 있다. 에너지 전환 정책을 둘러싼 갈등은 주로 핵발전의 위험성, 핵발전과 석탄발전 및 대안으로서 재생에너지의 경제성, 재생에너지의 예상치 못한 환경 파괴/오염 가능성 등을 두고 벌어지고 있다. 그러나 단지 에너지원의 선택 문제만 아니라 발전 및 송배전 시스템의 규모와 지리적 위치와 그들 사이의 연계 등의 문제도 점차 중요한 쟁점으로 등장하기 시작했다. 예컨대 밀양에서 일어난 초고압 송전탑 갈등은 국가를 중심으로 한 대규모 중앙집중적인 전력 시스템에 대한 의문을 야기하면서 지역과 지자체를 강조하는 분산 전원과 에너지 분권에 관한 정책 담론을 형성시키고 있다. 에너지 전환 정책을 정식화했다고 평가되는 제3차 에너지기본계획(산업통상자원부, 2019)에 이것이 명시되기 시작했다. 그런데 흥미롭게도 그 계획에는 '동북아 슈퍼그리드'와 같이 지리적 스케일을 달리하는 정책 구상도 담고 있어서, 에너지 전환의 지리적 스케일에 관한 관심을 불러일으키고 있다.

에너지 전환은 에너지원의 변화뿐만 아니라, 에너지 사용 의미의 변화, 에너지 생산과 소비의 공간적 배치의 변화, 에너지 생산·공급 시설의 소유·운영·관리 방식의 변화, 그리고 에너지 시민성의 변화 등을 포함한 다양한 차원을 가진 것으로 이해할 필요가 있다(한재각, 2017a). 이는 한국 에너지 전환의 미래가 단 하나의 길(즉, 핵발전/석탄 발전과 재생에너지 발전의 비중의 변화로 요약될 수 있는)을 따라 얼마나 전진하고 후퇴할 것인가를 두고 벌어지는 공방에 국한되지 않는다는 것을 의미한다. 또한 제3차 에너지기본계획이 포함하고 있는 분산 전원, 에너지 분권, 동북아 슈퍼그리드와 같은 기술적 그리고 정책적 쟁점들은 에너지 전환의 미래에 대한 논쟁과 탐구에 에너지 시스템의 사회-지리적 차원에 관한 질문을 포함해야 한다는 점을 보여준다. 예컨대 한반도 이남에 위치한 한국의 에너지 전환은 "계통 섬"(산업통상자원부, 2019: 59)과 같이 고립된 전력망을 넘어서 추진되어야 하는 가? 재생에너지와 같은 분산 전원을 늘려가면서 여전히 국가 중심의 중앙집중적인 전력망을 유지할 수 있는가? 국가를 넘어 혹은 국가 안으로 향하는 기술적 조정들은 어떤 정치사회적인 요소들의 변화를 동반할 것인가? 이러한 질문들을 염두에 두고, 이글은 한국의 에너지 시스템을 '다층적 관점'Multi-Level Perspective; MLP'으로 분석하면서 다양한 스케일에서 이루어질 수 있는 에너지 전환의 경로와 지리학에 대해서 토론해보려는 시도이다.

이를 위해서 이글은 Hofman and Elzen(2010)와 Verbong and Geels (2010, 2012) 등이 개발한 '사회기술 시나리오' 방법론을 활용할 것이다. 이는 사회-기술 시스템의 지속가능성 전환 연구의 일부로 개발된 것으로서 기본적으로 다층적 관점에서 거시환경의 변화 압력 속에서 레짐과 틈새의 상호 작용 시기와 양태에 따라서 나눈 다양한 전환 경로에 관한 논의에 기초하고 있다(Geels and Schot, 2007). 이를 활용한 네덜란드와 유럽 차원에서 개발된 다양한 사회기술 시나리오 연구(Hofman and Elzen, 2010; Verbong and Geels, 2010, 2012)는 에너지 전환의 국제적, 국가적 그리고 지역적local 스케일 분석의 가능성을 보여주고 있다. 이 연구는 이들의 접근을 한국의 에너지 전환에 적용해보고자 시도한 것이다. 우선 지속가능성 전환 연구와 다양한 전환 경로 그리고 에너지 전환의 지리학에 대해서 간략히 검토한 후, 네덜란드 에너지 전환의 사회기술 시나리오를 검토한다. 이어 한국의 에너지시스템(주로 전력시스템)을 거시환경, 레짐 그리고 틈새라는 다층적 관점을 통해서 분석해볼 것이다. 이는 이어서 진행하게 될 한국 에너지 전환에 대한 다양한 전환 경로 분석을 위한 사전 단계로서도 의미가 있지만, 한국 에너지시스템을 다층적 관점에서 분석하는 시도라는 점에서 그 자체로도 의미를 지닐 것이다. 세 번째는 네덜란드와 유럽의 에너지 전환 경로를 참고하여 한국의 에너지 전환을 위한 세 가지 전환 경로(중앙집권적 점진적 전환 경로, 에너지 분권과 자립의 경로,

동북아 슈퍼그리드 경로) 시나리오를 개발한다. 마지막으로 이 시나리오에 대해서 토론하면서 이론적, 실천적 함의를 논할 것이다.

전환연구, 전환의 지리학 그리고
사회기술 시나리오

다층적 관점, 전환 경로 및 전환의 지리학

전환연구와 다층적 관점

에너지, 교통, 식품 등의 사회적 기능을 수행하는 사회기술 시스템의 지속가능성을 위해서 현재의 시스템을 구조적으로 변화시키려는 노력에 대한 학문적 대응으로서 전환연구가 주목을 받고 있다(STRN, 2010, 2019; 송위진 편, 2017). 전환연구는 사회적 기능을 수행하는 시스템은 기술적 요소뿐만 아니라, 제도, 문화, 규범, 권력 등의 다양한 사회적 요소들과 긴밀히 연계된 사회기술 시스템socio-technical system으로 바라보며, 이들 요소들 및 그 관계의 변화를 통해서 시스템 성능의 변화를 설명하고자 한다. 이를 위해 전환연구는 다층적 관점, 기술혁신 시스템technical innovation system, 전략적 틈새 관리strategic niche management, 전환 관리transition management 등의 다양한 이론적 접근을 상호 연계하며, 사회기술 시스템의 구조적 변화를 분석하고 정책적 처방을 제시한다(이명석·김병근, 2014).

특히 다층적 관점은 사회기술 시스템의 변화를 거시환경^{landscape},
레짐^{regime}, 틈새^{niche}, 이 세 층위의 상호작용으로 설명하면서, 시스템
전환을 분석하는 데 유용한 프레임을 제공하고 있다. 거시환경은 특
정 사회기술 시스템을 둘러싸면서 구조적 차원에서 영향을 발휘하
며, 거시환경이 변화하면 이전의 거시환경에 적응했던 레짐은 전환
의 압력을 받게 된다. 레짐은 특정한 사회적 기능을 원활히 수행할
수 있도록 다양한 영역에 걸쳐 자리 잡고 상호 연계된 규범, 지식, 기

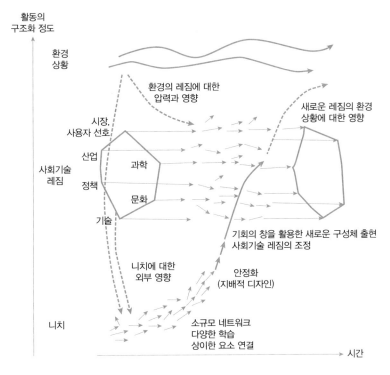

[그림 1] MLP에 의한 거시환경, 레짐 및 틈새의 상호작용 분석 예시

출처: 송위진 외(2015), Geels(2004)의 국문역

술, 산업, 정책, 문화 등으로 구성된다. 레짐은 시스템에 안정성과 경로의존성을 부여하며 내외부의 압력과 도전에 대응하며 점진적으로 변화하면서 그 사회적 기능을 유지한다. 그러나 레짐이 전환 압력에 적절히 대응하지 못하면 틈새가 주목받게 된다. 틈새는 레짐의 밖 혹은 주변부에 위치하면서 기술, 제도, 비즈니스 모델 등에서 새로운 급진적인 혁신을 창출·육성하고 보호할 수 있는 공간이며, 지배적인 레짐을 변혁시킬 잠재력으로 가정된다.[1] 다층적 관점은 현행 사회기술 시스템을 지배하는 레짐이 국제협약과 같은 거시환경의 압력에 의해서 변화를 강제받는 상황에서 틈새에서 등장하는 새로운 기술, 제도, 문화 요소들의 도전과 성장을 통해 기존 레짐을 변화시킨다고 시스템 전환의 동학을 설명한다(그림1. 참조; Geels and Shot, 2007; 김병윤, 2008; 송위진 편, 2017).

전환 경로의 유형과 사회기술 시나리오

사회기술 시스템의 전환이 모든 경우에 동일한 모습을 보여주는 것은 아니다. 전환연구자들은 틈새에서의 혁신이 어느 정도 성장하여 기존 레짐을 바꾸게 될지, 기존 레짐의 행위자들은 거시환경의 압력과 틈새의 도전에 어떻게 대응하는지에 따라서 전환의 모습은 다르게 나타날 수 있다고 본다. 즉, 거시환경이 기존 레짐에 압력을 미칠 때 틈새가 얼마나 개발되었는가 그리고 틈새가 기존 레짐이 공생하는 성격을 띠고 있는지 아니면 경쟁하는지의 두 차원을 교차하여 분석했을 때, 다양한 전환 경로의 유형—대체[substitution], 변형

transformation, 재배열reconfiguration, 이탈 및 재배치de-alingment and re-alignment 등—을 발견할 수 있다고 제안한다(Geels and Shot, 2007; 김병윤, 2008; Vertgart, 2012). 각 유형에 대한 자세한 설명은 아래와 같다.

① 대체substitution의 유형: 거시환경으로부터 강한 압력이 나타나고 어느 정도 발달한 기술적 니치가 존재한다면 기존 레짐의 요소를 대체하는 경우도 나타날 수 있다.[2]

② 변형transformation 유형: 낮은 수준의 거시환경의 압력이 존재하지만 니치에서의 혁신이 충분히 발전하지 않았을 경우에는 기존 레짐은 이를 수용해서 적응할 수 있다. 이 유형은 부분적인 변화라는 점에서 '시스템 개선'으로 명명할 수도 있다.

③ 재배열reconfiguration의 유형: 강력한 거시환경의 압력이 나타나고 있을 때 충분히 발전된 니치가 존재하지만, 이 니치가 기존 레짐과 공생하는 성격을 띠고 있을 때 나타날 수 있는 전환 유형이다. 이 유형은 변형 유형보다 변화의 폭이 크지만 전면적인 변화가 아니라는 점에서 '시스템 재구조화'로 명명할 수도 있다.

④ 이탈 및 재배치de-alignment and re-alignment 유형: 거시환경의 큰 변화가 일어나서 기존의 레짐에 참여하는 행위자들은 신뢰를 상실하고 기존 레짐으로부터 이탈한 상황에서, 틈새들 사이의 경쟁이 일어나고 그중에 한 틈새가 지배적인 지위를 차지하면서 기존의 레짐이 완전히 바뀌어 새로운 레짐이 나타날 수 있다. 이 유형은 전면적인 변화라는 점에서 '시스템 혁신'이라고 명명할

수도 있다.[3]

　　몇몇 전환연구자들은 다층적 관점과 전환 유형 구분을 활용하여 다양한 에너지 전환의 경로를 탐색하기 위한 '사회기술 시나리오'를 개발하기 시작했다(Hofman and Elzen, 2010; Verbong and Geels, 2010, 2012). 사회기술 시나리오는 기술 시스템과 사회 시스템 사이의 상호작용을 탐색할 수 있도록 해주며, 미래의 에너지시스템에서 역할을 하는 핵심적인 사회적 요소들을 발견할 수 있도록 해준다. 즉, 정책결정자들이 개별 기술들의 잠재력에 대해 함의를 발견할 수 있도록 도울 뿐만 아니라, 어떤 규칙 아래에서 이들 기술들이 다른 기술들과 상호 연계되면서 발전할 수 있을지 혹은 사용자 선호의 변화와 연결되면서 대안적인 실행practice을 형성할 수 있을지를 성찰하는 데 기여할 수 있다(Hofman and Elzen, 2010; 667). 사회기술 시나리오를 통해서 에너지 전환의 기술적 요소 외에도 사회적 요소와 관계를 탐색하려는 시도가 중요한 이유는 "우리의 에너지시스템을 녹색화하기 위한 진짜 도전은 에너지시스템의 사회적 조직을 변화시키는 데 있"기 때문이다(Verbong and Geels, 2012, 2010).

전환의 지리학

　　한편 전환연구는 전환의 동학을 설명하면서 주로 시간적 차원만을 고려하면서, 공간적 차원에 대해서 충분히 주의를 기울이지 않았다는 비판을 받고 있다(STRN, 2010, 2019; Bridge et al., 2013; Schwanen,

2018). 예컨대 지금까지의 전환연구는 시스템 전환이 시간적 차이는 있지만 어디서든 동일하게 일어날 수 있다는 인상을 주는 반면, 국가와 지역에 따라서 전환의 속도, 양상 그리고 스케일까지 다를 뿐만 아니라 그 결과로 등장하는 에너지 경관과 에너지시스템의 영역성territoriality [4]도 이전과 달라질 수 있다는 점에 대해 충분한 관심을 두고 있지 않았다. 이런 비판 위에 선 전환의 지리학geography of transition은 "장소가 전환을 만들어내며, 전환은 장소를 만들어낸다"는 점을 강조하면서, 시스템 전환을 "지역적 노드node와 지구적 네트워크 안에서 동시에 펼쳐지는 상호의존적 거버넌스 과정"으로 개념화하고 있다(STRN, 2010: 18). 또한 에너지 전환을 '입지', '경관', '영역성', '공간적 차별화', '스케일' 그리고 '공간적 착근성' 등의 개념으로 분석할 필요가 있는 '지리학적 과정'(Bridge et al., 2013: 331)으로 간주한다.

전환연구가 의존하는 다층적 관점에서 거시환경, 레짐 그리고 틈새라는 분석 수준이 각각 지구, 국가, 지역(지방)이라는 지리적 스케일에 조응할 수 있지만, 전환의 지리학은 그러한 스케일의 경계, 위계 그리고 그 속성들이 모든 장소에서 동일한 것은 아니라는 점을 지적한다(STRN, 2010; 이보아, 2018). 이런 인식은 다양한 전환 경로의 유형들이 왜 그리고 어떻게 나타나는지를 설명하는 데 도움이 된다. 거시환경의 변화가 나타나더라도, 그것이 가하는 압력은 지리적 공간의 상이한 특성을 가진 레짐에 따라서 다른 반응을 이끌어낼 수 있다. 예컨대 강한 거시환경의 압력 속에서 대체적으로 견고한 지배 레짐의 기술적 요소만 교체하는 대체 경로와 레짐 자체가 무너지고 마는 이탈 및 재배치 경로의 차이를 설명할 수 있다. 심지어 거시환경의 압력 강도 자체도 장소에 따라 상이하게 인지할 수도 있다. 이를 분석하기 위해 지배적인 레짐이 거시환경의 압력에 반응하는 지구적(혹은 지역적) 네트워크와의 상이한 연계 방식을 검토해볼 수 있다. 또한 전환 경로 유형에 영향을 미치는 틈새들의 발전 정도는 장소에 결착된 다양한 자원들의 동원 가능성, 지역행위자들의 네트워크의 성숙도 등, 지역적 노드의 상태를 통해서 설명할 수 있다.

또한 사회기술 시나리오를 개발하는 과정에서도 지리적 공간 문제를 고려해야 할 필요성이 부각된다. 전환의 지리학은 이와 관련하여 두 가지 방향에서 시사점을 줄 수 있다. 첫째, 사회기술 시스템 안의 노드와 네트워크를 따라 분석할 경우에, 레짐의 지리적 경계는 국민국가와 일치하지 않을 수 있다. 예를 들어 유럽의 경우, 1990년대 유럽 전력시장의 개혁 조치로 한 국가의 전력시스템은 다른 국가들과 연계되어 경계가 명확하지 않을뿐더러 제도적으로도 지역적(유럽) 차원에서 규율되고 있다. 또한 새로운 기술, 제도, 규범 등의 혁신들이 일어나는 하위 국가 내의 지역적 노드들이 공간적 다양성을 반영하며 레짐의 경계를 지역 수준으로 끌어내리는 다양한 실험들이 진행되고 있다[5]. 이는 현행 레짐이 국가적 수준에서만 국한되지 않을 뿐만 아니라, 전환 과정을 통해서 새로 형성되는 레짐의 경계도 계속 경합하고 있음을 보여준다. 둘째, 특정한 전환 경로에 포함된 지구적 네트워크와 지역적 노드를 밝히는 것은 어떤 행위자가 거버넌스에 참여하고 있는지(혹은 참여할 수 있는지)를 드러내주면서, 변화시켜야 할 사회 조직의 구성 요소와 관계에 대한 이해의 폭을 넓혀줄 수 있다(Bridge et al., 2013).

네덜란드 에너지 전환의 사회기술 시나리오 혹은 전환 경로 탐색

사회기술 시나리오 방법을 활용하여 유럽 국가들의 전환 경로를 분석하는 연구들(네덜란드의 경우 Hofman and Elzen(2010); 유럽의 경우 Verbong and Geels(2010, 2012); 영국과 독일의 경우 Geels at al.(2016))이 이어지고 있다. 이 중에서 네덜란드의 전력시스템을 대상으로 사회기술 시나리오를 개발한 Hofman and Elzen(2010)에 우선 집중하여 살펴보도록 하자. 네덜란드는 2008년 현재, 전체 전력 소비량의 7.5%를 풍력과 바이오매스 등의 재생에너지를 통해서 공급하고 있었다. 21세기 초 네덜란드에서는 두 개의 상반된 흐름이 나타나고 있었는데, 하나는 에너지 기업들이 유럽 시장 전체를 대상으로 한 전략을 개발하고 전력의 국제 거래를 증가시키면서 국제적 전력 인프라를 확장하는 흐름이었다. 다른 하나는 작은 규모의 소비자와 생산자 사이의 양방향 전력 흐름을 가진 지역 발전소들이 증가하는 흐름이다. 이런 현황과 변화 흐름에 대한 이해를 바탕을 두고, 연구자들은 네덜란드가 2050년까지 전력 소비는 두 배로 증가하는 반면, 전력 소비에 따른 온실가스 배출을 1990년 대비 50%로 감축한다는 목표를 달성하는 세 가지 시나리오(유럽 전력 시스템 전환, 하이브리드 시스템 전환, 분산 발전 전환 시나리오)를 개발했다.[6]

① 변형 경로로 구분되는 하이브리드 시스템 전환 시나리오: 에너지 전환은 배출권거래제 시장에서 탄소배출을 줄이려는 경제적 논리에 의해서 추동되며, 기존의 전력기업들이 주도하게 된다. 그 결과 탄소포집이용저장$^{CCUS\,7}$ 기술을 채용한 기존 화력 발전소와 함께 핵발전소와 바이오매스 발전소 등이 전력시스템에서 중요한 역할을 하며, 새로운 수소 기반 네트워크가 출현하게 된다. 소규모 열병합 발전과 재생에너지는 가정 부문의 시장에서만 기반을 얻는다.

② 재배열 경로로 구분되고 있는 유럽 전력시스템 시나리오: 에너지 전환은 기존의 시스템이 에너지 안보와 기후변화 대응을 위한 온실가스 감축 정책을 적절히 이행하지 못하고 있다는 비판으로부터 시작하여, 유럽연합 차원에서 이를 관철하기 위한 정치적 논리에 의해서 추진된다. 그 결과 2050년, 전력 수요의 절반은 국내에서 가동되며 탄소포집이용저장^{CCUS} 기술과 결합된 효율 좋은 발전소에서 가스, 바이오매스, 석탄을 연소하여 공급하며, 나머지 절반은 국외에 있는 다연료 가스화 복합 사이클 발전소, 해상 풍력단지, 집중형 태양열 발전소$^{CSP:\ Concentrated\ Solar\ power\ Plant}$, 태양 수소 시스템과 수력 발전소로부터 수입하여 공급한다. 이것은 슈퍼그리드 시나리오로도 불리는데, 북아프리카 지역에서 구상 중인 대규모 태양열 발전소(데저텍^{Desertec})과 유럽 전역을 연결하는 전력망 계획을 강조하고 있기 때문이다.

③ 이탈 및 재배치 경로로 구분되는 분산 전원 전환 시나리오: 에

너지 전환은 지역주의, 공동체 기반 조직, 소비자 참여, 경제적 자립을 강조하는 사회-문화적 논리에 의해서 추동된다. 레짐 행위자는 거시환경 압력에 대응하는 데 곤란을 겪으며, 새로운 행위자 네트워크는 보다 지역에 기반을 둔 시스템을 개발한다. 기존 레짐 행위자들의 대규모 공급 중심 패러다임과 새로운 행위자 네트워크의 지역 수요 중심 패러다임이 경쟁한다. 이에 따라서 2050년에는 발전 설비 용량의 25%는 상대적으로 자율적인 분산 전원 시스템에 의해서 운영되며, 50%는 중앙 전력망과 연결된 분산 시스템에 의해서 공급된다. 그리고 나머지 25%는 중앙 발전소에 의하여 공급된다.

세 가지 전환 경로는 전력 레짐이 직면하고 있는 거시환경의 압력에 대응하여, 전력시스템을 녹색화하기 위한 조건을 실질적으로 충족시킨다는 점에서는 동일하다. 그러나 해결하고자 하는 문제의 우선순위, 지배적인 사회적 동학 그리고 틈새의 역할에서는 상이함을 보여주고 있다(Verbong and Geels, 2012). 변형 경로의 경우, 기존 레짐 행위자는 시스템에 대한 통제권을 유지한 채 중앙집중적 전력 생산을 녹색화하고 대규모 재생에너지 설비를 수용하면서 재정향하게 된다. 이때 지배적인 논리는 경제성으로 에너지 회사들의 경쟁에서 가격과 비용이 중요한 역할을 하게 되며 대안을 평가할 때 비용효과성이 중요한 기준으로 활용된다. 재배열 경로에서는 지정학적 그리고 에너지 안보가 레짐의 중요한 과제로 인식되면서, 레짐 행위자들은 정책결정자와 새로운 기술 공급자와 함께 보다 지속가능한 유럽 시스템을 창출하기 위해서 협력한다. 정치적 논리가 중요한 동인이 되는데, 유럽 차원의 조율과 지도가 이 과제를 해결할 수 있는 유일한 방안으로 간주된다. 일부 측면에서는 전력산업 자유화 이전의 지배적 개발 패턴으로 회귀하는 것으로 여겨질 수 있는데, 발전 규모(특히, 풍력, 태양광, 집중형 태양광 발전과 같은 재생에너지 부문에서)를 확대해간다는 점에서 특징적이다. 마지막으로 이탈과 재배치 경로에서는 지역주의와 같은 사회문화적 논리가 지배적이며 지자체나 지역 주민들의 협동조합과 같은 사회경제적 조직이 주도적인 역할을 한다. 새로운 시스템 배열은 점진적으로 지방과 지역local and regional 발전소와 이와 연계되는 새로운 소규모 네트워크를 중심으로 점진적으로 출현한다. 새로운 시스템의 출현은 부분적으로 새로운 행위자와 그들이 도입하는 새로운 규칙에 의해서 이루어진다. 새로운 사회적 네트워크, 레짐 규칙 그리고 인프라의 변화로 인해서, 이 전환 경로는 가장 급진적인 변화를 수반한다.

사회기술 시나리오 연구자들은 이런 분석을 통해 전환 경로들의 정책 목표의 우선순위 그리고 전략 차이 등을 드러내어 정책 결정에서 분석의 깊이와 성찰성을 향상할 수 있다고 평가하고 있다(Verbong and Geels, 2010). 하지만 개발된 사회기술 시나리오의 다양한 전환 경로들이 가진 다양한 스케일의 차이에 대해서는 별달리 강조하지 않았다. Hofman and Elzen(2010)은 전력시스템 관련 의사결정이 유럽, 국가, 지역의 어느 수준에서 이루어지는지 그리고 그들 사이에서 권한이 어떻게 배분되는지가 다양한 전환 경로를 가르는 주요 요소라고 지적했지만, 각각의 전환 경로가 어떠한 지리적 스케일을 차지하고 있는지는 토론하지 않았다.

한국 에너지 시스템 전환의
다층적 분석

거시환경의 변화와 전환 압력

한국 에너지 사회기술 시스템에 가해지고 있는 전환의 압력은 무엇이 있을까? 우선 정부가 최근에 수립한 제3차 에너지기본계획에서 제시하는 한국의 에너지 시스템 및 정책을 둘러싼 '국내외적 환경'(다음 표1 참조)에서 전환 압력을 가할 국내외적인 거시환경의 변화를 꼽아보자. 파리협정 발효와 2020년 신기후체제의 출범에 따른 온실가스 감축 압력 심화, 미세먼지 및 핵위험에 대한 국민 관심 고조, RE100 캠페인 등의 재생에너지 사용 확대 요구, 발전소, 송전선로 등 대규모 에너지 시설 건설 입지 갈등에 따른 변화 압력, 셰일가스 등의 비전통 에너지원 공급 확대와 재생에너지 이용 확대에 따른 에너지 안보 환경의 변화 등을 생각해볼 수 있다. [8] 그러나 기후위기, 미세먼지, 핵위험에 대한 우려와 국제적 압력, 재생에너지 이용 확대의 요구 등을 거시 환경의 전환 압력으로 꼽는데 큰 이견이 없겠지만, 그렇다고 무엇을 전환 압력으로 인지하고 강조할 것인지는 구체적인

[표 1] 제3차 에너지기본계획에서 제시하는 국내외적 환경

구분	내용
국제적	• 2020년 신기후체제 출범과 2℃ 목표 준수를 위한 온실가스 감축 압력 심화 • 글로벌 기업들의 RE100 캠페인 참여 증가, 재생에너지 사용 확대를 요구 • 셰일가스 등 비전통 에너지원 공급이 확대되면서 석유 공급처가 다변화 • 지역 편재가 적은 재생에너지·가스투자활용 확대로 지정학적 리스크 감소 전망
국내적	• 미세먼지 해결이 국가적 현안으로 대두 • 후쿠시마 원전사고, 경주와 포항의 지진 등, 원전에 대한 국민 관심과 우려 • 파리협정의 당사국으로서 온실가스 감축 노력이 필요 • 전환손실이 높은 전력 비중이 높아지고 천연가스와 열 사용 비중이 낮음 • 에너지 다소비업종 중심의 경제활동 증가, 저유가와 차량 대형화 추세 • 에너지소비 증가율이 상승하고 에너지 저효율·다소비 구조가 지속 • 발전소, 송전선로 등 대규모 에너지시설 건설 입지 갈등이 지속

출처: 제3차 에너지기본계획(산업부, 2019c)에서 내용 발췌, 정리

논의가 부재하다. 여기에서는 세계화-지방화의 흐름 그리고 앞서 검토한 Hofman and Elzen(2010)과 Verbong and Geels(2010, 2012)의 사회기술 시나리오가 보여준 스케일 구분을 참고하여, 우선 에너지 안보와 관련된 국제적/지역적 맥락과 에너지 분권과 관련된 지역적 요구에 대해서 좀 더 강조해보겠다.

2018년 문재인 대통령과 김정은 위원장이 남북정상 회담을 연달아 개최하고 김정은 위원장과 미국 트럼프 대통령도 역사적인 북미정상 회담을 개최하면서, 남북관계의 획기적인 개선과 동북아 지역의 정치·군사적 긴장 완화에 대한 기대가 높아졌다. 그런 기대는 아직 실현되고 있지 않지만 그 가능성이 완전히 사라진 것은 아니다. 만약 남북관계의 개선과 정치·군사적 긴장 완화가 이루어진다면 혹은 그런 변화를 이끌어내기 위해서 남북협력에 대한 논의가 탄력을

받는다면, 전력망의 연결, 발전소의 건설 지원 등의 다양한 에너지 협력이 우선적인 과제로 부각될 수 있다(윤재용, 2018a). 남북한뿐만 아니라 동북아 지역으로 협력을 확대할 필요성도 점차 주목받고 있다. 동북아 지역 내 국가(중국 및 러시아) 혹은 기업(일본의 소프트뱅크 혹은 고비텍 프로젝트 참여 기업) 등이 각각의 맥락과 이해관계에 따른 구상 아래 전력망의 연계 혹은 가스관 건설 등의 다양한 구상들을 오래전부터 내놓고 있다(윤재영, 2018b). 한국도 새로운 경제성장 기회의 탐색과 에너지 안보의 제고라는 맥락에서 에너지원(재생에너지 및 천연가스) 및 그 공급원(러시아 및 몽골 등)의 변화를 위한 동북아 에너지 협력을 검토·협의하고 있다(산업통상자원부, 2019). 그러나 이러한 구상과 논의들은 복잡한 변수로 인한 불확실성이 매우 크기 때문에 거시환경의 전환 압력으로 충분히 기능할 것인지 현재로서는 확신할 수 없다.

그에 반해서 에너지 분권에 대한 요구들은 전환 압력으로 점차 실질화되고 있다. 밀양과 청도에서 초고압 송전선로 및 송전탑의 건설을 둘러싸고 벌어진 주민들의 저항은 전국 쟁점을 만들면서 송전선로 건설을 회피할 수 있는 분산 전원을 강조하는 정책적 변화를 야기했다(산업통상자원부, 2017b). 이와 비슷하게 핵발전소와 석탄발전소가 특정 지역(예컨대 경북, 부산, 울산, 충남 당진시)에 집중되었을 뿐만 아니라 해당 지역에 신규 건설 계획이 이어지면서, 미세먼지, 핵위험, 전자기파 피해 등을 우려하는 지역 주민들의 비판과 저항에 해당 광역/기초지자체들까지도 동참하고 있다. 이들은 노후 발전소의 폐쇄와 신규 발전소 건설 반대를 주장할 뿐만 아니라, 국가가 전원개발촉진법 등을 활용하여 발전소 부지를 일방적으로 지정하는 등의 비민주적 권한 행사와 이에 맞설 수 있는 지자체의 권한 부재 혹은 부족에 대해서 항의하고 있다(한재각, 2017b). 한편 2012년부터 시작된 서울시의 '원전하나줄이기' 사업을 시작으로 여러 지자체들은 많은 시민들의 지지 속에서 에너지 효율 향상과 절약, 재생에너지 이용 확대와 관련된 혁신적인 정책을 수립·추진하면서 상당한 성과를 이뤄냈다. 이는 지방정부 차원에서 에너지 전환을 추진하는 일이 가능하다는 점을 보여주면서, 에너지 분권과 지역에너지 전환에 대한 사회적 지지를 확대하고 있다. 그리고 이런 압력의 형성은 오래전부터 제기되어 왔던 지역 분권과 자치에 대한 열망과 연계되어 있기도 하다.[9]

한국 에너지 시스템의 지배적인 레짐

현재 한국의 에너지 시스템을 지배하는 레짐은 어떤가? 많은 연구자들은 오래전부터 한국의 에너지 시스템의 지속불가능성을 비판해왔다. 해외로부터 수입되는 화석연료 및 핵에너지와 같은 에너지원에 거의 전적으로 의존하며, 소비 효율을 강조하기보다는 공급 능력을 확대하는 정책과 결합되는 대규모 중앙집권적 에너지 시스템이자리 잡고 있다고 분석했다(김종달, 1999; 이필렬, 1999). 또한 이를 뒷받침하는 인식과 규범에 대한 비판도 있어왔다(한재각·이영희, 2012). 전환연구자들은 이런 분석을 보다 체계적으로 진전시킬 수 있는 프레임을 제공하고 있다. 전환연구에 따르면, 에너지 시스템을 지배하는 레짐은 물질·기술적 요소, 행위자와 사회집단의 네트워크, 형식적·규범적·인지적 규칙formal, normative and cognitive rules으로 구성된다 (Verbong and Geels, 2010). 이런 레짐 요소들은 상호 연결되어 현행 시스템에 안정성을 부여하지만, 새로운 거시환경의 변화 압력이나 틈새의 도전을 봉쇄하는 역할을 하기도 한다. 여기서는 위의 세 가지 요소들을 기준으로 한국의 지배적인 에너지 레짐에 대해서 간략하게 분석해보도록 하자.

우선, 물질·기술적 요소로서 핵에너지 및 화석연료에 기반을 둔 발전 시스템, 한반도 남쪽에 한정되어 고립적으로 전개된 송배전 시스템, 도시가스, 석유(등유) 및 전기 등을 중심으로 한 건물의 냉난방 에너지의 공급, 유류 제품을 연소하는 내연기관 중심의 자동차와 도로망 시스템, 중화학공업 비중이 높은 산업구조로 인한 에너지 다소비적 시스템, 거의 전적으로 해상 운송수단에 의존하여 해외로부터 들여오는 1차 에너지의 공급 시스템을 발견할 수 있다. 둘째, 행위자와 사회집단의 네트워크의 측면에서는, 국가 및 공기업(한전 및 발전 자회사)의 절대적 우위 속에서 민간 발전회사들이 일부 진출하여 경합하는 전력시스템, 자유화된 석유 시장 중심의 정유 및 공급 기업들, 가스공사에 의한 독점적인 가스 수입과 민간 기업에 의해서 지역적으로 독점되고 있는 가스 공급시장, 시장 규모가 크지 않은 집단에너지 시장의 공공 및 민간 기업의 경쟁, 에너지의 안정적 공급과 물가 안정에 높은 우선순위를 두고 있는 청와대 및 정부(기획재정부)와 이에 순응하는 국회, 낮은 에너지 비용에 익숙해진 소비자들과 이에 도전하기를 주저하는 사회운동, '에너지 공공성' 담론으로 현상유지를 선호하는 일부 노조들 그리고 에너지산업의 이익과 연계되어 있는 대다수 전문가들을 꼽을 수 있다. 셋째, 형식적·규범적·인지적 규칙 요소로서, 저렴하고 안정적인 에너지의 공급을 최우선적 가치로 유지하는 문화와 규범, 전원개발촉진법 등 전력의 안정적 개발과 공급을 위해서 유지되고 있는 중앙집권적인 법제도, 관료-기업-전문가 등으로 이루어진 폐쇄적인 의사결정 문화와 '가치중립'을 표방하지만 현상유지적인 전문가 이데올로기가 두드러진다.

한국 에너지 전환을 위한 다양한 틈새들

에너지 전환을 야기할 수 있는 틈새들은 정책, 기술, 조직, 제도 등의 다양한 차원에서 발견될 수 있다. 아래에서는 전력산업에 초점을 맞춰, 태양광과 풍력 등의 재생에너지 기술, 분산 전원과 스마트/마이크로 그리드, 탄소포집저장과 같은 저탄소 기술, 동북아 슈퍼그리드에 집중해서 논의해보겠다.

태양광과 풍력 등의 재생에너지 기술 확산

정부는 1970년대 두 차례의 오일쇼크를 경과하며 재생에너지 개발에 관심을 가지기 시작했지만 1980년대의 저유가로 인해서 곧 시들해졌다. 그러나 재생에너지에 대한 연구개발 및 보급을 위한 법제도적 지원책은 남아, 정부 보조금으로 형성된 재생에너지 시장이 2000년대 초반까지 근근이 유지되었다(박진희, 2008). 그러다가 일부 시민단체(예컨대, 에너지대안센터)들의 선도적인 주장과 제안으로 2000년대 초반에 발전차액지원[FIT]제도가 도입되었고(장영배·한재각, 2008), 2012년부터 이를 대체한 재생에너지 신재생에너지공급의무화[RPS] 제도를 통해서 재생에너지 시장이 성장하기 시작했다.[10] 그렇다고 해도 여전히 재생에너지는 발전원 믹스에서 아주 제한적인 비중을 차지하고 있었으며, 중장기적 비전에서도 보조적인 지위를 벗어나지 못하고 있었다. 이명박 정부의 녹색성장 정책하에 태양광 및 풍력발전 설비를 제작하는 산업들도 초기 형성 단계에 들어섰다가, 안정적인 시장이 마련되지 않으면서 정체되거나 축소되기도 했다.

기후변화, 핵위험, 미세먼지 문제를 해결하기 위해서 문재인 정부가 에너지 전환을 표방하면서 새로운 기회의 창이 열리기 시작했다. 재생에너지 3020 이행계획에 따르면, 2030년까지 총 48.7GW 용량의 재생에너지 발전설비를 추가 설치하게 된다(산업통상자원부, 2017a).[11] 이에 따라서 문재인 정부에 들어서 태양광을 중심으로 재생에너지 설비가 과거와 다르게 크게 늘어나는 가시적 성과도 나타나고 있다(IRENA, 2019). 새만금 재생에너지단지나 서남해 해상풍력단지처럼 기가와트[GW] 규모의 대규모 태양광 및 풍력 사업이 대기업을 중심으로 추진되고 있으며, RPS제도의 의무를 이행하기 위한 방편으로 기존 화력발전소에 수입한 바이오 연료를 혼소하는 사례도 증가하고 있다. 한편 소규모 분산적인 태양광 발전소를 건설·운영 중인 발전사업자 및 협동조합들이 크게 증가하면서 전력시장에 변화를 야기하고 있고, 농촌 지역을 중심으로 축산 분뇨, 농작물 부산물, 음식물 쓰레기를 활용한 바이오 가스나 간벌목[12] 등을 이용하는 열병합발전소의 개발과 상용화 시도가 지속적으로 이루어지고 있다.

분산 전원 확대, 스마트그리드 기술 개발, 지자체의 혁신적 실험

밀양과 청도 등에서 벌어진 초고압 송전탑을 둘러싼 주민 갈등을 계기로 정부는 대규모 장거리 초고압 송전선로 건설의 필요성을 줄일 수 있는 소규모 분산 전원을 확대해야 할 필요성을 인정하기 시작했다(산업통상자원부, 2017b; 2019). 분산 전원으로 태양광과 같은 소규모 재생에너지 발전설비를 꼽고 있지만, 더불어 가스복합발전소나 열병합발전소 등도 대표적인 분산 전원으로 인정받고 있다. 특히 가스복합발전소는 2011년의 9.15 대정전 이후 부족한 발전용량을 확보하기 위해서 여러 곳에서 건설되었다. 하지만 뒤이어 완공되기 시작한 대규모 석탄발전소와의 가격 경쟁력에 밀리면서 발전 비중에서 여전히 낮은 위치를 점하고 있다. 그러다 온실가스 및 미세먼지 감축의 필요성이 지속적으로 부각되어 석탄발전 비중을 감소해야 한다는 압력이 나타나면서, 가스복합발전 기술을 개발하여 상용화에 나선 두산중공업 등 국내 기업들과 가스복합발전소들은 새로운 기회를 맞고 있다(한국에너지, 2019). 또한 정부의 수소경제 지원 정책에 따라서 천연가스 기반의 연료전지 발전소도 주요 분산 전원으로 인정받으면서 여러 곳에서 건설 계획이 검토되고 있다.

한편 태양광과 풍력과 같은 재생에너지 발전설비가 늘어나면서 전력 계통 관리의 부담이 늘어나고 있다. 즉, 재생에너지의 고유한 특성인 간헐성과 변동성에 대한 대응책을 마련해야 할 필요성이 대두하고 있는 것이다. 또한 에너지 수요를 관리하고 다양한 분산에너지원을 통합하기 위해 송배전망 기술과 운영 방식을 혁신할 필요성도 강조되고 있다(산업통상자원부, 2017a; 2017b). 이에 따라시 한전뿐만 아니라 KT 등의 정보통신기업 그리고 스타트업 기업들이 참여하여 스마트/마이크로그리드 기술을 개발하고 사업화를 시도하고 있다(이명석·김병근, 2014). 또한 에너지 저장장치 기술이나 재생에너지 발전 예측 기술 등을 결합하는 가상발전소 혹은 전력중개사업이 주목받고 있으며(김형수·한재각, 2019), 전통적인 전력기업 이외 에너지 협동조합을 포함한 다양한 기업들이 참여하기 시작했다.

동북아 슈퍼그리드[13] 사업 구상

1990년대에 들어서면 동북아 전력망을 연계하려는 여러 구상[14]은 다양한 방식으로 논의되기 시작하였으며(이성규·정규재, 2017), 특히 1990년대 말부터는 러시아의 주도로 남한–북한–러시아의 전력망 연계 논의가 시작되었다(윤재영, 2018a). 그리고 2005년 북핵 타협(9.19 공동성명) 등과 같은 남북 그리고 북미 사이의 관계에 큰 영향을 받고 있지만, 2006년부터 한국과 러시아 사이의 전력 분야의 협력 논의가 본격적으로 시작되었다. 2009년부터 시작한 전력계통 연계에 관한 공동연구는 2020년에는 완료하고, 향후 남–북–러 공동연구도 추진할 구상을 밝히고 있다. 한편 2016년부터는 한–중–일 간의 전력망을 연계하기 위한 공동연구를 시작했는데, 한–중 선로는 2022년 착공을 목표로 사업을 추진 중에 있으며 한-일 노선은 민간 중심(한전-소프트뱅크)의 공동조사를 진행할 예정이다. 이런 흐름은 문재인 대통령이 2017년 블라디보스토크의 제3차 동방경제포럼에서 제안한 '동북아 수퍼그리드' 구상에 따른 것으로 정부는 몽골, 중국 및 러시아의 재생에너지와 천연가스로 생산된 전력을 수입하여 "에너지 안보(를) 강화"하는 방안으로 추진하고 있다.[15] 현재 가장 앞서 있는 한-중 구간의 연결과 운영을 위한 특수목적 법인 설립과 관련 법적 근거를 마련할 계획을 제시하고 있다(산업통상자원부, 2019). 이런 협력에서는 전력망을 건설·운영하는 한전이 핵심적인 행위자고, 전력 케이블 및 전력설비를 생산하는 국내 기업들이 새로운 사업적 기회를 잡기 위해서 관심을 쏟고 있다(건설경제, 2018. 4. 30).

기타 저탄소 기술: 탄소포집(이용)저장 기술의 개발

이명박 정부는 2008년 저탄소녹색성장 비전을 제시한 후, 탄소포집저장[CCS] 기술은 온실가스 배출을 저감할 수 있는 중요한 기술로 선정되어 연구개발이 이루어지고 있다. 2009년 1월 국가과학기술위원회가 "녹색기술 연구개발 종합대책"의 27대 중점 육성 기술의 하나로, 다음 해 2월에는 녹색성장위원회가 녹색성장 7대 실천과제를 발표하면서 10대 핵심 녹색기술의 하나로 탄소포집저장 기술을 제시했다. 그리고 2010년 7월에 지식경제부는 녹색성장위원회 보고대회에서 "국가CCS종합추진계획"을 발표했고, 9월에 Korea CCS 2020 사업단을 선정하고 12월에 (재)한국이산화탄소포집및처리연구개발센터KCRC를 설립하여 운영하고 있다. 또한 2010년 11월에는 한전과 발전자회사 및 여러 대기업들이 참여하는 한국이산화탄소포집및저장협회가 창립되었다. KCRC는 향후 배출권 가격이 상승하면서 탄소포집저장 기술의 시장 진입이 2020년대 중반에는 가능해질 것으로 전망하고 있다(이은희·정환수, 2016). 한편 정부는 2016년에 2030년 온실가스 감축 로드맵을 발표하면서 2억 8200만 톤을 감축할 수 있는 수단으로 탄소포집이용저장 기술을 포함시켰으며, 2018년에 로드맵 수정본에서도 그 양이 1억 300만 톤으로 줄어들기는 했지만 주요 감축수단으로 유지하고 있다(관계부처 합동, 2018).

한국 에너지 전환 경로의 시론적 탐색 및 토론

한국 에너지 전환 사회기술 시나리오의 개발

이제 사회기술 시나리오 접근을 활용하여 한국 에너지 전환의 경로를 탐색해보도록 하자. 여기에서는 에너지 전환이 주로 국가적 스케일에서 전개될 1) 중앙집중적인 점진적 전환 경로, 2) 지역적 및 국제적 스케일에서 전개될 에너지 분권과 자립 전환 경로, 3) 동북아 슈퍼그리드 전환 경로라는 세 가지 시나리오를 개발하고 검토할 것이다(표2).

[표 2] 한국의 에너지 전환 사회기술 시나리오 모색

측면 전환경로	주요 요소	지배적 행위자 네트워크	핵심 동인
중앙집중적 점진적 전환 (변형 경로)	중앙정부와 한전 등의 레짐 행위자는 점진적이고 제한적인 에너지원의 전환을 추진. 핵발전소는 점진적으로 축소되며, CC(U)S 기술을 활용하는 '청정석탄' 발전을 추진. 또한 재생에너지는 대규모 프로젝트를 중심으로 개발하여 거시환경의 압력에 대응. 그러나 송배전망의 독점적 운영은 재생에너지 설비를 수용하기 위한 송배전망 투자에 소극적으로 만들며, 재생에너지 확대를 제한함.	한전 및 발전자회사, 민간 발전사, 재생에너지 기업들, 중앙정부(산업부)	기후변화, 미세먼지, 탈핵운동, 에너지전환정책
에너지 분권과 자립 전환 (이탈 및 재배치 경로)	에너지 분권과 자치 담론이 확산되면서 기존의 레짐 행위자들의 네트워크가 위축·약화됨. 반면 지자체 및 지역 주민과 단체들이 유력한 레짐 행위자로 등장하면서, 소규모 분산적인 재생에너지설비를 확대하고 스마트 그리드 기술을 활용하여 지역 내 전력망을 운영관리하면서 지원함. 적극적인 에너지수요 관리에 따른 수요 감축.	지방자치단체(협의회), 에너지자립마을, 에너지협동조합, 소규모 재생에너지-IT 기업 등	기후변화, 미세먼지, 탈핵운동, 에너지전환정책 + 자치분권 에너지갈등 에너지분권
동북아시아 슈퍼그리드 전환 (재배열 경로)	남북한 및 동북아 지역의 협력적 관계가 진전되면서, 고비텍-아시아슈퍼그리드, 동북아 슈퍼그리드 등의 구상의 현실 가능성이 증가. 몽골과 극동 러시아 지역의 재생에너지 및 천연가스를 활용한 대규모 발전설비와 초고압 장거리 송전망을 활용.	중국, 러시아, 몽골 정부 및 전력기업, 일본 기업(소프트뱅크), 한전, 에너지경제연구원, 한국 북방경제협력위원회 등	기후변화, 남북관계 개선, 동북아 협력적 관계(에너지시장) 형성

중앙집중적 점진적 전환 경로

이 전환 경로는 지배적인 레짐이 파리협정에 따른 과감한 온실가스 감축 요구, 핵위험과 미세먼지에 대한 대중의 우려 등의 거시환경 압력에 저항하는 동시에 적응하면서 국가적 스케일을 가진 레짐의 특성을 잃지 않은 채 틈새의 여러 혁신들을 레짐 안에 수용하는 변화를 모색한다는 시나리오다. 즉, 대규모 핵발전소 및 석탄발전소 단지와 전국적 범위에서 중앙집권적 방식으로 건설·운영하는 송배진 시스템을 유지하는 데 이해관계를 가진 한전 및 발전자회사(와 민간발전사) 그리고 이를 정책적으로 지원하고 규율하고 있는 정부 관료들은 흔들림 없이 현행 에너지 전환 과정에서도 중심적인 역할을 한다. 그 결과 핵발전소와 석탄발전소를 퇴출하고 재생에너지 발전 비중을 확대하려는 시도는 송배전망의 준비 부족 등의 이유로 빠르지 않게 '속도 조절'된다. 또한 대규모 재생에너지사업 개발, 천연가스에 의존하는 '추출수소' 중심의 수소경제 정책, 온실가스 감축의 불확실하며 '탄소 고착carbon lock-in' 효과를 낳을 수 있는 기술적 해결책(바이오 혼소 실행 및 CCS 기술 개발 등; Vertgart(2012) 참고)을 채택하려는 시도와 같이, '경제적 효율성' 논리에 따라 (대)기업이 주도하는 틈새 혁신에 대한 전략적 선택과 수용이 이루어진다.

에너지 분권과 자립 전환 경로

두 번째 경로는 온실가스 감축의 국제적 압력과 핵위험 그리고 미세먼지에 대한 대중의 우려와 함께, 지역의 에너지 불평등과 부정의에 대한 저항과 에너지 분권과 자치 요구라는 거시환경의 변화 압력이 강조된다. 이런 거시환경의 압력에 국가적 스케일의 중앙집권적 레짐이 적절하게 대응하지 못하고 지리적 영역성 차원에서 다양한 변화가 모색되는 경로라고 할 수 있다. 즉, 국가적 스케일의 레짐 행위자가 주도하는 대규모 중앙집중적인 시스템의 한계가 드러나면서, 틈새 행위자들을 중심으로 지역적 스케일의 소규모 지역분산적인 시스템을 구축하려는 시도가 나타날 수 있다. 국가가 가지고 있었던 에너지(전력) 수급의 권한과 책임이 이관되어 지자체들이 자기 관할 구역 내의 권한과 책임을 가지면서, 이를 이행할 지역에너지공사(혹은 이와 협력하는 에너지협동조합) 등을 설립·운영한다.[16] 이들은 지역 내에서 다양한 분산전원, 특히 소규모 재생에너지 발전원을 개발하고, 전력 계통을 안정하기 위한 에너지저장장치ESS: Energy Storage System와 수요반응 등의 다양한 유연성 자원을 스마트그리드로 연계·운영하여 자신의 책임하에 있는 송배전망을 통해서 소비자들에게 공급할 수 있다.

동북아 슈퍼그리드 전환 경로

세 번째 경로는 앞서 언급한 온실가스 감축, 핵위험 그리고 미세먼지에 대한 우려 등의 거시환경적 압력뿐만 아니라, 남북관계의 개선 및 동북아 지역의 협력적 분위기라는 거시환경적 기회 혹은 조건이 형성이 될 경우 적극적으로 검토할 수 있다. 한국의 전력망을 북한을 포함한 동북아 지역에 새롭게 구축될 초고압의 장거리 전력망과 연계하고, 중국, 몽골, 러시아 등의 풍부한 태양광, 풍력, 수력 등의 재생에너지원 및 천연가스를 활용한 대규모 발전설비와 초고압송전 기술을 이용하여 탈(혹은 저)탄소 전력을 공급받는다는 '재배열 경로'다.[17] 동북아 슈퍼그리드의 기술적 구성물 및 지리적 입지와 노선, 그리고 이를 위한 국제적 거버넌스의 구체적인 형식과 규범 등에 여러 쟁점들[18]을 다루기 위해서는 초국적 거버넌스가 필요할 것이다. 한국 정부나 한전 등은 국가적 스케일의 레짐을 지배하는 행위자 지위를 유지하면서 동시에 동북아 슈퍼그리드 구상에 참여하는 각 국가들의 레짐 행위자들과 함께 이 거버넌스의 중요한 일원이 될 수도 있다. 그러나 에너지 시스템의 배타적 권할권을 침해하거나 약화시키는 초국적 레짐 행위자의 등장은 각 국가들의 지배적 레짐 행위자들로부터 끊임없는 경계를 야기할 가능성도 크다.[19]

전환 경로의 유형과 현실화 가능성 토론

첫째, 한국 에너지 전환을 위한 세 가지 전환 경로의 유형에 대해서 토론해보자. 네덜란드의 시나리오처럼 국가적 스케일의 전환은 '변형 경로', 국제적(유럽 지역) 스케일의 전환은 '재배열 경로', 그리고 지역적 스케일의 전환은 '이탈과 재배치 경로'가 될 것이라고 판단한다. 가장 먼저 제시한 '중앙집중적인 점진적 전환 경로'에서는 국가적 스케일의 기존 레짐에 큰 변화가 없이 이에 부합할 수 있는 틈새만을 선택적으로 수용하고, 그렇지 않은 틈새는 배제하는 전략이 작동될 것이다. 그 결과 이 전환 경로는 에너지 시스템의 부분적 개선에 그칠 가능성이 크다. 두 번째로 살펴본 에너지 분권과 자립의 경로에서 지역의 에너지 불평등에 대한 저항과 에너지 분권에 대한 강력한 요구가 거시환경의 변화 압력을 형성하며, 기존 레짐을 해체할 가능성이 있는 지역적 스케일의 전환 실험 경험과 틈새 행위자들의 자원 동원력 등의 역량 확보와 상호 연계가 나타난다. 그 결과 국가적 스케일의 기존 레짐이 붕괴하고 지역적 스케일의 새로운 레짐이 등장하는 시스템의 혁신이 일어날 것이다. 세 번째의 '동북아 슈퍼그리드' 경로는 온실가스 감축 등과 같은 압력과 함께 동북아 긴장 해소와 협력적 분위기와 같은 거시환경의 기회/조건이 형성된 상황에서 나타날 것이다. 이 경로가 실현되려면, 역내에 있는 각국의 지배적인 레짐 행위자들이 대규모 재생에너지단지의 개발과 초고압 송전선로의 건설을 위해 자금과 기술을 동원하고 초국적 인프라를 운영하기 위한 제도적 조정을 이뤄내야 한다. 이는 기존 레짐의 변형과 확장을 통한 시스템 재구조화로 귀결될 것이다.

둘째, 네덜란드 사례와 비슷하게 한국 에너지시스템이 국가, 국제, 지역 스케일에서 이루어질 수 있는 전환이 각각, 변형, 재배열, 이탈과 재배치 경로에 조응하는 것은 우연한 일인가? 이는 에너지시스템을 둘러싼 역사적 경험으로부터 파악할 수 있는 경향성으로 이해한다. 많은 국가들에서 지역적으로 고립되어 있던 에너지(전력) 시스템이 오랜 시간을 거치면서 연계되고 통합되면서 국가적 스케일로 발전해왔고, 이것은 국가 통치의 영역성을 확립하는 정치적 프로젝트의 일환으로 평가할 수 있다(Bridge et al., 2013). 이에 따라서 많은 국가에서 에너지시스템의 지배적인 레짐은 국가적 스케일을 갖추게 된 것이다. 이를 변화시키려는 거시환경의 압력과 틈새의 도전은 세계화-지역화 흐름과 함께 두 가지(국제적 그리고 지역적) 스케일에서 나타나게 되지만, 국가적 스케일의 지배적 레짐 행위자들은 이에 전략적으로 대응할 수 있다. 예컨대 1980년대 전 세계적으로 유행했던 신자유주의적 세계화 흐름에서 (특히 영국과 같은 나라에서) 국가적 스케일의 레짐 행위자들은 에너지 민영화 정책을 추진하면서 국제적 스케일의 행위자인 다국적 에너지기업들로 변모하거나 그들의 시장 주도에 우호적이었다. 여기에 더해 유럽연합이라는 정치적 프로젝트가 또 다른 기반을 형성해주었다. 한편 2000년대 이후 신자유주의적 세계화 흐름에 대한 정치사회적 반발과 유럽 국가들에 형성·발전되어 있는 지역자치의 전통은 국가 혹은 공적 영역의 역할을 강조하는 가운데, 국가적 스케일의 행위자들과 다르게 지방정부와 시민사회가 단순히 국가적 스케일로의 복귀를 넘어 지역적 스케일로의 전환을 위한 적극적 탐색과 실험을 진행하고 있다(한재각·이정필·김현우, 2017; Hall et. al., 2013). 한국의 에너지 전환을 위한 사회기술 시나리오도 네덜란드와 유사한 모습을 가지며 각 스케일과 전환 경로의 연계도 비슷하지만, 각 시나리오의 현실화 가능성은 두 국가가 가진 역사와 맥락의 차이로 상이할 것이다. 이 차이에 따른 결과는 이어서 토론한다.

셋째, 각 사회기술 시나리오가 모두 동등한 가능성을 보이고 있지는 않다. 현재로는 '중앙집중적인 점진적 전환 경로'가 현실화될 가능성이 가장 크다. 현재 한국의 에너지 전환의 속도와 방향은 국가적 스케일의 지배적인 레짐 행위자들에 의해서 거시환경의 변화 압력에도 불구하고 별다른 흔들림 없이 통제받고 있다. 거시환경의 변화 압력에 대응하는 지배적인 레짐 행위자들은 다양한 전략적 행동을 통해서 자신의 레짐을 최대한 유지하려 한다고 분석하는 연구들(Geels, 2014; Penna and Geels, 2015; Turnheim and Geels, 2013)이 이런 상황을 설명해줄 수 있다. 그 결과 다른 스케일에서의 에너지 전환에 대한 상상력은 제약된 채, 여전히 경제적 효율성을 핵심 기준으로 삼고 에너지 전환을 에너지원의 변화 혹은 에너지믹스energy mix의 조정 문제로 환원하는 에너지 전환의 주류 담론이 형성되어 있다. 그리고 에너지정책 권한의 이양 혹은 상실 그리고 전력산업 구조의 개편과 같은 근본적인 변화를 야기할 수 있는 '에너지 분권과 자립 경로'와 이를 시도하는 틈새들은 전략적으로 배제되거나 주변적 요소로 순치되고 있다. 예를 들어 에너지 분권과 자립 경로의 주요한 틈새라고 할 수 있는 소규모 지역분산적인 재생에너지 설비가 중심적인 지위를 차지하지 못하고 있고, 송전거리 차등요금제 도입이 거부되며, 스마트그리드 기술, 지역에너지공사 그리고 전력중개사업 등의 혁신의 확산은 정체되고 있다. 비슷하게 '동북아 슈퍼그리드 경로'도 국가적 영역성에 중요한 변화를 야기할 수 있기 때문에 조심스러운 것일 수도 있지만, 이를 위한 중요한 틈새인 초고압직류송전HVDC: high-voltage, direct current 기술을 개발하고 있는 한전 등의 지배적 레짐 행위자들에게는 구상해볼 만한 시도다. 때문에 '에너지 분권과 자립 경로'보다는 현실 가능성은 상대적으로 크다. 하지만 거시환경의 변화 압력 혹은 기회가 있다고 하더라도, 네덜란드의 사회기술 시나리오와 다르게 동북아 지역을 관할하는 체제가 아직 존재하지 않기 때문에(이성규·김남일, 2018) 실현 가능성을 크게만 평가할 수는 없다.

넷째, 각기 다른 스케일의 전환 경로는 양립 불가능하지 않으며, 경합하면서 공존할 수 있다. 앞서 언급했듯이 제3차 에너지기본계획 속에 '중앙집중적 점진적 전환 경로'가 에너지 전환의 주류적 담론으로 자리하고 있지만, '에너지 분권과 자립'과 '동북아 슈퍼그리드'의 다른 스케일의 전환 경로도 주변적인 담론으로나마 포함되어 있다. 관심의 초점은 시스템 전환이 추진되는 과정에서 각 스케일의 전환 경로들이 어떻게 경합할 것이며 무엇이 지배적인 위치에 서게 될 것인가에 맞춰질 필요가 있다. 시스템 전환을 시작하는 단계를 지나 가속화되고 안정화되는 단계[20]에 들어갔을 때에도, 경합에서 승리한 지배적인 전환 경로 이외에 다른 전환 경로의 요소들도 공존할 가능성을 배제할 필요는 없을 것이다. 그러나 이러한 공존은 초기 전환연구자들이 낙관적으로 기대했던 성공적인 전환 관리에 따라 각 전환 경로 요소들의 조화로운 배치의 결과일 수도 있지만, 지배적인 레짐의 자리를 두고 벌어지는 '전환 정치' 혹은 정치사회적 권력 투쟁(STRN, 2019: 10)의 결과로 남겨진 것일 수도 있다.

국가적 스케일을 넘어서는
전환 경로 탐색의 필요

이 글은 전환이론, 특히 다층적 관점에 기반을 둔 사회기술 시나리오 방법론을 활용하여, 한국 에너지 전환의 다양한 미래 혹은 경로를 분석했다. 거시환경의 변화 압력(혹은 기회)과 새로운 혁신이 이루어지는 틈새의 도전에 대해서 지배적인 레짐 행위자가 어떻게 대응하는지 그리고 그 결과로 레짐의 변화가 이루어지는지에 초점을 맞춰, 세 가지 전환 경로 1) 중앙집중적 점진적 전환 경로, 2) 에너지 분권과 자립의 전환 경로, 3) 동북아 슈퍼그리드 전환 경로)를 담은 시나리오를 개발했다. 그런데 이 각각은 국가적, 국제적(동북아 지역), 그리고 지역적 스케일을 고수 혹은 지향하는 전환 경로라고 특징을 묘사할 수 있다. 네덜란드와 유럽 지역을 대상으로 이와 유사한 전환 경로들을 개발한 선행 연구들(Hofman and Elzen, 2010; Verbong and Geels, 2010)들은 전환 경로가 다양한 스케일에서 탐색될 수 있다는 점을 강조하거나 설명을 제공하지 않고 있다. 이 지점에서 전환연구의 지리-공간적 차원에 대한 무관심이 드러날 뿐만 아니라, 전환의 지리학이 무엇을 기여할 수 있는지 보여준다. 즉, 한국 에너지 전환이 국가적 스케일에서만 토론될 이유는 없으며, 스케일과 영역성을 달리하는 다양한 전환 경로들 그리고 행위자들 사이의 경합을 주목할 필요성(즉, 방법론적 국가주의의 영역적 함정을 극복할 필요성)을 강조할 수 있게 해준다. 이 글에서 탐색한 상이한 스케일의 전환 경로들과 그들 사이의 경합을 추적하고 분석하는 작업은 향후 한국 에너지 전환의 미래에 대한 학술적, 실천적 토론에서 중요한 사항이 될 수 있다.

한국의 에너지 전환은 국가적 스케일을 고수하고 있는 레짐 행위자들에 의해서 관리되고 있으며, 이들은 기존 레짐에 큰 변화를 야기하지 않을 기술적, 제도적 틈새들을 선택적으로 수용하면서 전환의 속도와 방향을 조정해가고 있다. 이 과정에서 스케일을 달리하는 에너지 전환 경로들, 특히 에너지 분권과 자립의 경로는 주변화되고 있으며, 그 결과 주류 담론은 에너지 전환을 에너지믹스를 조정하는 정도로 협소하게 다루고 있다. 이는 에너지기본계획이나 전력수급기본계획에 동북아 슈퍼그리드 구상과 분산 전원 및 에너지 분권 관련 항목들이 산발적으로 담긴 것이 한국 에너지 전환의 미래를 두고 벌어지는 경합의 흔적이라는 점을 이해하는 데 도움을 준다. 또한 에너지 전환의 정책과 운동을 유연하고 풍부하게 하는 데 필요한 여러 질문들을 촉발할 수 있다. 예를 들어 주류적 에너지 전환 경로가 기후위기 상황에서 요구되는 긴급하고 급진적인 온실가스 감축 목표[21]를 달성할 수 있는가를 물을 수 있다. 만약에 부정적이라면 스케일을 달리하는 전환 경로들이 새로운 가능성을 줄 수 있는지에 대해서도 토론할 수 있다. 특히 여기서 시스템 혁신 경로로 묘사하고 있지만 에너지 전환 담론 속에서 주변화되어 있는 '에너지 분권과 자립' 전환 경로를 유효한 하나의 전환 경로로 인정하고 가능성과 실현 방안에 대해서 체계적으로 논의하는 것이 중요하다. 이를 통해 다양한 전환 경로 사이의 경합이 보다 공개적으로 이루어고, 관련 행위자들 사이의 토론과 협력을 통해 전환의 목표를 달성할 가능성을 모색해야 한다.

이 연구는 한국의 에너지시스템에 대해서 다층적 관점에서 분석하고 이에 기반을 두고 다양한 스케일의 전환 경로를 시론적으로 탐색할 수 있는지 또한 그 의미가 무엇인지를 확인하는 데 목표를 두었기 때문에, 본격적인 분석과 토론은 추후 과제로 남겨 둔다. 한편 다양한 스케일의 전환 경로를 보여주는 사회기술 시나리오들은 정책적 영향력을 높이기 위해서는 정량적인 에너지 모델링을 통해서 각기 얼마나 온실가스 감축을 할 수 있는지 등을 보여줄 필요가 있다. 그러나 국내에서 진행된 대부분의 에너지 모델링은 국가 수준 혹은 (광역/기초) 지자체 수준에서 이루어지면서, 남한뿐만 아니라 북한까지 포괄하여 모델링을 한 일부 연구(이 책의 5장)를 제외하고 보면, 지리적 범위에서 한국을 벗어나지 못하고 있다. 따라서 동북아 지역을 범위로 한 에너지 모델링을 시도할 필요가 있다.

4

동북아 슈퍼그리드와
에너지 전환의 경로

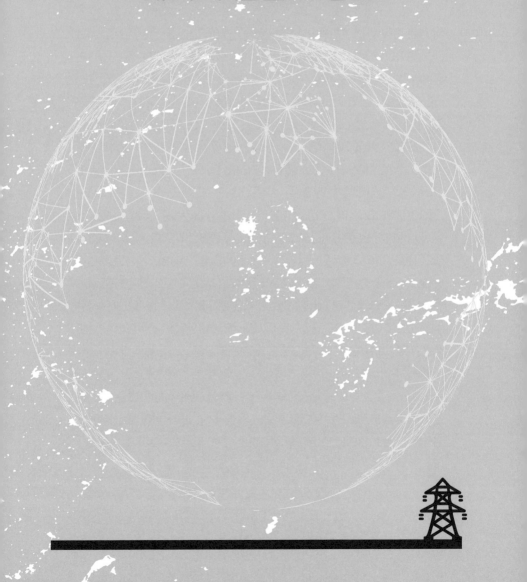

홍덕화

이 장은 한국 정부가 제안하고 있는 동북아 슈퍼그리드를 전환 경로의 시각에서 평가하는 것을 목표로 한다. 한-중-일, 남-북-러의 전력망을 연결하는 동북아 슈퍼그리드를 통해 재생에너지의 공급 안정성을 높일 수 있을 뿐만 아니라 동북아시아의 지정학적 긴장을 완화할 수 있다는 기대가 커지고 있다. 하지만 전환 경로로서 동북아 슈퍼그리드가 갖는 함의는 충분히 검토되지 않고 있다. 특히 에너지정의, 에너지 민주주의 등 정의로운 전환을 주창하는 사회운동이 확산되고 있는 만큼 바람직한 미래의 관점에서 동북아 슈퍼그리드를 재조명할 필요가 있다.

그동안의 동북아 슈퍼그리드 논의를 정리하면, 슈퍼그리드가 이질적 요소들로 구성된다는 점은 인식되고 있지만 이질적 연결망에 대한 상상은 제한적이다. 이로 인해 자본주의와 사회주의의 전력망을 연결하는 방안이 폭넓게 논의되지 못한 채 전력시장 자유화가 동북아 슈퍼그리드의 조건처럼 제시되는 경향이 있다. 한편 에너지 안보의 측면에서 동북아 슈퍼그리드는 성장주의에 갇혀 있으며 슈퍼그리드의 다차원적인 위험을 과소평가한다. 더불어 정부가 제시하는 동북아 슈퍼그리드가 평화를 실현하는 동시에 지속가능성과 에너지 민주주의를 강화할 수 있을지 불투명하다. 동북아 슈퍼그리드가 구체화되는 것과 함께 전환 경로를 둘러싼 경합의 징후가 나타나고 있는 만큼 동북아 슈퍼그리드는 막연한 환호의 대상이 아니라 공동체 에너지, 에너지 공유재 등 다양한 전환 경로를 성찰하는 계기가 되어야 한다.

전환 경로와
사회기술적 상상

익숙하지 않은 미래, 그래서 매혹적인 상상이 있다. 바로 동북아 슈퍼그리드다. 전력망이 이웃 국가와 단절된 "계통섬"인 한국에게 슈퍼그리드는 여러 기대를 불러일으키는 전망이다. "버려진 땅"인 고비사막에서 태양광과 풍력으로 생산한 전기로 탈핵·탈석탄을 앞당기고 에너지 전환을 이끈다는 구상! 여기에 남북 협력과 동북아 평화에 대한 기대까지 품고 있는 만큼 동북아 슈퍼그리드는 거부할 수 없는 미래처럼 다가온다. 사실 동북아 슈퍼그리드는 먼 미래의 일이 아닌이미 만들어지고 있는 현실이다. 2017년 문재인 대통령이 제3차 동방경제포럼에서 동북아 슈퍼그리드 구축을 언급하면서 한-중-일, 남-북-러 전력망 연결은 정부 정책으로 추진되고 있다. 또한 동북아 슈퍼그리드는 언론 보도를 통해 대중이 어림짐작하는 미래의 일부로 자리를 잡아가고 있다. 물론 동북아 슈퍼그리드의 실현 가능성을 의심하는 이들도 많다. 그러나 환호와 냉소만이 우리의 선택지는아니다. 특히 슈퍼그리드가 "전환 경로"로 부상하고 있는 상황인 만큼 환호와 냉소의 이분법을 넘어설 필요가 있다. 즉, 더 나은 에너지 전환을 모색하려면 동북아 슈퍼그리드 자체에 담긴 기대와 욕망을 파헤쳐봐야 한다.

사회기술체제 접근이 시사하듯이, 에너지 전환은 단순히 에너지원을 바꾸는 문제가 아니라 에너지원과 결부된 기술적 요소와 정치·경제·사회적 요소들을 동시에 선택하는 문제다(Miller et. al., 2013; 한재각, 2018). 따라서 에너지 전환이 가시화될수록 에너지원 또는 에너지기술을 넘어선 정치사회적 변화가 쟁점으로 부상할 가능성이 크다. 달리 이야기하면, 에너지 전환이 누구를 위해, 누구에 의해, 어떤 방식으로 추진되는지 묻지 않을 수 없게 된다(Burke and Stephens, 2018; 홍덕화, 2019). 에너지 전환은 추진 방식에 따라 새로운 자본축적과 경제성장의 기회를 제공할 수도 있고 생태적 한계 속에서 일상의 기본적 필요를 평등하게 충족시키는 계기가 될 수도 있다. 에너지 전환의 경로가 하나가 아닌 만큼 에너지 전환의 방향을 둘러싼 경합은 불가피하다.

그동안 태양광이나 풍력 같은 재생에너지는 석탄화력발전이나 핵발전에 비해 환경정의와 에너지정의에 부합한다는 평가를 받았다(Burke and Stephens, 2018; 한재각, 2018). 무엇보다 재생에너지는 위험을 다른 지역으로 전가하지 않고 시민들의 참여를 촉진할 수 있는 에너지원으로 여겨졌다. 더불어 지역공동체가 에너지 시설을 소유하고 지역의 에너지자원을 활용해서 에너지를 공급할 수 있다는 점이 강조되었다. 그러나 최근 들어 재생에너지에 대한 낙관적 전망은 도전

받고 있다(Burke and Stephens, 2018; Ottinger, 2013). 무엇보다 규모의 경제가 작동하면서 수익성을 높이기 위한 재생에너지 시설의 대규모화가 진행되고 있다. 특히 해상이나 사막은 대규모 시설을 건설하기 좋을뿐더러 사회적 저항을 피하기 쉽다는 점에서 사업자들이 선호하는 공간이 되고 있다. 하지만 규모가 커지고 지리적으로 집중될수록 재생에너지 시설은 점점 더 소비지로부터 멀어지게 된다. 그 결과 재생에너지체계 역시 기존의 중앙집중형 에너지체계처럼 장거리 송전망을 요구하게 된다. 이웃 국가와 전력망이 연결될 경우 전기의 수출입이 늘면서 생산과 소비의 공간적 분리가 더 확대될 수도 있다. 나아가 재생에너지 시설의 대규모화, 원거리화가 진행될수록 에너지 시설의 소유와 운영, 의사결정 참여의 측면에서 시민들이 의미 있는 역할을 할 수 있다는 기대가 허물어진다. 이제 환경정의나 에너지정의의 측면에서 재생에너지의 차별성은 뚜렷해지지 않는다.

에너지정의를 요구하는 사회운동이 확산되면서 에너지 전환 경로를 평가하고 선택하는 기준으로서 정의justice의 문제가 부각되고 있다. 정의로운 전환just transition, 에너지 민주주의energy democracy 등 에너지 정의와 밀접하게 연결된 이론적·실천적 논의 역시 늘고 있다. 이와 같은 맥락에서 Bridge 등(2018)은 에너지 트릴레마energy trilemma[1]에 사회정의의 시각을 더해야 현대사회가 당면한 에너지 문제를 해결할 수 있다고 주장한다. 에너지 전환 연구의 주축이라 할 수 있는 사회기술체제 접근이 정의나 형평성equity의 문제를 제대로 조명하지 못하고 있다는 비판도 제기된다(Jenkins et. al., 2018).

한편 전환 경로 논의는 명시적으로든 암묵적으로든 에너지 전환의 스케일 문제를 제기하며 에너지 경관의 생산을 둘러싼 경합을 추적할 것을 요구한다. 에너지 전환은 에너지를 생산하고 소비하는 공간적 구조가 재편되는 과정인 만큼 에너지 경관의 재구성을 위한 공간적 경합을 매개로 한다(Bridge, 2018; Bridge et. al., 2013). 따라서 에너지 전환을 입체적으로 이해하기 위해서는 영역, 장소, 스케일, 네트워크의 경합을 살펴볼 필요가 있다(Becker and Naumann, 2017; Gailing et. al., 2019; Goldthau, 2014). 특히 스케일은 에너지정의 연구의 지속적인 관심사 중 하나였는데, 최근에는 특정 스케일에서의 정의가 다른 스케일에서의 정의를 보장하지 않는다는 점이 강조되고 있다(Bouzarovski and Simcock, 2017).

에너지 전환 경로는 한국에서도 외면할 수 없는 쟁점이 되고 있다. 대규모 해상풍력 단지가 건설되고 있는가 하면 소규모 태양광 보급이 각지에서 진행되고 있다. 또한 공동체 에너지community energy와 에너지 분권을 매개로 한 지역에너지 전환에 대한 관심이 높아지고 있다(이정필·한재각, 2014; 한재각·김현우, 2019). 이와 같은 상황을 반영하여 에너지운동 내부에서 전환 전략의 분화가 일어나고 있으며 에너지 공유재energy commons와 같은 새로운 담론에 대한 모색이 늘고 있다(홍덕화, 2017, 2019). 나아가 기후위기가 심화되는 만큼 남북 에너지 협력을 넘어서 남과 북을 아우르는 에너지 전환을 추구해야하는 상황이 도래했다. 동북아시아 국가들의 전력망을 연결해야한다는 목소리가 높아지는 것까지 고려하면 에너지 전환 경로에 대한 탐색이 다차원적으로 진행되고 있음을 알 수 있다. 그러나 틈새 실험에 초점이 맞춰진 기존 에너지 전환 연구들은 다중 스케일적으로 진행되고 있는 변화를 온전히 포착하지 못하고 있다.

한편 남한과 북한, 동북아시아 국가들 간의 에너지 협력을 모색하는 연구가 늘고 있지만 에너지 전환을 둘러싼 다양한 쟁점들을 충분히 담아내지 못하고 있다(김연규, 2017, 2018). 특히 동북아 슈퍼그리드의 추진 배경을 뒤쫓으며 추진 방안을 탐색하는 연구들은 전환 경로로서 동북아 슈퍼그리드의 함의를 거의 논의하지 않는다(김경술, 2015, 2017; 김진수, 2017; 윤성학, 2018; 이성규·정규재, 2018; 홍건식, 2019). 기존의 동북아 슈퍼그리드 연구들은 재생에너지의 공급 안정성 증대, 동북아 협력 강화 등 동북아 슈퍼그리드의 추진 배경을 살펴보며 그 실현 가능성을 검토하는 데 초점이 맞춰져 있다. 전환 경로로서의 의미, 대규모 사업mega project의 난점, 에너지정의 등 해외의 슈퍼그리드 연구들이 다양한 각도에서 슈퍼그리드를 조명하고 있는 것을 감안하면 국내 슈퍼그리드 연구의 시야는 다소 협소하다(de Rubens and Noel, 2019; Hojčková et. al., 2018; Scholoten and Bosman, 2016; Schmitt, 2018; van de Graaf and Sovacool, 2014).

이 장은 전환 경로를 둘러싼 쟁점들을 중심으로 한국 정부의 동북아 슈퍼그리드 구상을 재조명하는 것을 목표로 한다. 특히 에너지정의, 에너지 민주주의, 전환의 스케일 등 경로 경합을 촉발할 수 있는 규범적 쟁점에 초점을 맞춰 한반도 에너지 전환의 계기로서 동북아 슈퍼그리드의 가능성과 한계를 살펴보려 한다. 이재승(2007)이 지적한 것처럼, 동북아 에너지 협력 사업은 구상에 머물러 있는 경우가 많기 때문에 이를 대상으로 한 연구는 에너지 협력의 필요성을 강조하며 낙관적으로 접근하는 경향이 있다. 동북아 슈퍼그리드 역시 아직 물리적 실체라기보다는 구상에 가깝다는 점에서 경험적 연구의 어려움이 있다. 하지만 기반시설infrastructure 프로젝트가 상상된 미래에 대한 전망을 담고 있다는 점에 주목할 필요가 있다(Larkin, 2013; Slota and Bowker, 2017). 즉 기반시설에 대한 구상은 특정한 형태의 사회적 가치, 정치적 판단을 내재하고 있으며 잠정적으로 가능한 미래의 경로를 재단한다.[2] 사회기술적 상상sociotechnical imaginaries(Jasonoff and Kim, 2009)으로서 동북아 슈퍼그리드가 제시하는 에너지 전환의 방향을 분석해야 할 이유도 여기에 있다. 이와 같은 맥락에서 이 글은 한반도 에너지 전환의 경로로서 동북아 슈퍼그리드에 함축된 가정을 되짚어보고 바람직한 전환 경로에 대한 논의와 연결해보고자 한다.

전환 경로의 분기점

규범적 요구: 에너지정의와 에너지 민주주의

사회기술체제의 변화로 에너지 전환을 분석하는 연구들이 늘고 있다. 특히 틈새niche와 체제regime, 거시환경landscape의 상호작용을 중시하는 다층적 관점Multi Level Perspective이 에너지 전환을 설명하는 이론으로 널리 활용되고 있다. 사회기술체제 분석이 확산되면서 공간 연구와의 접점 또한 넓어지고 있다. 단적으로 Bridge(2018)는 에너지체계를 분석하는 공간 연구의 흐름을 정리하며 가장 기본적인 요소로 에너지를 사회기술적인 것으로 접근하는 경향을 꼽는다. 잘 알려진 대로, 사회기술체제 접근은 에너지 전환을 기술적 인공물과 정치·경제·사회적 요소가 뒤얽혀 일어나는 현상으로 본다. 이를 확장하면 에너지 전환은 공간적 변화를 동반하는데, 에너지를 생산하고 소비하는 방식의 전환은 공간 구조의 변화를 요구하기 때문이다. 이와 같은 맥락에서 에너지 전환은 에너지 경관의 변화로 서술되기도 한다(Bridge, 2018, Bridge et. al., 2013). 이때 에너지 경관은 에너지자원의 채굴, 유통, 변환, 소비를 아우르는 활동의 산물을 뜻하는데, 사회 세력들 간의 경합을 거치며 생산·변형된다.[3] 다시 말해 에너지 전환은 기존의 에너지 경관을 문제시하며 물리적, 기술적, 사회적 요소들의 새로운 공간적 조합을 추구하는 활동이다.

에너지 사회기술체제, 에너지 경관의 시각에서 보면, 대규모 사업은 기술적, 경제적 문제를 해결하는 것을 넘어서 정치적, 사회적 장애물을 해체해야 성공할 수 있다. 뒤집어 이야기하면, 대규모 에너지 사업은 이질적 요소들을 조정하는 데 실패하면 언제든 좌초될 수 있다. 일례로 슈퍼그리드 사업은 다수의 이해관계자stakeholder와 이해관계자들의 분열fragmentation, 비용 초과, 외부비용의 전가, 과장된 기대inflated expectations와 편향된 전망biased projections, 사고와 테러 가능성, 부의 집중과 부패 등으로 실패할 수 있다(de Rubens and Noel, 2019; van de Graaf and Sovacool, 2014).

에너지 전환에 잠재된 균열과 경합에 주목할수록 분석의 초점은 전환의 정치로 이동한다. 그리고 전환의 정치로의 이동은 에너지정의, 에너지 민주주의 등 규범적 주장의 파급 효과를 에너지 전환 연구의 시각에서 재조명할 것을 요구한다. 규범적 요구들이 사회운동을 매개로 에너지 경관의 변화를 추동하는 힘으로 작동하고 있기 때문이다. 먼저 에너지정의는 주로 분배적, 절차적 차원에서 정의로운 에너지 전환을 요구한다.[4] 분배적 에너지정의가 에너지 시설의 입지, 에너지 서비스 접근성, 전환 과정에서의 이익과 비용의 배분 문제를 제기한다면 절차적 에너지정의는 영향받는 이들의 의사결정 참여, 정보공개를 쟁점으로 부각한다(Jenkins et. al., 2016). 에너지정의에 주목하면, 에너지 전환을 누가, 무엇을 위해, 어떤 방식으로 추진하며 그 결과가 무엇인지 묻지 않을 수 없다.

최근 에너지정의의 시야는 에너지 흐름의 전 과정으로 확장되고 있다(Healy and Barry, 2017; Jenkins et. al., 2016; McCauley and Heffron, 2018). 즉 에너지체계를 평가하기 위해서는 자원 채굴 장소와 핵폐기장·풍력단지·송전망 등의 입지, 화석연료·핵에너지 보조금, 재생에너지 보조금과 전환 비용 부담, 연료 빈곤fuel poverty을 아우르는 에너지 흐름의 전 과정을 살펴봐야 한다는 주장이 힘을 얻고 있다. 그 결과 지구적 에너지체계에서 다층적으로 발생하는 에너지 부정의energy injustice에 대한 관심이 높아지고 있다(Jenkins et. al., 2018; Parks and Roberts, 2010; Sovacool et. al., 2017). 지구적으로 조직된 에너지체계를 외면한 채 국지적인 에너지 전환에 치중할 경우 자칫 불평등을 심화시킬 수 있기 때문이다. 예컨대, 생산시설의 해외 이전을 통해 온실가스를 감축할 경우 기후위기의 해결 책임과 비용이 전가될 수 있다. 따라서 탄소 유출carbon leakage을 통한 기후위기 대응은 국지적 차원에서는 에너지 전환이 진전된 것일 수 있지만 지구적 차원에서는 에너지 부정의가 심화된 것으로 볼 수 있다. 이것은 에너지 전환이 공간적 차이를 활용하는 동시에 다양한 스케일에서 '중심'과 '주변', '승자'와 '패자'를 낳는 불균등 발전을 야기할 수 있다는 사실을 보여준다(Bridge et. al., 2013).

이와 같은 시각에서 보면, 재생에너지 시설을 연결하는 전력망의 통합은 녹색 수탈green grabbing의 계기로 변형될 수 있다. Hamouchene(2016)이 지적한 대로, 유럽과 북아프리카의 전력망 연결은 공공 또는 개인이 소유하거나 아예 소유 대상이 아니었던 자원에 대한 소유권, 통제권, 사용권을 탈취하면서 북아프리카를 유럽연합의 에너지 안보를 강화하기 위한 녹색 투자의 공간으로 재전유하는 계기가 될 수 있다. 실제로 데저텍Desertec 사업을 놓고 유럽연합과 중동, 북아프리카 국가들에게 상호 이익이 될 것이라는 주장에 맞서 새로운 형태로 자원을 수탈하는 신식민주의neo-colonialism가 아니냐는 비판이 제기되었다(Schmitt, 2018).

한편 에너지 민주주의는 에너지 시설의 집합적 소유와 민주적 통제, 그리고 이익의 공유를 전면에 내세운다(Becker and Naumann, 2017; Burke and Stephens, 2017; 홍덕화, 2019).[5] 이를 통해 에너지 민주주의는 에너지체계에 대한 자본과 시장의 영향력을 축소하는 대신 공동체와 국가를 통해 에너지체계를 민주적으로 통제하고자 한다. 물론 민주주의가 그렇듯, 에너지 민주주의는 그 자체로 경합적인 속성을 지니고 있다. 에너지 민주주의의 모델을 분산적 에너지 공급 decentralised energy provision과 집합적 소유public and cooperative ownership, 에너지 주권energy sovereignty으로 구분하는 것이 단적인 예일 것이다(Becker and Naumann, 2017). 하지만 모호성에도 불구하고 시장 주도의 에너지 전환을 비판하는 담론이자 사회운동으로 에너지 민주주의가 확산되고 있다는 사실에 주목할 필요가 있다. 에너지 민주주의가 에너지 전환의 주체를 형성하는 통치 기술의 문제를 제기한다는 점도 무시할 수 없다(Szulecki, 2018).

정리하면, 에너지정의나 에너지 민주주의는 전환의 정치를 구성하는 요소로서 전환 경로를 둘러싼 경합에 영향을 미친다. 그리고 사회운동을 매개로 분출되는 정의와 민주주의에 대한 요구는 전환 경로가 하나가 아니라는 사실을 상기시킨다. 에너지정의와 에너지 민주주의는 전환 경로의 경합을 드러내는 지점이자 다른 전환 경로를 상상하게 만드는 힘이 되고 있다.

전환의 스케일과 에너지 안보

재생에너지는 화석연료와 대비되는 특징을 가지고 있다. Scholten 과 Bosman(2016)에 따르면, 재생에너지는 화석연료만큼 희소하거나 지리적으로 편중되지 않았다. 또한 재생에너지는 외부 조건, 특히 날씨의 영향을 많이 받기 때문에 화석연료처럼 에너지 수요 변화에 따라 공급을 조정하기 어렵다. 다시 말해 태양광과 풍력은 화석연료와 달리 저장이 어렵기 때문에 변동성을 관리하는 것이 중요한 과제로 대두된다. 재생에너지 기술은 기존의 에너지 기술보다 단위 용량이 작은 편이라 분산형 에너지체계를 구축하기 쉽지만 분산형 에너지원이 확산될수록 전력망을 안정적으로 관리하는 것이 까다로워진다. 세계시장이 형성된 화석연료와 다르게 재생에너지 시장은 전력망의 규모에 제약을 받는다는 특징도 있다.[6]

이와 같은 재생에너지의 특성으로 인해 전력망 연계는 기술적으로 매혹적인 선택지가 된다. 전력망 연계를 통해 재생에너지의 간헐성, 에너지 저장의 문제를 해소할 수 있는 길이 열리기 때문이다. 실제로 최대 부하의 분산을 통한 전력망의 안정성 확보, 대규모 재생에너지 시설과의 연결을 통한 간헐성 해소는 전력망 연계가 필요한 이유로 정책 보고서에 자주 등장한다(이성규·정규재, 2018: 14-15).[7]

그러나 재생에너지의 물질적 특성이 에너지 전환의 경로를 결정하는 것은 아니다. 최근 다양한 방식으로 전환 경로를 구분하는 시도가 늘고 있는 이유가 여기에 있다. 대표적으로 Foxon(2013)은 거버넌스 형식에 초점을 맞춰 저탄소 경제로의 이행 경로를 시장 규칙(시장), 중앙 조정(정부), '천 송이 꽃'(시민사회)으로 구분한다. 각각의 방안은 핵심 기술, 핵심 주체의 측면에서 차이가 있는데, 시장 규칙에서는 기존의 에너지 대기업이 거대 기술(탄소 포집 및 저장 기술이 적용된 석탄화력발전, 천연가스 복합화력발전, 핵발전, 대규모 해상풍력 등)을 활용하여 에너지 전환을 선도한다. 반면 천 송이 꽃 경로에서는 신생 기업과 더불어 지역공동체, 시민사회조직이 소규모 분산형 발전 기술(소규모 태양광, 풍력, 열병합 등)을 토대로 에너지 전환을 주도한다.

한편 Verbong과 Geels(2010)는 사회기술체제의 변화 양식에 초점을 맞춰 전력체계의 전환 경로로 혼종적 망hybrid grid, 슈퍼그리드, 분산 발전을 제시한다.[8] 기존의 사회기술체제에서 이탈·재결합되는 방식인 분산 발전 경로는 초국적 기업과 초국적 기구의 주도 아래 대규모 재생에너지 시설을 장거리 송전망으로 연결하는 슈퍼그리드 경로와 대비된다. 비슷한 문제의식에서 Geels 등(2016)은 독일과 영국의 에너지 전환 경로를 비교한다. 이들에 따르면, 독일은 시민과 협동조합, 지방정부 등 새로운 행위자들이 분산형 기술을 토대로 핵심적인 역할을 수행하는 대체substitution 경로를 밟고 있다. 반면 영국은 기존 기업들이 에너지 전환을 주도하고 소규모 분산형 에너지는 보조적인 역할을 하는 변형transformation 경로를 따르고 있다. 이처럼 독일과 영국의 전환 경로가 분기된 데에는 정치문화, 시장 조정방식, 시민사회와 제조업 역량의 차이가 복합적으로 영향을 미쳤다.[9]

비슷한 사고방식은 전력체계의 분기를 전망하는 연구에서도 등장한다. 예컨대, Hojčková 등(2018)은 슈퍼그리드, 스마트그리드smart grid, 독립망off-grid 사이의 경합이 확산될 것으로 전망한다. 이들에 따르면, 슈퍼그리드는 불균등하게 분포하는 재생에너지를 연결하여 전력망의 안정성을 높이는 전략이다. 전력망 연결을 통해 재생에너지의 공급 역량을 확충할 수 있을 뿐만 아니라 특정 국가의 대형 수력발전소를 저장 수단으로 활용하여 저장 시설에 대한 투자를 줄일 수 있다. 슈퍼그리드는 기존의 지배적 행위자들이 주도하는 기획으로 국가와 전력회사, 대규모 제작사 간의 협력이 필수적이다. 반면 스마트그리드는 분산형 발전과 정보통신기술을 결합하여 전력망의 안정성과 효율성을 높이는 전략이다. 기존 전력회사 이외에 다른 부문에서의 기존 기업, 신생 기업이 스마트그리드 구축에 앞장 서는 경향이 있다. 독립망은 주로 전력망이 구축되지 않은 지역에 유용한 기술로 주목받았으나 최근에는 선진국에서 생활양식의 탈탄소화de-carbonization를 모색하는 방안으로 관심을 끌고 있다. 독립망에 대한 기대가 자립, 지속가능성, 사회정의, 민주주의, 공동체와 같은 정치사회적 가치 지향과 연결된다는 점도 주목할 필요가 있다.

이처럼 전환 경로를 유형화하는 시도들은 에너지 전환의 스케일에 대한 가정을 함축하고 있다. 예컨대, Verbong과 Geels(2010)가 제시하는 혼종적 망, 슈퍼그리드, 분산 발전은 각각 국가, 초국가, 지역 스케일에 방점이 찍혀 있다. 전환 경로에 대한 논의를 스케일에 초점을 맞춰 정리하면 표1과 같다. 표1에서 확인할 수 있듯이, 전력망에 대한 구상은 규모, 소유 및 운영 방식, 핵심 가치, 거버넌스 등 다양한 차이를 함축하고 있다(Bridge et. al., 2018). 독립망과 슈퍼그리드의 차이는 단순히 크기의 차이가 아닌 것이다. 다만 전력망의 스케일에 함축된 차이는 현재화된 경향성으로 봐야 한다. 현실에서 초국적 네트워크는 지배적 체계를 변형된 형태로 확장하려는 시도로 나타나고 지역적 네트워크는 독립망에 가까울수록 대항 체계적 요소, 탈성장적 요소가 강화되는 모습을 볼 수 있다. 하지만 전환 경로를 네트

[표 1] 전력망의 스케일 차이와 특징

	규모	소유 및 운영 방식	핵심 가치	거버넌스
자급자족 또는 독립망	매우 국지적	사적	에너지에 대한 권리, 자립, 검소함, 지속가능성	최소화
지역적 네트워크	근린 지역, 도시	공동체·지방정부 주도 또는 사적	지역성, 지속가능성, 자율성	공동체 또는 지역 주도
국가적 네트워크	국가, 인접 국가	공적, 사적, 또는 공사 결합	효율성, 통제, 보편적 공급, 경쟁	중앙정부와 산하 기구
초국가적 네트워크	초국적 확장	공적, 사적, 또는 공사 결합	효율성, 경쟁, 협력	국가 간 협력

출처: Bridge et. al.(2018: 81)을 변형

워크의 크기로 치환하는 일은 다른 형태의 결합 가능성을 차단할 뿐만 아니라 소규모의 지역적인 것을 항상 더 좋은 것으로 인식할 위험성을 내포하고 있다. 달리 말하면, 단절된 지역적 네트워크에 집착하는 것은 에너지 전환에 유연하게 대처하는 대응을 어렵게 할 수 있다. 대규모 기반시설에 대한 민주적 통제의 가능성, 시민사회가 주도하는 초국적 협력의 가능성을 사전에 차단할 필요도 없다.

마지막으로 전환 경로마다 에너지 안보에 대한 시각이 다를 수 있다. 전통적으로 에너지 안보는 화석연료, 특히 석유의 안정적 공급을 중시했다. 에너지 안보를 강화하기 위해 수입 다각화, 국내 에너지 자원 개발, 대체 에너지기술 개발이 추진되었다. 하지만 에너지 빈곤과 같은 사회적 불평등, 기후변화로 대표되는 환경문제에 대한 관심이 커지면서 에너지 안보를 구성하는 요소가 확장되었다. 최근에는 이용가능성availability, 접근가능성accessibility, 지불능력affordability, 수용성

acceptability에 더해 에너지체계의 취약성vulnerability, 복원력resilience까지 에너지 안보의 구성 요소로 주목받고 있다(Bridge et. al., 2018; 이재승 외, 2016). 물리적 공격이나 사이버 공격, 환경재난과 기후재난에 대한 우려가 커지면서 예기치 못한 사건으로부터 에너지체계를 보호하고 안정적으로 유지하는 방안에 대한 관심이 커진 것이다. 또한 재생에너지의 간헐성, 저장 기술의 한계로 인해 에너지 전환 과정에서 공급 안정성의 의미가 변할 수 있다. 즉 에너지 전환은 전략적 비축이 아닌 전력망 관리를 에너지 안보 전략의 중심축으로 이동시킨다. 나아가 에너지 공급은 에너지자원 부족을 넘어서 온실가스 감축 요구와 같은 사회적 저항에 의해 제한될 수 있다(Bridge et. al., 2018).[10]

에너지 안보를 더 급진적으로 해석할 수도 있다. 한 예로 코너하우스(2015)는 평범한 시민들의 일상적 필요를 충족시키는 것이 진정한 에너지 안보라고 말한다. 코너하우스는 기존의 에너지 안보는 경제성장과 기업 활동을 지속하는 데 초점을 맞추고 있고, 그 결과 에너지 안보라는 이름으로 사회생태적 피해를 야기하는 일들이 빈번하게 발생한다고 비판한다. 이른바 자원의 저주라 불리는 산유국들의 사회생태적 문제들이 대표적인 사례다. 풍요로운 사회에서조차 일상생활의 필요를 충족시키지 못하고 연료 빈곤이 지속되는 상황을 떠올릴 수도 있다. 코너하우스가 제시하는 길을 따르면, 위험을 전가하지 않고 한계 안에서 평등하게 일상의 필요를 충족하는 것이 진정한 에너지 안보라 할 수 있다.[11] 이로써 에너지정의 실현과 에너지 안보 강화가 겹쳐진다.

한국 정부의
동북아 슈퍼그리드 구상

동북아 슈퍼그리드는 하나가 아니다. 가장 널리 알려진 것은 2011년 일본 소프트뱅크 손정의 회장이 제안한 아시아 슈퍼그리드Asia Super Grid다. 이 외에 2014년 중국 정부가 내놓은 글로벌 에너지 연계Global Energy Interconnection, 2016년 러시아가 제시한 아시아 에너지 고리Asian Energy Ring 등 다양한 형태의 동북아 슈퍼그리드가 있다. 다만 대부분의 동북아 슈퍼그리드가 아직 구상으로 남아 있거나 사업성을 검토하는 초기 단계에 머물러 있다. 또한 기본 구상이 유사하더라도 제안 주체에 따라 세부 계획은 다른 경우가 많다.[12]

한국 정부가 구상하고 있는 동북아 슈퍼그리드는 제8-9차 전력수급기본계획과 제3차 에너지기본계획에 제시되어 있다(산업통상자원부, 2017a, 2019, 2020). 그림1에서 알 수 있듯이, 문재인 정부는 동북아 슈퍼그리드라는 이름 아래 한 축으로는 중국과 한국(북한 경유 포함), 일본을 잇고 다른 한 축으로는 러시아와 북한, 한국을 연결하는 전력망을 구축하고자 한다.

이중 한-중-일 전력망 연계 구상은 2009년 고비텍으로 거슬러 올라간다. 고비텍은 몽골 고비사막에 태양광 또는 풍력 발전 단지를 건설해서 동북아 지역에 전력을 공급하는 방안으로 당시 유럽에서 활발하게 논의되었던 데저텍 사업의 영향을 받았다(van de Graaf and Sovacool, 2014).[13] 추진 동력을 확보하지 못해 주춤하던 고비텍 구상

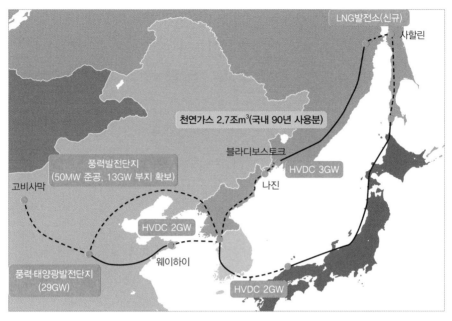

천연가스 2.7조m³(국내 90년 사용분)

LNG발전소(신규)

사할린

풍력발전단지
(50MW 준공, 13GW 부지 확보)

블라디보스토크

HVDC 3GW

고비사막

나진

HVDC 2GW

웨이하이

풍력·태양광발전단지
(29GW)

HVDC 2GW

[그림 1] 한국 정부의 동북아 슈퍼그리드 구상

출처: 산업통상자원부(2017a)

은 일본 소프트뱅크 손정의 회장의 아시아 슈퍼그리드로 부활한다. 2011년 후쿠시마 사고 이후 탈핵·에너지 전환이 활발하게 논의된 만큼 아시아 슈퍼그리드를 매개로 동북아 슈퍼그리드에 대한 관심이 높아지기 시작했다. 이후 중국이 글로벌 에너지 연계를 제안하면서 한-중-일 전력망 연계에 대한 기대가 더 커졌다.

한-중-일 전력망 연계가 구체적인 사업의 모습을 갖춘 것은 2016년경이다. 2016년 한국전력(이하 한전)은 일본 소프트뱅크와 중국 국가전력망공사State Grid Corporation of China, 러시아 로세티ROSSETTI와 전력망 연계를 위한 협력을 강화하기로 한다. 이들은 한-중-일 전력망 연계를 1단계 사업으로 추진하기로 하고 이를 위한 예비타당성 조사를 진행했다. 그러나 한-일 전력망 연계 논의는 진전이 없었고, 한-중 전력망 연계로 사업의 중심이 이동했다. 2017년 한전은 중국 국가전력망공사, 그 산하 기관인 GEIDCO GEI Development & Cooperation Organization)와 한-중 전력망 연계를 위한 협정서를 체결했다. 그리고 이를 토대로 한-중 해저 송전선로의 타당성을 검토하기 위한 해양조사에 나섰다.

남-북-러 전력망 연계 구상의 역사는 조금 더 길다. 1990년대 말 전기연구원은 러시아 ESI Energy System Institute와의 공동연구 결과를 바탕으로 극동아시아 전력망 연결 Northeast Asian Electrical System Ties을 제안했다(윤성학, 2018). 추진 동력이 없어 잠들어 있던 남-북-러 전력망 연계 구상은 2006년 한국과 러시아 정부가 전력 분야 협력을 강화하기로 하면서 부활했다. 하지만 남북 관계가 요동치면서 전력망 연계 사업은 추진과 중단을 반복하게 되었다. 2009년 공동연구를 위한 양해각서가 체결되었지만 남북 관계가 경색되면서 중단되었다. 전력망 연계가 다시 수면 위로 떠오른 계기는 2013년 한-러 정상회담이었다. 이후 사업의 타당성을 검토하는 연구가 진행되었고 북한을 경유하는 4GW 규모의 전력망 연계 사업이 제안되었다. 연장선에서 한국과 러시아는 2015년 전력망 연계를 위한 협력을 강화하기로 다시 한번 약속한다.

다른 길을 밟던 한-중-일, 남-북-러 전력망 연계가 하나의 프로젝트로 구체화된 시점은 2017년 9월이다. 문재인 대통령은 제3차 동방경제포럼 연설을 통해 한-중-일, 남-북-러 전력망 연계를 포함한 동북아 슈퍼그리드를 제안했다. 이후 산업통상자원부가 내부 조직을 정비하고 동북아 슈퍼그리드를 구축하기 위한 방안을 구체화했다(산업통상자원부, 2017b). 이와 같은 흐름 속에서 2017~2018년을 거치며 한-중, 한-러 전력망 연계 사업 개발을 위한 합의각서가 체결되었고, 그 내용이 2019년 제3차 에너지기본계획에 반영되었다. 세부 내용을 살펴보면, 정부는 2022년 착공을 목표로 한-중 해저송전선로 공사를 추진하고 2020년까지 한-러 전력망 연계를 위한 공동연구를 진행한다(산업통상자원부, 2019). 아울러 전력망 연계를 고려하여 전력을 수입·수출할 수 있는 법적 근거를 마련하고 특수목적법인 설립을 추진하기로 한다. 지지부진한 한-일 선로의 경우 민간 사업자를 중심으로 공동조사를 시행하는 방안을 타진하기로 했다.

한국 정부가 구상하고 있는 동북아 슈퍼그리드 사업의 대략적인 규모는 한전의 "동북아 계통연계(전력망 연결) 추진을 위한 최적 방안 도출 및 전략 수립" 보고서(이하 동북아 계통연계 전략 수립 보고서)를 바탕으로 추정할 수 있다(《한국경제》, 2018). 이 보고서에 따르면, 동북아 슈퍼그리드 사업의 총투자비는 7조 2000억~8조 6000억 원가량이다. 구체적으로 중국 웨이하이와 인천을 해저 케이블로 연결하는 사업에 2조 9000억 원가량이 소요되고, 러시아 블라디보스토크에서 북한을 경유해 경기도 북부까지 내려오는 전력망을 구축하는 데 대략 2조 4000억 원이 필요하다. 한-일 전력망 연계는 경남 고성과 일본 기타큐슈, 마츠에를 해저 케이블로 연결하는 방안이 검토되고 있는데, 투자비는 1조 9000억~3조 3000억 원으로 예상하고 있다.

시기와 상황에 따라 강조점이 조금씩 다르지만 한국에서 동북아 슈퍼그리드가 추진되는 배경으로 언급되는 것은 크게 3가지다. 첫째, 동북아 슈퍼그리드를 통해 재생에너지의 공급 안정성을 높이고 재생에너지의 공급 가격을 낮출 수 있다(산업통상자원부, 2017a; 윤성학, 2018; 이성규·정규재, 2018; 홍건식, 2019). 이른바 "계통섬"의 한계는 정부 문서와 연구보고서는 물론이거니와 언론매체에도 자주 등장하는 서사다. 이에 따르면, 주변 국가와의 전력망 연결은 재생에너지의 간헐성 문제를 해결하고 전력의 공급 안정성을 높일 수 있는 효과적인 방안이다. 그렇게 몽골의 태양광과 사할린의 풍력이 해결사처럼 등장한다.

"재생에너지가 필요한 곳에는 에너지가 부족하고 재생에너지가 설치된 곳에서는 에너지가 남아돈다는 것이다. 이처럼 재생에너지는 지리적인 요건이 절대적이다. 하지만 몽골 사막의 남는 태양광 전력을 서울로 공급하고, 사할린에서 남는 풍력 전력을 일본 도쿄로 공급한다면 어떨까? 이처럼 다국가 간 광역 전력망 연계를 통해 전력자원을 상호 공유한다면 문제는 해결된다. 그게 바로 '슈퍼그리드'다."(오철, 2018a)

여기에 재생에너지를 싸게 이용할 수 있다는 기대가 추가된다. 국내에서 재생에너지 시설을 확충하기가 쉽지 않고 비용도 많이 들기 때문에 재생에너지를 수입하는 편이 낫다는 논리다. 이제 슈퍼그리드는 에너지 전환을 위한 비용 부담을 줄이는 것을 넘어서 전기요금을 인하하는 계기가 된다. 앞서 언급한 한전의 동북아 계통연계 전략 수립 보고서는 동북아 슈퍼그리드에 담긴 기대를 압축적으로 보여준다(《한국경제》, 2018). 이 보고서는 재생에너지의 간헐성으로부터 "계통섬"인 한국의 전력수급을 안정화하고 "탈석탄, 탈원전, 재생에너지 확대 등 에너지 전환 정책에 따른 전력수급 및 계통 불안정 우려를 해소할 수 있는 정책 수단"을 확보하는 것을 동북아 슈퍼그리드의 추진 배경으로 제시한다. 아울러 중국과 러시아로부터 전력을 수입하는 것이 국내에서 생산하는 것보다 더 저렴하다고 주장하며 구체적으로 1kWh당 약 3원까지 전기요금을 인하할 수 있다고 추정한다.

둘째, 동북아 슈퍼그리드는 남북 협력을 확대하고 동북아 평화체제를 구축하는 데 기여할 수 있다는 기대를 받고 있다.[14] 전력망 연계 사업을 매개로 국가 간 협력을 강화할 수 있을 뿐만 아니라 전력망 연계를 통해 상호의존성이 높아지면 장기적으로 긴장을 완화하는데 도움이 될 것이기 때문이다. 이와 같은 맥락에서 김종갑 전 한전 사장은 "그리드 연결이 된 국가 간의 관계는 특별"하며 동북아 슈퍼그리드는 "동북아 평화와 번영의 토대가 된다"고 이야기한다(《동아일보》, 2018). 비슷한 맥락에서 동북아 슈퍼그리드에 대륙과의 연결, 분단된 공간의 극복과 같은 외교 전략으로서 의미가 부여되기도 한다. 그렇게 "청정에너지 공동 활용 및 동북아 국가 간 협력 강화를 위한 동북아 슈퍼그리드 구축"이라는 전형적인 서사가 완성된다(한국전력 홈페이지 참고).

"동북아에너지 슈퍼그리드의 구현은 남북 분단으로 섬처럼 되어버린 한국을 에너지를 통해 대륙으로 연결한다. 북방경제협력의 일환으로 지속적으로 거론되어 온 남-북-러의 전력망 연계는 21세기 에너지 패러다임의 변화에 최대한 부합하면서 한국이 대륙으로 뻗어 나갈 수 있는 초석이 되며, 한반도가 동북아 에너지 흐름의 중심에 설 수 있는 기회가 될 것이다."(최재덕, 2018)

셋째, 상대적으로 덜 드러나는 추진 배경은 장거리 송전망 시장의 성장이다. 초고압직류송전HVDC은 교류송전에 비해 초기 투자비가 많이 드나 전압과 주파수가 달라도 상대적으로 쉽게 사용할 수 있다. 또한 초고압직류송전은 대용량의 장거리 송전이 용이하고 장거리 송전에 따른 전력 손실이 교류송전에 비해 적은 편이다. 이와 같은 기술적 장점으로 인해 초고압직류송전은 슈퍼그리드를 추진할 수 있는 기본 조건으로 자주 언급된다. 국내 기업 중 초고압직류송전과 가장 밀접하게 연결된 곳은 한전과 LS산전이다(《경향비즈》, 2018; 《디지털타임스》, 2018). 한전은 장거리 초고압직류송전망 구축을 새로운 사업 기회로 보고 있고 LS산전은 HVDC 케이블 기술을 보유한 국내 대표 기업이다. 단적인 예로, 한전은 2014년 GE와 합작사를 설립하여 제주에서 HVDC 실증단지를 운영했다. LS산전의 경우 2016년 북당진 -고덕 구간 HVDC 지중 케이블 공사를 수행했으며, 2016~2017년 미국 뉴욕 전력청, 싱가포르 전력청이 발주한 해저 케이블 프로젝트를 수주한 바 있다. 동북아 슈퍼그리드가 추진될 경우 이들은 가장 큰 수혜자가 될 것이다.

동북아 전력망 연계를 바라보는 시각이 국가마다 다르다는 점을 기억할 필요가 있다. 동북아 슈퍼그리드를 추진하는 이유 또한 제각 각이다.[15] 먼저 중국은 주변 국가에 대한 영향력을 확대하고 자국 내 전력수요를 충당하는 동시에 HVDC 기술을 수출하기 위한 방안으로 슈퍼그리드를 사고한다. 잘 알려진 대로, 중국의 글로벌 에너지 연계는 일대일로 전략과 밀접하게 연결되어 있다. 또한 중국 정부는 서북부 지역에서 생산한 전기를 동부 연안지역으로 송전하기 위해 장거리 송전망 구축을 서두르고 있다. 이를 통해 중국은 HVDC 시 장을 선점할 기회를 엿보고 있다. 러시아의 경우, 에너지·전력 수출 을 매개로 극동 지역을 개발하려는 의도가 강하다. 러시아 극동 지역 은 수력, 석탄화력, 천연가스 등 에너지 자원이 풍부하다. 하지만 소 련 붕괴 후 전력 수요가 감소하면서 유휴 설비가 늘었다. 이로 인해 러시아는 극동 지역의 에너지·전력을 수출하는 방안을 꾸준히 모색 해왔다. 에너지 수요가 많고 에너지 자원을 수입에 의존하는 한국과 일본, 중국만큼 안정적인 시장은 없다고 해도 과언이 아니기 때문이 다. 일본은 상황이 다소 복잡하다. 일본에서 가장 적극적으로 전력망 연계를 주창하는 곳은 일본 정부도, 전력회사도 아닌 통신회사를 모 태로 한 소프트뱅크다. 소프트뱅크는 전력을 값싸게 안정적으로 공 급할 수 있다는 주장을 앞세워 슈퍼그리드를 추진하고 있다. 그러나 일본 정부나 전력회사는 소극적인 태도를 취하고 있다. 몽골 정부의 경우 슈퍼그리드를 매개로 해외 투자 유치를 활성화하고 경제성장을 이끌 수 있길 기대하고 있다.

이처럼 각국의 상황이 복잡한 만큼 걸림돌도 많다. 먼저 몽골은 독자적으로 재생에너지 시설을 확충하고 장거리 송전망을 구축할 수 없는 형편이다. 재생에너지 자원이 풍부하다고 하나 해외 투자가 없으면 무용지물인 상황이다. 일본의 경우, 전력회사들이 슈퍼그리드 구축에 적극적으로 나설 유인이 약하다. 일본 내 재생에너지가 증가하고 전력수요가 정체된 만큼 전력회사들은 자신들의 지역 독점을 위협할 수 있는 전력망 연계 사업에 소극적이다. 일본 정부 역시 사할린-홋카이도 전력망 연계의 조건으로 쿠릴 반도 섬 반환을 내걸만큼 슈퍼그리드 사업에 미온적이다. 러시아는 수출할 전기는 있으나 장거리 송전망 기술, 해저 케이블 기술이 없다. 국내외 여건상 대규모 자본 조달과 투자 유치가 쉽지 않은 것도 러시아가 당면한 문제다. 한편 중국은 패권주의를 경계하는 주변국들의 우려를 말끔히 해소하지 못하고 있다. 즉 중국과 주변국의 영토 분쟁, 군비 경쟁 등이 슈퍼그리드를 가로막고 있는 장벽이 되고 있다.

환호와 냉소 사이의
동북아 슈퍼그리드

이질적 연결망에 대한 제한된 상상

전력망 연계를 위해 기술적, 경제적, 정치적으로 풀어야 할 난제가 많다는 사실은 자주 언급된다(김경술, 2015, 2017; 윤성학, 2018; 이성규·정규재, 2018). 먼저 주파수, 계통운영방식 등 기술 표준의 차이로 인한 문제를 해결해야 한다. 슈퍼그리드 사업의 경제성을 높이고 전력을 거래하는 일도 간단하지 않다. 장거리 송전망 건설을 위한 자본 조달, 전력 가격 및 거래량의 결정, 송전망 이용 요금 설정과 전력망 운영 기관의 설립 등 따져볼 문제가 한둘이 아니다. 그리고 무엇보다 장기 거래를 할 수 있는 신뢰가 형성되지 않으면 동북아 슈퍼그리드는 구상에 그칠 공산이 크다. 이와 같은 상황은 동북아 슈퍼그리드가 기술·경제·정치를 포괄하는 사회기술체제의 연결이라는 점을 상기시킨다. 또한 이것은 동북아 슈퍼그리드가 실현되기 위해 전력망 연계를 넘어서는 추진력을 확보해야 함을 뜻한다. 동북아 에너지협력에 대한 이재승(2007)의 평가처럼, 동북아 슈퍼그리드를 가시화하기 위해서는 전력망 연계를 넘어서는 상위 정치적 요소들이 뒷받침되어야 한다. 다시 말해 전력망 연계를 매개로 더 큰 정치경제적 목표를 달성하겠다는 확실한 의지와 구체적인 방안이 있어야 한다. 하지만 과거사 및 영토 분쟁, 북핵, 지역 내 패권 경쟁 등 지정학적 불안 요소는 넘치는 데 반해 전력망 연계를 이끌어갈 지역 내 전력망 협의체 활동은 미약하다(이성규·정규재, 2018). 유럽연합이나 남부 아프리카 등에서 전력망이 연결될 때 지역 내 협의체가 중요한 역할을 했다는 점을 고려하면 동북아 슈퍼그리드의 토대는 대단히 취약하다.

따라서 대규모 사업에 대한 과장된 기대와 편향된 전망이 동북아 슈퍼그리드 구상에 담긴 것은 아닌지 따져볼 필요가 있다. van de

Graaf와 Sovacool(2014: 24-25)은 고비텍이 복잡한 이해관계를 외면한 채 과장된 기대에 현혹되어 비용 초과의 가능성을 간과했다고 비판한 바 있다. 아울러 이들은 고비텍이 몽골에 다양한 사회적, 환경적 피해를 야기할 수 있다고 지적했다.[16] 조금 더 멀리 보면 좌초된 데저텍에서도 비슷한 문제가 불거졌다. 눈앞의 미래처럼 그려졌던 데저텍은 2013-14년 지멘스Siemens, 보쉬Bosch 등 주요 기업이 이탈하면서 위기를 맞았다. 이후 DIIDesertec Industrial Initiative의 두바이 이전을 계기로 데저텍의 부활을 꿈꿨으나 유럽과 중동, 북아프리카의 전력망을 연결하는 사업이 아닌 모로코에 집중 태양열 발전소를 건설하는 사업으로 축소되었다(Schmitt, 2018). 데저텍 역시 고비텍과 유사하게 이해관계자의 분열, 가격 경쟁력 하락, 장거리 송전망 구축, 정치적 불안정성 증대, 테러 위험성, 토지 및 물 사용 갈등 가능성과 같은 문제를 풀지 못했다(van de Graaf and Sovacool, 2014). 상황은 동북아 슈퍼그리드도 크게 다르지 않지만 적어도 언론매체의 보도에서는 낙관적 기대가 훨씬 더 우세하다. 즉 "전 세계적으로 논의는 활발하나 현실적으로 많은 난관이 존재한다"면서도 "느리더라도 결국은 현실화할 것으로 예상"한다(《한국경제》, 2018).

또 하나 눈여겨볼 점은 동북아 슈퍼그리드 논의가 전력시장의 자유화를 가정할 때가 많다는 사실이다(김경술, 2015, 2017; 이성규·정규재, 2018). 이들은 전력시장을 개방하지 않으면 해외 투자를 유치하기 어렵고, 해외 투자가 없으면 대규모 발전 시설과 장거리 송전망을 건설하기 어렵다고 말한다. 또는 전력시장을 자유화해야 기업들이 동북아 슈퍼그리드 사업에 참여할 유인이 생긴다고 주장한다. 독립적인 송전망 운영과 가격 결정, 정보 공개 역시 전력망 연계의 선결 조건처럼 제시된다. 문제는 동북아 슈퍼그리드는 자본주의와 사회주의 경제 시스템이 마주치는 지점에 있다는 점이다. 하지만 중앙정부의 통제 아래 수직통합된 국영기업이 전력망을 지배하는 상황에서 전력망을 연결할 수 있는 다른 방안은 없는지 충분히 논의되지 않고 있다. 전력망 연계가 사회기술체제의 연결, 다시 말해 이질적 연결망을 구축하는 일이라는 점은 어느 정도 인지되고 있으나 이질적 체제의 공존 가능성에 대한 논의는 제한적이다. 현실적인 전망으로서 누더기처럼 연결된 혼합 모델이나 기대 섞인 전망으로서 호혜성에 입각한 전력망 연결은 중요한 고려 사항이 아니다. 지배적인 동북아 슈퍼그리드 논의에서 전기는 수익을 추구하는 기업의 상품이 되어야 송전망을 따라 흐를 수 있다.

동북아 슈퍼그리드 논의에서 북한의 역할을 사고하는 방식도 되짚어볼 필요가 있다. 예측하기 어려운 북한의 상황은 동북아 슈퍼그리드 사업의 불확실성을 높인다. 한-중-일 전력망이 북한을 경유할 수 있다면 값비싼 해저 송전선로를 깔지 않고 신속하게 사업을 추진할 수 있는 만큼 사업의 경제성을 높일 수 있다. 남-북-러 전력망 연계는 북한이 참여하지 않는다면 사실상 불가능하다. 이와 같은 맥락에서 동북아 슈퍼그리드의 추진력을 높이기 위해 북한이 합류하길 기대하는 것은 자연스럽다(《에너지신문》, 2018;《주간한국》, 2018). 하지만 동북아 슈퍼그리드 논의에서 북한은 수동적 존재로 대상화된다.

북한 당국의 입장이 분명치 않은 탓도 있지만, 동북아 슈퍼그리드 논의에서 북한은 송전망 통과국이거나 전력 부족 국가에 불과하다. 따라서 송전망이 북한을 경유하는 대가로 비용을 지급할 것인지, 전력을 공급할 것인지, 아니면 다른 방안으로 할 것인지에 대한 논의는 무성하지만 에너지 전환의 시각에서 북한과 어떤 관계를 맺을 것인지는 공백처럼 남아 있다. 여기에 전력시장 자유화 가정이 맞물려 상업적 수요가 없어서 자본 투자를 해도 회수가 어려운 만큼 소유, 운영체계의 변화가 필요하다는 진단이 덧붙여진다(김경술, 2015, 2017). 물론 북한을 수동적 존재로 대상화하는 것은 동북아 슈퍼그리드만의 문제는 아니다. 지금까지 다양한 형태의 남북한 에너지협력 방안이 논의되었지만 북한을 에너지 전환의 주체로 바라보는 경우는 거의 없었다(홍덕화, 2018). 재생에너지 중심의 에너지협력에서도 북한은 남한으로부터 재생에너지를 지원받는 존재로 치부되는 경향이 있다. 북한이 자구책으로 찾은 "1지역 1발전소 정책", "자연에네르기" 정책, 농촌 메탄가스 활용 기술 등은 한반도 에너지 전환에 활용될 수 있는 실험으로서 의미를 부여받지 못한다. 북한이 "강요된 에너지 자립화"의 길을 걸으며 축적한 경험들을 토대로 (지역)에너지 전환을 촉진하고 재생에너지 독립망을 늘리는 것과 같은 다른 형태의 에너지 전환 협력은 기존의 시각을 답습하는 데 머물러 있는 동북아 슈퍼그리드에서는 보이지 않는 길로 남아 있다.

평화적 성장을 위한 에너지 안보

동북아 슈퍼그리드는 2014년 제2차 에너지기본계획, 2017년 제8차 전력수급기본계획, 2019년 제3차 에너지기본계획을 거치며 정부 정책으로 자리 잡았다(산업통상자원부, 2014, 2017a, 2019, 2020). 앞서 이야기했듯이, 정부가 동북아 슈퍼그리드를 추진하는 공식적인 이유는 공급 안정성의 강화다. 제3차 에너지기본계획에서 동북아 슈퍼그리드가 "깨끗하고 안전한 에너지 믹스로의 전환" 중 "공급 안정성 제고를 위한 에너지 안보 강화" 과제로 추진되고 있다는 사실이 이를 잘 보여준다. 여기에 "에너지 국제 공조 체계 강화", "동북아 역내 긴장 완화"가 동북아 전력망 연계의 필요성으로 추가된다.

에너지 정책에서 동북아 슈퍼그리드가 차지하는 비중은 아직 크지 않다. 다만 동북아 전력망 연계가 구체화되면서 스마트그리드나 분산형 발전 전망과 경합할 가능성이 생기고 있다. 기본적으로 슈퍼그리드는 기존 전력체계를 유지한 상태에서 이웃 국가의 전력망을 활용하는 전략이다. 슈퍼그리드 전략은 공급 안정성을 우선시하고 대규모 발전시설과 장거리 송전망을 늘린다는 점에서 분산형 발전의 확대와 수요-공급의 효율적 관리를 중시하는 스마트그리드나 지역화, 독립망 전략과 충돌한다. 경합의 징후는 이미 한국의 재생에너지 보급 정책에서 나타나고 있다. 문재인 정부는 재생에너지 3020 계획을 발표하며 대규모 재생에너지 사업과 함께 소규모 국민참여형 사업을 지원하는 정책을 도입했다. 100kW 이하 소규모 사업 지원, 소형 태양광 고정가격계약(한국형 FIT) 제도 도입, 에너지 협동조합·시민펀드와 같은 시민 참여 모델 지원 확대 등이 대표적인 방안이다. 하지만 일각에서는 소규모 참여형 사업과 대규모 사업을 병행하는 이중 전략의 성공 가능성에 우려를 표명한다(한재각·이정필, 2018). 이에 따르면, 정부가 공기업과 산하기관을 동원해서 대규모 사업을 독려하고 대기업과 금융기관이 자본을 앞세워 대규모 사업에 뛰어드는 상황에서 소규모 참여형 사업은 뒷전으로 밀리기 쉽다. 여기에 동북아 슈퍼그리드까지 합세한다면, 전환 경로의 무게추는 더 기울 것이다. 비슷한 예로 동북아 슈퍼그리드는 지역에너지 전환, 공동체 에너지, 에너지 분권과 같은 흐름을 위축시킬 수 있다. 최근 '지역에너지 전환전국네트워크'와 '기후위기대응·에너지전환 지방정부협의회'를 중심으로 지역에너지 전환을 추진하는 움직임이 활발해지고 있다(공혜원 외, 2020; 한재각·김현우, 2019). 지역에너지와 에너지 분권을 외치는 이유가 조금씩 다르지만 에너지체계에 대한 지역사회의 통제력을 강화하는 형태로의 에너지 전환을 추구한다는 점에서 중앙정부의 동북아 슈퍼그리드 구상과 거리가 있다.[17] 이와 같은 슈퍼그리드와 스마트그리드, 지역화 사이의 긴장이 격화될지, 아니면 봉합되거나 새로운 형태로 변형될 것인지는 아직 알 수 없다. 다만 동북아 슈퍼그리드 구상이 가시화될수록 시민사회가 주도하는 에너지 전환과의 충돌은 불가피해보인다.

한편 동북아 슈퍼그리드와 에너지 안보의 관계는 이중적이다. 전력망이 연계되면 재생에너지의 간헐성 문제를 완화하여 전력 공급의 안정성을 높일 수 있다. 그러나 국가 간 갈등이 격화되어 전력망이 차단될 경우 파급 효과는 훨씬 더 크고 즉각적일 수 있다. 또한 전력망이 확대될수록 외부 공격에 노출되기 쉬울뿐더러 사고와 재난에 대응하는 것이 까다로워진다. 흥미롭게도 동북아 슈퍼그리드의 취약성에 대해서는 보수적인 찬핵 진영이 먼저 문제를 제기했다. 대표적으로 2018년 12월 한전의 동북아 계통연계 전략 수립 보고서의 내용이 알려지자 자유한국당은 비판 성명을 발표했다. 일부 언론매체에서도 비슷한 문제를 제기했다.

> "에너지뿐만 아니라 경제는 남에게 신세 지지 않고 자립할 수 있다면 그 이상 좋을 수가 없다. 잘할 수 있는데 구태여 중국에서 수입해오자는 발상을 어떻게 할 수 있을까? 산업 사회에서 에너지보다 더 중요한 경제재는 없다. 우리나라의 에너지 문제를 짊어진 한전이 에너지를 자립할 생각은 하지 않고 스스로 에너지 속국으로 전락하겠다는 발상을 한다는 것은 국제적인 나라 망신이다."(남부섭, 2018)

이에 대해 산업통상자원부는 "탈원전, 탈석탄 등 에너지 전환 정책 때문에 동북아 슈퍼그리드를 추진한다는 주장은 사실이 아니다"라고 해명하며 "동북아 슈퍼그리드는 '계통섬'이라는 지리적 한계를 탈피하기 위해 과거 정부에서부터 추진해왔던 사업"이라고 반박했다(《한국경제》, 2018). 자유한국당과 보수 진영의 동북아 슈퍼그리드 비판은 궁극적으로 탈핵 정책을 반대하기 위한 목적이었으나 슈퍼그리드의 이중적 안보 효과가 드러났다고 볼 수 있다.

따라서 동북아 슈퍼그리드가 가정하는 에너지 안보를 조금 더 자세히 따져볼 필요가 있다. 주지하듯이, 한국은 화석연료 수입 의존도가 대단히 높다. 국내에서 생산되는 화석연료가 거의 없는 만큼 수출 제조업을 키우려면 안정적인 에너지 공급이 절대적으로 필요했다. 경제성장을 위해 더 많은 에너지를 값싸고 안정적으로 공급해야 한다는 주장은 난공불락의 요새였다. 한편 석유, 석탄, 천연가스를 수입에 의존해야 하는 상황은 "준국산 에너지"인 원전의 확대를 정당화하는 사회적 조건을 형성했다. 그리고 원전 확대가 에너지 공급 안정성을 높이는 주요 수단이 되면서 "계통섬" 이미지가 에너지 안보를 상상하는 데 적지 않은 영향을 미쳤다. 즉 "준국산 에너지"를 늘리는 것이 에너지 안보를 강화하는 주된 수단으로 정당화되는 동시에 에너지 안보를 위해 "고립된 섬"에서 벗어나야 한다는 열망이 강화되었다.

문제는 한국이 에너지 과잉 소비사회라는 사실을 더는 외면할 수 없게 되었다는 점이다. 에너지 소비량을 줄이지 않은 채 더 많은 에너지를 안정적으로 공급하겠다는 생각은 한국의 온실가스 배출량을 고려할 때 무책임한 일이 아닐 수 없다. 실체가 불분명한 "준국산 에너지"라는 명목으로 핵발전의 위험을 증폭시키는 것이 답이 될 수도 없다. 재생에너지의 공급 확대를 목표로 하는 동북아 슈퍼그리드가 에너지 과잉 소비 문제를 해결해주는 것도 아니다. 에너지 소비 수준을 우회한 채 해결책을 찾는 것은 거의 불가능하다. 경제성장과 에너지소비의 탈동조화decoupling를 둘러싼 논쟁이 펼쳐지고 있지만, 지구적 차원의 탈동조화나 여러 산업을 아우르는 포괄적인 탈동조화의 근거가 희박하다는 탈성장론자들의 주장이 힘을 얻고 있다(Hickel and Kallis, 2019). 따라서 동북아 슈퍼그리드를 통해 재생에너지 공급을 대폭 늘린다고 해도 그것이 경제성장을 위한 공급 안정성에 초점을 맞추는 한 탈동조화는 헛된 기대가 될 가능성이 크다.

나아가 코너하우스(2015)의 해석을 따른다면, 동북아 슈퍼그리드 구상 속 에너지 안보는 국가와 자본, 경제성장을 위한 것이다. 만약 북한과 몽골, 중국 등 동북아 지역의 에너지 빈곤층을 우선적으로 고려한다면 에너지 전환과 전력망 연계 방식은 다른 모습을 할 것이다. 아울러 남북 협력과 동북아 지역의 긴장 완화를 앞세우고 있지만 동북아 슈퍼그리드 구상이 모색하는 평화는 어디까지나 안정적인 성장을 위한 평화다. 그래서 전력망 연결을 포함하여 가스관과 철도 연결 등 북방 정책은 기본적으로 새로운 성장 동력 창출의 계기나 공간 개척의 기회로 그려진다(성원용, 2019). 평화적 성장을 위한 매개로 여겨지는 만큼 동북아 슈퍼그리드 구상에서 지속가능성은 재생에너지의 공급 확대로 치환된다. 즉 동북아 슈퍼그리드 구상 속에 평화와 지속가능성을 동시에 충족시킬 방안에 대한 고민은 깊지 않다. 물론 평화를 위해 지속가능성을 포기하거나 지속가능성을 위해 평화를 외면하는 것이 미래를 위한 선택은 아닐 것이다. 평화를 위해 어떤 형태든 에너지 "협력"에 집중하고 에너지 "전환"은 잠시 미뤄두는 접근을 전략적인 판단이라 말할 수 있을지는 몰라도 기후위기 시대에 적합한 답이 되기는 어렵다. 따라서 동북아 슈퍼그리드는 평화와 지속가능성을 동시에 촉진할 방안을 더 깊게 탐색하도록 요구하고 있다. 정의로운 전환이 필요한 만큼 정의로운 협력의 길을 찾아야 하는 과제가 남아 있는 것이다. 달리 말하면, 동북아 슈퍼그리드가 기후정의가 주창하는 역사적 책임, 또는 감축과 수렴 원칙에 부응하는 온실가스 감축을 위한 협력 방안인지 되묻고, 아니라면 더 나은 길을 찾아야 하는 상황이다.

마지막으로 탈동조화가 일어난다고 해도 에너지정의의 측면에서 동북아 슈퍼그리드가 바람직한 미래를 보장하지는 않는다. 전력망 연계를 통한 재생에너지 공급 확대는 국내에서의 전환 압력을 회피하는 방안이 될 수 있기 때문이다. 즉 전력망 연계를 통한 에너지 전환은 공간적, 환경적 불평등을 해소하는 것이 아니라 다른 지역으로 이전시켜 저항을 무마시키는 전략으로 변형될 수 있다. 에너지체계의 전 과정을 놓고 본다면, 대규모 시설과 장거리 송전망 건설 과정에서 발생하는 피해는 해소되는 게 아니라 특정 지역으로 전가될 때가 더 많다. 덧붙여 현재의 동북아 슈퍼그리드 구상은 시민 없는 에너지 전환에 가깝다. 에너지 민주주의, 공동체 에너지 담론이 확산되는 것에서 알 수 있듯이 능동적인 에너지 시민이 곳곳에서 나타나고 있다. 하지만 동북아 슈퍼그리드 구상에서 시민들은 수동적인 소비자에 불과하다. 동북아 슈퍼그리드가 그리는 미래에서 에너지 전환의 주인공은 국가와 대기업, 금융기관이고 시민은 구경꾼에 불과하다.

슈퍼그리드에 대한
다른 상상은 가능한가

에너지 전환 경로를 둘러싼 경합은 이제 시간문제다. 에너지 전환 정책은 강화되고 있고 재생에너지 산업은 나날이 성장하고 있다. 시민사회에서는 에너지 전환을 넘어 정의로운 전환을 촉구하는 목소리가 커지고 있다. 에너지 사회기술체제 또는 에너지 경관의 변화를 놓고 다양한 힘들이 뭉치고 충돌하는 일이 늘고 있는 만큼 에너지 전환을 상상하고 실천하는 방식이 분화되는 것은 피할 수 없는 현실이 되었다.

전환 경로를 둘러싼 경합을 이끄는 힘 중 하나는 사회운동을 매개로 분출되는 규범적 요구이다. 에너지정의, 에너지 민주주의, 공동체 에너지, 에너지 공유재 등 새로운 담론과 사회운동이 빠르게 확산되면서 바람직한 전환 경로에 대한 논의를 이끌고 있다. 아울러 남북관계의 변화를 고려해서 에너지 전환의 스케일을 남한과 북한을 아우르는 범위로 확장하고 에너지 협력을 넘어선 에너지 전환 협력을 모색할 필요성이 커지고 있다. 전환 경로로서 슈퍼그리드를 재조명할 이유가 여기에 있다. 슈퍼그리드와 스마트그리드, 독립망은 단순히 전력망의 크기가 다른 것이 아니라 상상하는 에너지 전환의 미래 자체가 달라진다. 따라서 에너지정의, 에너지 민주주의, 에너지 안보 등 다양한 측면에서 이 차이를 정확히 인식해야 에너지 전환에 대해 더 깊게 논의하고 더 나은 선택을 할 수 있다.

지금까지 다양한 형태의 동북아 슈퍼그리드가 제안되었다. 한국

정부는 한-중-일 전력망 연계와 남-북-러 전력망 연계를 중심으로 동북아 슈퍼그리드의 가능성을 탐색하고 있다. 그동안의 동북아 슈퍼그리드 논의를 살펴보면, 기술적, 경제적, 정치적 조율이 필요하다는 사실은 비교적 폭넓게 인지되고 있다. 그러나 이질적 연결망을 구축하는 작업으로서 동북아 슈퍼그리드의 의미는 충분히 검토되고 있지 않다. 이로 인해 대규모 사업의 실패 가능성은 쉽게 낙관적 전망으로 대체된다. 아울러 동북아 슈퍼그리드가 자본주의와 사회주의 경제 시스템의 경계에 있다는 사실이 충분히 논의되지 않고 있다. 그 결과 동북아 전력망 연계는 이질적인 체제들 간의 연결이 아닌 전력 시장의 자유화를 암묵적으로 전제하는 경향이 있다. 상품이 아닌 형태로의 흐름, 장거리 송전망을 통하지 않는 에너지 전환의 가능성은 축소된다.

동북아 슈퍼그리드는 잠재적으로 전환 경로를 둘러싼 경합을 격화시킬 수 있다. 특히 슈퍼그리드를 매개로 대규모 재생에너지 시설이 확산될수록 지역에너지, 공동체 에너지, 에너지 공유재 등 분산형 재생에너지에 기초한 공유화의 경로가 위축될 가능성이 크다. 한편 동북아 슈퍼그리드가 추구하는 에너지 안보는 경제성장을 위한 안정적인 공급에 초점이 맞춰져 있다. 또한 동북아 슈퍼그리드 구상에서 기반시설의 취약성에 대한 고려는 부차적이고 지속가능성에 대한 관심은 피상적이다. 나아가 동북아 슈퍼그리드는 에너지 불의injustice에 대한 논란을 남긴 채 시민 없는 에너지 전환의 길을 제시한다. 따라서 현재의 동북아 슈퍼그리드 구상은 평화를 실현하는 동시에 지속가능성과 민주주의를 강화해야 하는 시대적 상황에 걸맞은 바람직한 미래로 평가하기 어렵다.

전력망 연계는 에너지 경관이 변하는 중요한 계기다. 다만 전력망 연계는 다양한 형태로 열려있으며 다차원적인 선택의 문제를 함축하고 있다는 점을 기억할 필요가 있다. 현재의 동북아 슈퍼그리드 구상에 한계가 있다고 해서 한반도 에너지 전환을 모색할 때 동북아 지역의 전력망 연계, 나아가 남한과 북한을 포함한 동북아 에너지협력을 배제할 필요는 없다. 시민사회가 주도한 에너지 교류·협력의 경험이 이미 존재하며 "1지역 1발전소" 등 에너지 전환 과정에서 재해석할 사례도 있다. 즉 에너지 전환의 주체, 기술, 제도 등 전환 경로에 대해 논의한 것보다 논의하지 않은 것들이 아직 더 많다. 따라서 막연히 환호하거나 실현가능성을 냉소하기에 앞서 전력망 연계가 촉발할 수 있는 사회기술체제의 변화를 차분히 따져볼 필요가 있다. 그래야 국가와 자본이 제시하는 전환 경로의 가능성과 한계를 직시하고 다른 길을 더 넓게 상상할 수 있다. 동북아 슈퍼그리드는 환호의 대상이 아니라 전환 경로를 성찰하는 계기가 되어야 한다.

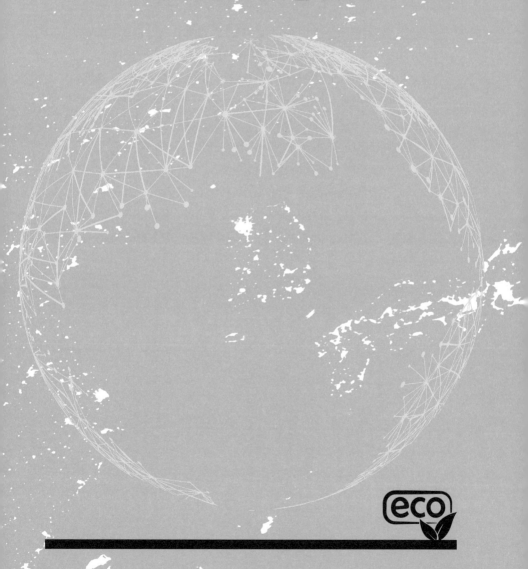

5

한반도 에너지 전환 경로와
시나리오 구상하기

eco

이정필·권승문

한국에서 통용되는 에너지 전환과 에너지 협력 담론은 상호 융합되지 못하고 있다. 에너지 전환은 일국적 차원에서 중앙과 지방의 관계에 집중하고 있는 반면, 에너지 협력은 전통적 에너지 안보관에 머물러 있다. 이런 상황에서 북한과 한반도는 에너지 전환의 공백상태로 남아 있다. 한반도 에너지 전환은 남한 에너지시스템과 북한 에너지시스템의 만남을 넘어서 에너지시스템이 상호교차하면서 형성하는 연대의 공간을 의미한다. 에너지 전환 시나리오 작성은 바람직한 미래를 규범적으로 탐색하는 작업이다. 한반도 에너지 전환 시나리오를 예비적으로 구상하고 재해석하는 환류 과정을 통해 전환 과정에서 발생할 긍정과 부정이라는 이중의 계기를 전망하고, 관련 쟁점들을 도출할 수 있다. 이로써 한반도 에너지 공동체 담론에 대해서도 성찰적으로 검토할 수 있게 된다.

한반도 에너지 전환의
상상력

왜 '한반도 에너지 전환'인가? 세계 곳곳에서 에너지 전환과 기후위기 대응에 대한 관심이 증가하고 있고, 한국 역시 정부 차원에서 에너지 전환을 추진하고 있다. 에너지 전환 시대 이전에도 남북 에너지 교류 협력이 검토되거나 추진되었던 만큼 남북관계에 일정 수준의 성과가 나온다면, 그런 흐름 속에서 에너지 교류 협력은 블루오션이 될 것으로 예상된다. 국내 및 국제 공적 영역은 물론 사적 영역과 시민사회 모두 각자의 입장과 다양한 차원에서 남북 에너지 교류 협력에 관심을 보이고 있다. 이미 북한 자체적으로도 '자연에네르기'에 관심을 두고 관련 계획 및 정책을 수립하고 기술개발에 나서고 있으며, 민간 영역에서 태양광 등 일부 재생에너지가 확대되고 있다. 남북 (재생)에너지 교류 협력, 나아가 '한반도 에너지 공동체'의 당위성과 필요성도 인정되고 있다. 하지만 에너지 공동체에 대한 인식 차이와 이를 실현하는 과정에서 제기될 정치적, 경제적, 사회적, 환경적 쟁점은 무수히 많으며, 관련 연구와 논의는 거의 없는 상황이다.

심지어 최근까지 북한은 한국 사회와 국제사회에서 평가 대상이 아니거나 '자료 없음'으로 분류되어 공백 상태로 남아 있다. 에너지와 기후변화 관련 평가지수를 살펴보면, 북한은 존재감이 없다. 기후위기지수Global Climate Risk Index 한국 81위: 북한 없음, 기후변화대응지수Climate Change Performance Index 한국 58위: 북한 없음, 에너지전환지수Energy Transition Index 한국 48위: 북한 없음, 에너지트릴레마지수World Energy Trilemma Index [1] 한국 37위: 북한 없음 등. 몇몇 추정치와 북한 발표 자료가 있긴 하지만, 그 실상을 파악하는 데는 한계가 있다. 북한이 에너지 전환과 기후변화 대응을 어떻게 인식하고 실천하는지, 이에 대한 우리의 무관심도 이 한계를 극복하지 못하게 만드는 데 일조하고 있는지 모른다.

이런 배경에서 이 글은 남한과 북한을 포괄하는 한반도에 초점을 맞추고, 한국 에너지 전환론을 한반도 에너지 전환론으로 확장하려는 의도에서 출발한다. 이를 위해서는 기존 에너지 전환론의 창조적 갱신이 다각도에서 체계적으로 기획되어야 한다. 그러나 최근까지 일부 사례를 제외하면, 이렇다 할 연구 성과가 쌓이지 않고 있고, 오히려 '에너지 전환' 연구와 '에너지 협력' 연구가 연결되지 못하고 있는 실정이다. 예컨대, 《한국의 에너지 전환과 북방 경제협력》(김연규, 2018)은 사실상 기존 에너지 안보 관점을 유지한 채 한국과 동북아의 에너지 협력에 치우친 나머지 에너지 전환의 관점은 부재하고 배경적 요소로 방치된다. 반면, 《한국의 에너지 전환: 관점과 쟁점》(김연규 엮음, 2019)은 에너지 전환의 이론과 현장을 다루지만, 한반도 및 동북아와의 관계를 조망하지 않는다. 두 단행본이 지닌 장점에도 불구하고, 한반도 에너지 전환론의 문제의식은 찾기 어렵다.

앞서 살펴봤듯이 '다중 스케일적' 관점을 한반도에 대입하려면, 남한, 북한과 동북아를 가로지르는 복잡한 동학을 검토해야 한다. 북한의 국가·지역에너지시스템의 성격과 특징, 남한의 국가·지역에너지시스템의 성격과 특징, 그리고 남한과 북한의 에너지시스템의 결합·연결의 원칙과 방향 설정을 중요하게 고려해야 한다. 동북아의 에너지 네트워크·그리드 역시 이런 결합·연결 방식에 영향을 미치게 된다. 북한의 붕괴된 경성에너지시스템 및 자생적 변화 가능성, 남한의 에너지시스템 전환의 경로 및 성과, 한반도를 둘러싼 거시환경이라는 각각의 구성요소들의 상호관계 및 그 변화가 한반도 에너지 전환의 경로 및 잠재력을 규정한다.

무엇보다 이 글은 한반도 에너지 전환 경로에 주목한다. 남북관계의 해빙국면을 대비하고, 한국 에너지 전환의 시작 단계를 고려하며, 북한의 최근 변화를 감안하면서, 한반도 에너지 전환론에 기여할 목적에서 '한반도 에너지 전환 시나리오'를 구상하는 예비 작업을 수행한다. 에너지 전환 경로와 시나리오 작성은 단순한 미래 예측이 아니라 한반도 에너지 전환론에 상상력을 불어넣기 위한 전망적 접근이다. 1970년대 오일쇼크 이후 여러 불확실성 속에서도 바람직한 에너지시스템 전환을 지향하는 일련의 흐름(Lovins, 1976)이 형성되었고, 최근 기후변화를 비롯한 생태위기 상황에서 '미래를 비우고 채워나가는', 즉 서로 경합하는 다양한 요소들을 관통하면서 의사결정이 이뤄지는 방식의 에너지 미래학적 접근(Groves, 2017)이 유용하다고 생각되기 때문이다.

국제안보 전문가인 귄 다이어(2011)는 식량난으로 북한 정권이 붕괴되어 한국에 흡수되고, 한반도 전체가 곤경에 처하는 미래 시나리오를 예견한 적이 있다. 석유생산 정점peak oil이 닥친 사회를 전망하면서 역사적 사건에서 유추해 일본의 약탈적 군사주의(1918~1945년), 북한의 고난의 행군(1990년대), 쿠바의 사회경제적 적응(1990년대)이라는 세 가지 경로를 예시한 연구도 있다(Friedrichs, 2010). 2050년 통일 한국을 이루는 과정을 미래 시나리오 기법을 통해 평양과 북한 도시의 프로젝트들을 디자인한 애니 페드렛(2018)은 평양 외곽의 핵발전소 폭발 사고 이후의 모습도 담고 있다. 이 세 사례 모두 흥미롭지만 비관적이다. 에너지 전환을 통해 우리가 바라는 미래는 결코 아니다. 최악의 시나리오를 대비하는 대책도 필요하겠지만 우리의 몫은 아니라고 생각한다. 우리가 제시하는 한반도 에너지 전환 경로와 시나리오는 다른 에너지 미래를 상정하는데, 개연성과 대표성을 충족한다고 주장하지 않는다. 에너지 전환의 다양한 스펙트럼을 고려하고 미래를 비판적으로 구성하는 데 도움이 되길 기대한다. 따라서 한반도 에너지 전환의 예비적 구상은 독일처럼 급작스러운 흡수 통일이나 북한의 급변 사태를 대비하는 것이 아니라 한반도 평화체제의 유형과 단계가 다양하다는 점을 전제한다.

본문 2절에서는 에너지 전환론을 이론적으로 검토하는데, 우선 사회-공간적 측면을 강조하는 '에너지 전환의 지리학'의 최근 동향을 파악한다. 이를 통해 에너지시스템을 둘러싼 다양한 행위자와 다양한 스케일의 동학에 주목한다. 다음으로 에너지 전환의 경로와 시나리오를 둘러싼 갈등론적 특성을 강조하는데, 복수의 전환 경로들이 경합하는 의미와 그 원인에 대해 이론과 사례를 통해 살펴본다. 3절에서는 자료 부족에도 불구하고, 획득 가능한 수준에서 북한 에너지 관련 자료를 활용해 에너지 수급 현황 및 최근 정책 동향을 검토한다. 남한과의 비교분석은 한반도 에너지 전환을 모색하는 데 필요한 기초 정보로 활용된다. 4절에서는 한반도 에너지 전환의 경로와 시나리오를 구상하기 위해 존재론적 가정에서 시작해 '기준 시나리오'와 '전환 시나리오'를 작성한다. 두 에너지 시나리오를 통해 한반도 에너지 전환의 이론적, 실천적 쟁점을 도출하고 토론한다. 그리고 남한과 북한을 넘어서는 새로운 에너지 전환의 공간 창출을 예시하는 방향으로 전환연구의 관점 선회를 요청하고, 동시에 한반도 에너지 공동체 담론을 비판적으로 사유하고자 한다. 마지막 결론 5절은 한반도 에너지전환론에 필요한 후속 연구 과제를 제안한다.

에너지 전환론의
이론적 검토

에너지 전환의 사회공간적 관점

경성에너지시스템hard energy system에서 연성에너지시스템soft energy

system으로의 전환은 에너지원의 전환, 에너지 이용의 의미 전환, 에너지 이용자의 행동·규범의 전환, 에너지 생산·소비의 공간적 배치의 전환, 생태환경과 건조환경의 전환, 에너지 생산·공급의 소유·운영·관리 주체의 전환, 에너지-사회시스템의 전환에 이르기까지 다양한 측면에서 검토해야 한다(Devine-Wright, 2007; 이정필, 2015). 특히 에너지 전환을 비롯한 지속가능성 전환Sustainability Transitions에 대해서 다중 행위자multi-actor와 다중 스케일multi-scalar의 맥락적 이해가 강조되는데, 거시환경-레짐-틈새라는 다층적 접근의 구성 요소와 상호작용의 동학이 행위자와 함께 공간 차원과도 결합되어 있기 때문이다.

3장에서 살펴봤듯이 에너지 전환의 지리학Geographies of energy transition 혹은 지속가능성 전환의 지리학geography of sustainability transitions은 에너지 전환을 경제적, 사회적 행위의 공간적 패턴의 재배열·재구성과 관련되는 지리학적 과정이라고 강조하면서, 가능하거나 바람직한 에너지 미래를 선택하는 데 유용한 일련의 지리학적 개념들을 제공한다(Bridge et al., 2013; Späth and Rohracher, 2014). 에너지 경관energy landscapes은 에너지 확보, 변환, 분배, 소비와 관련된 활동들과 사회-기술적 연결들을 묘사하는 개념으로, 사회적 과정의 산물이자 사회 세력들의 갈등과 협상의 결과로 나타난다(Bridge et al., 2013). 탄소 경관carbonscapes도 에너지 경관과 유사한 방식의 조어인데, 에너지가 아닌 탄소에 초점을 맞춘다(Haarstad and Wanvik, 2017). 반면, 위험 경관riskscapes 개념은 에너지 경관과 탄소 경관 개념보다 그 위험의 속성을 강조하고, 다중 스케일적 접근에 적극 활용할 수 있다(황진태, 2016).

에너지 전환은 경관 전환과 직접적으로 관련된다는 점에서, 그리고 에너지 경관이 에너지 전환의 사회–공간적 측면을 부각할 수 있다는 점에서 유용하다.

최근 (에너지) 전환의 지리학은 전환의 공간적 공통점과 차이점을 설명하고, 제도 설정, 지방 문화, 사회적 네트워크, 특정 인프라스트럭처 및 자원과 같은 장소 기반 요소들이 어떻게 전환을 창출하고 진화를 가능하게 하는지, 아니면 그 반대로 그것을 억제하는지에 주목한다. 나아가 서로 다른 장소 사이에서의, 다른 스케일 사이에서의 지방 실험과 기술 발전의 전파, 그리고 지식과 기술이 이동하는 혁신 네트워크에 초점을 맞추고 있다(STRN, 2019: 26). 이런 점에서 에너지 전환에 따른 지리학적 미래는 매우 다양하게 열려 있는 것으로 이해할 수 있다. 에너지 전환의 사회–공간적 변화가 반드시 '중앙 집중·집권적 에너지시스템'에서 '지방 분산·분권적 에너지시스템'으로 바뀐다는 전망으로 수렴되지는 않는다. 재생에너지시스템 구축 및 재생산 과정에서 분산형 모델decentralized model과 집중형 모델centralized model이 상호 경쟁 혹은 공존한다(이하 Burke and Stephens, 2018 참조). 분산형 재생에너지 모델이 분권 및 자치적 정치권력을 가능케 하고, 그 반대의 인과관계도 성립한다는 주장은 이상향으로 옹호될 수 있지만, 현실에서는 다른 모습으로 전개되기도 한다. 분산형 재생에너지 모델은 기존 집중·집권적 정치권력과 그 에너지시스템으로 흡수될 수 있는데, 실제로 그런 흐름이 나타나고 있다. 재생에너지는 더 민주적인 에너지 미래의 가능성을 제공하지만, 잠재력일 뿐 확실성을 제공하지는 않는다는 점에 주목해야 한다.

나아가 티머시 미첼(2017: 399~400)은 에너지시스템이나 에너지 전환을 조직하는 과정에서 '기회'와 '취약성'의 형태로 정치적 가능성이 존재한다고 설명한다. 이런 규정은 석탄과 석유 등 화석연료 시대의 탄소 민주주의carbon democracy보다 재생에너지 민주주의가 더 민주적일 것이라고 가정할 근거가 없다는 주장으로 이어진다. 최근 에너지 전환에 대한 정치적 이해는 에너지 민주주의energy democracy 논의로 정립되고 있다(Angel, 2016; Burke and Stephens, 2017; 홍덕화, 2019; 이정필, 2019). 에너지 민주주의 관점은 에너지 전환을 기술 대체로만 보는 것이 아니라 사회적, 정치적 관계의 재편과 관련되는 것으로 여긴다. 누가, 누구를 위해, 어떻게 에너지 전환을 기획하고 실행할 것인가라는 질문에 초점을 맞춘다. 따라서 에너지 민주주의는 수단과 방법을 가리지 않고 추진하는 재생에너지 확대 개념이 아니라 정치로서의 에너지energy as politics로 이해해야 한다(Burke and Stephens, 2018: 80).

에너지시스템은 국가와 지방의 스케일로 제한되지 않음은 주지의 사실이다. 국제 분업구조에서 에너지 정치경제적 동학이 작동하고 있고, 에너지 안보 역시 국제관계의 핵심 관심사로 작용하고 있다. 에너지 인프라스트럭처와 에너지 전환 과정에서 변형·도입되는 그것은 국가 수준에서의 경제발전과 국가안보와 분리되기 어려우며, 다수의 에너지 프로젝트는 국가와 시장 그리고 국가-시장 형태로 시행되고 있다. 그럼에도 불구하고, 에너지 프로젝트에 국가 중심성을 지나치게 강조할 경우, 원자재, 금융, 노동, 상품을 포함한 에너지 흐름energy flows이 국경을 초월하는 특징을 간과하는 우를 범하게 된다 (Bridge et al., 2018). 이런 점에서 에너지 인프라스트럭처는 본질적으로 개방될 수도 폐쇄될 수도 있는 영토적·탈영토적·재영토적 속성을 띤다.

에너지 전환 및 에너지 민주주의 관점에서 "에너지 권력을 둘러싼 투쟁은 지구적 권력관계 위쪽으로 올라가기도 하며, 국가를 경유하여 일상의 리듬 아래쪽으로 내려가게 된다. 따라서 에너지 생산, 유통과 소비의 패턴이 다양한 스케일과 영역에서 작동하는 권력관계에 의해 어떻게 형성되고 있는지를, 그리고 이와 함께 권력관계가 에너지에 의해 어떻게 형성되고 있는지를 추적해야 한다. 이 과정과 현장에서 화석연료와 핵에너지 개발에 저항하고(반대와 균열), 에너지를 공적 영역에서 되찾고(민주화, 사회화, 지역화), 사회 전반의 지속가능성을 강화하도록 에너지시스템을 민주적으로 통제하고 재구성하는 (역량 강화와 대전환) 실천이 동반되어야 한다."(이정필, 2019: 3)

에너지 전환의 경로와 시나리오 설정

3장에서 살펴본 것처럼, 연구자들은 에너지시스템의 전환 경로 transition pathways를 여러 방식으로 설정하는데, 전환의 비전과 미래, 계기와 과정을 포착하기 위한 분석틀로 유용하다. 틈새에서의 혁신이 어느 정도 성장하여 기존 레짐을 바꾸게 될지, 기존 레짐의 행위자들은 거시환경의 압력과 틈새의 도전에 어떻게 대응하는지에 따라서 전환의 모습은 다르게 나타날 수 있다.

에너지 전환의 경로 설정은 다중 행위자 과정으로 이해할 수 있는데, 전환 경로 자체가 각자의 신념, 자원, 역량, 전략과 이해관계를 반영한다. 전환은 인식형성, 전략적 계산, 학습, 투자, 갈등과 정치투쟁, 동맹 형성과 같은 여러 행위성들을 포괄하는 매우 복잡한 상호작용의 과정을 동반한다. 지속가능성이나 전환이라는 개념도 경합적으로 수용되기 때문에, 바람직한 전환 경로와 그 방식에 대해서는 합의되기 어렵다. 그리고 전환은 시스템에서 기득권을 갖는 경제·산업구조를 위협할 수 있기 때문에, 기존 행위자들은 자신들의 이익을 지키기 위해 전환 자체에 또는 전환 속도에 저항하는 경향을 보인다. 전환의 공공성 측면에 주목하면, 기업과 소비자들처럼 사적 영역의 무임승차와 죄수의 딜레마를 해결할 필요도 있다. 이는 환경 규제, 조세와 보조금과 혁신정책 등, 전환의 방향성을 규정하는 데 공적 영역과 공공 정책의 중심적 역할이 중요하다는 점을 의미한다(STRN, 2019: 3~4).

이 지점에서 전환과 권력의 관계가 특히 중요해지는데, 이에 대한 다양한 이해가 존재한다. 먼저 Geels and Schot(2010)은 권력은 레짐을 뒷받침하는 규제적, 인지적, 규범적 규칙이며, 권력투쟁은 현행 레짐과 신생 틈새의 갈등으로 이해하며, Geels(2014)는 레짐의 권력을 헤게모니 권력의 저항으로 연결하기도 한다. Grin(2010)은 다층적 접근의 세 층위에 각각 해당하는 권력 개념을 제시하는데, 틈새 수준에서의 관계적 권력relational power, 레짐 수준에서의 배열적 권력dispositional power, 거시환경 수준에서의 구조적 권력structural power으로 전환–권력의 관계를 규정한다. Avelino(2017)는 틈새와 레짐에 대해 권력 형태가 달리 행사되는 기능적 공간으로 재개념화한다. 틈새는 새로운 자원이 발전하는 혁신적 권력innovative power의 공간으로, 레짐은 제도가 재생산되는 강화 권력reinforcive power의 공간으로, 그리고 틈새-레짐은 제도가 갱신되는 변형적 권력transformative power의 공간으로 해석한다. 위와 같이 전환 정치에서 수용되는 권력 개념은 대체로 거시환경, 레짐과 틈새의 위상과 역할에 부합하는 방향에서 다층적 접근 각각의 수준에 맞는 권력을 배치하고 그 의미를 부여하는 것으로 볼 수 있다.

Geels et al. (2016)의 전환 경로 유형화는 시스템 내부의 기술과 제도를 둘러싼 행위자들의 관계론적 측면에 주목하여 전환 경로의 합목적, 결정론적 시각에 거리를 두고, 일종의 전환 정치를 중심으로 하는 비선형적, 비고정적 전환 과정을 강조한다. 이런 전환 경로 유형화는 다음 세 가지 시사점을 제공한다. 첫째, 지지와 반대라는 사회적, 정치적 투쟁의 결과에 따라 전환 경로는 전진하기도 하고 후퇴하기도 한다. 둘째, 그 투쟁의 결과, 전환 경로 자체도 변화할 수 있다. 전환 경로의 변화를 이끄는 요소들은 다양한데, 동맹 세력의 자원, 사회적 학습 과정, 기술 보급과 제품 가격 등 전환성과, 그리고 선거, 경제, 사건과 같은 외부 변수들이 있다. 그러나 구조적 변화landscape changes만이 아니라 구조적 제약static landscape에도 관심을 둬야 한다. 특히 법적, 정책적, 이념적, 경제적 맥락에 따라 국가들의 구조적 차이가 나타난다. 같은 행위자들이 있더라도 실행 패턴enactment patterns이 다르며, 구조의 행동유도성affordance이 행동가능성action possibilities을 규정하거나 영향을 주기 때문이다. 셋째, Geels et al. (2016)의 전환 경로 개념은 앞서 3장에서 구분한 설명과는 다소 차이가 있다. 대체 유형은 '틈새 주도', 변형 유형은 '레짐 수용', 재배열 유형은 '틈새-레짐 공생', 그리고 이탈 및 재배치 유형은 '신규 레짐 안정'을 의미한다. 시간적 스케일까지 포함하고 있어 전환 경로의 역동성을 입체적으로 포착할 수 있다는 장점이 있다.

이런 맥락에서 독일과 영국의 에너지 전환 경로를 분석한 Geels et al.(2016) 등의 연구에 주목할 필요가 있다. 두 나라는 시기적으로, 1990년대(준비단계)-2000년대(시작단계)-2010년대(가속단계)라는 전환단계multi-phase model를 비슷하게 거쳐 왔지만, 독일의 '대체 유형'과 영국의 '변형 유형'이라는 서로 다른 전환 경로의 전개 과정을 보여준다. 에너지 거버넌스 및 전환 관리 측면에서 독일은 시민사회 및 지역사회의 틈새 혁신으로 출발해 국가전략 및 프로젝트로서 에너지 전환이 수용·확산되어 현재는 상향식과 하향식이 결합한 거버넌스로 평가된다(Akizu et al., 2018; Kuittinen·Velte, 2018). 다중 행위자와 다중 스케일이 통합된 에너지 거버넌스가 작동되어 분산형 에너지시스템이 구축되고 있다고 볼 수 있다(Sait et al., 2019). 이를 가능하게 만드는 구조적 조건으로 국가-시장-시민사회 간의 조정시장경제coordinative market economy 모델에 바탕을 둔 에너지 전환의 조정 메커니즘을 들 수 있다(Ćetković and Buzogány, 2016).

반면 영국의 자유시장경제liberal market economy의 정치경제적 특성과 그에 따른 제한적인 조정 메커니즘은 에너지 전환의 경로와 거버넌스를 구조적으로 제약했다(Ćetković and Buzogány, 2016). 그럼에도 불구하고, 영국의 전환 경로와 거버넌스에 대한 중요한 논쟁이 없는 것은 아니다. 시장주도 경로market rules pathway, 국가조정 경로central co-ordination pathway, 다중참여 경로thousand flowers pathway와 같은 행동 공간 action space의 거버넌스 배열governance arrangement에 관한 논쟁은 지속되고 있다(Barton et al., 2018). 정부, 시민사회, 기업, 연구기관들이 제출한 12개의 에너지 전환 비전 및 시나리오에 대한 사회-기술적 상상 sociotechnical imaginaries에 대한 비교 조사(Longhurst and Chilvers, 2019) 역시 이와 유사하게 전환 경로의 다양성이 존재함을 증명한다. 에너지 전환의 동기와 목적, 에너지 기술, 거버넌스 배열 및 정책 프레임, 에너지 시나리오 작업에 활용한 지식·정보와 수립 과정 특징을 구체적으로 분석한 결과, 국가, 시민사회, 기업, 연구기관이 각각 공유하는 공통점도 있지만, 지배적 상상과 대안적 상상 사이에 차이점이 크게 나타난다.

독일과 영국의 전환 경로의 차이, 특히 영국 내의 논쟁을 통해서, 전환 경로 및 이 경로를 구체화하는 에너지 시나리오 경쟁에 주목할 필요가 있다. 전환연구자들은 바람직한 미래를 탐색하고 이에 도달하기 위한 전환 경로를 제시하기 위해 백캐스팅backcasting 방법을 활용한 에너지 시나리오에 관심을 보이는 경향이 있다. 기존 포캐스팅 forecasting의 전제와 방법이 주로 경제중심적, 공급중심적, 가치중립적, 기술관료적 성격으로 시스템 개선에 치우쳐 현상 유지business as usual 시나리오에 가깝다면, 전환연구의 백캐스팅은 사회·정치적, 수요중심적, 가치지향적, 의사소통적 성격을 강조하며 시스템의 구조적 변화를 추구한다는 점에서 차별화된다(정연미 외, 2011; 한재각·이영희, 2012; 한재각 외, 2017). 온실가스 배출 제로와 재생에너지 100%가 포캐스팅 에너지 시나리오에서 좀처럼 찾아보기 어려운 이유가 여기에 있다. 반면, 지구적 온도 상승을 1.5~2도로 제한한다는 규범적 접근을 시도하는 백캐스팅 에너지 시나리오의 경우, 2030년 국가 온실가스 감축 목표Nationally Determined Contributions와 2050년 장기 저탄소 발전전략Long-term low greenhouse gas Emission Development Strategies에 온실가스 배출 감축과 재생에너지 확대 목표를 적극적으로 반영할 여지가 생긴다.

남북한 에너지 현황과
정책 비교 분석

한반도 에너지 전환 경로와 시나리오를 구상하기 위해서는 남한 에너지시스템과 북한 에너지시스템에 대한 충분한 검토가 필요하다. 그러나 에너지 시나리오 작성에 필요한 북한 자료 확보가 쉽지 않다는 점과 한반도 에너지 전환 시나리오를 예비적인 수준에서 작성한다는 점에서, 이 절에서는 남한과 북한의 에너지 관련 현황을 대략적으로만 분석하고, 최근 정책 동향을 파악한다.

남북한 경제·산업 관련 비교
한 국가의 에너지 소비와 공급은 인구와 경제·산업의 규모와 구조에 영향을 받는다. 남한과 북한의 에너지 현황을 비교 분석하기 위해서는 인구수의 변화와 경제규모(국내총생산), 산업구조를 살펴봐야 한다. 남한의 인구수는 1990년 4287만 명에서 2018년 5161만 명으로 증가했다. 북한의 인구수도 같은 기간에 2030만 명에서 2018년 2501만 명으로 늘었다. 남한의 인구수가 북한에 비해 약 2배 많은 수준을 유지하고 있다. 남한과 북한의 국내총생산GDP은 그 격차가 더욱 커지고 있다. 1990년 남한의 GDP는 북한의 13배 수준에서 2018년 61배 수준으로 차이가 확대되고 있다. 남한의 GDP는 1990년 이후 연평균 5% 증가했지만 북한의 GDP는 연평균 0.6% 감소한 데 따른 것이다. 남한의 경우 GDP는 2011년을 기점으로 2~3%대의 저성장 시대로 진입했고, 북한은 1990년대에 급격한 하락 이후 2000년대

[표 1] 남북한 인구 및 경제지표 비교

구분		단위	1990년	2000년	2010년	2018년	연평균 증가율
인구	북한(A)	천명	20,293	22,702	24,187	25,132	0.77%
	남한(B)	천명	42,869	47,008	49,554	51,607	0.66%
	(B/A)	배	2.1	2.1	2.0	2.1	–
GDP	북한(A)	십억원	35,207	26,536	29,880	29,601	−0.60%
	남한(B)	십억원	454,146	903,551	1,426,618	1,807,736	5.06%
	(B/A)	배	13.0	34.1	47.7	61.1	–
1인당 GDP	북한(A)	만원	173	117	124	118	−1.36%
	남한(B)	만원	1,059	1,922	2,879	3,503	4.36%
	(B/A)	배	6.1	16.4	23.3	29.7	–

출처: 통계청 국가통계포털

이후 다소 회복했으나 최근 들어 다시 감소하고 있다. 남한의 1인당 GDP는 1990년 1059만 원에서 2018년 3503만 원으로 크게 증가했고, 북한의 1인당 GDP는 같은 기간 178만 원에서 118만 원으로 크게 줄었다.

남한의 산업별 GDP 비중은 2018년 서비스업이 56%, 제조업이 27%로, 서비스업과 제조업을 중심으로 한 산업구조를 1990년대 이후로 유지하고 있다. 제조업 중에서는 철강, 석유화학, 자동차, 조선, 정보통신기기 등이 주력 산업으로 성장해왔으나 최근 들어 성장세가 둔화 및 감소하고 있다. 이는 남한 경제의 높은 대외 수출 의존도로 인해 세계 경제성장률 둔화에 따른 대외 수출 시장의 부진과 국제 경쟁력 약화, 중국을 비롯한 후발국의 추격 등에 따른 것으로 분석된다(홍순직 외, 2017).

북한은 서비스업(33%)과 제조업(19%) 비중이 낮고 농림어업(24%)과 광업(12%) 비중이 상대적으로 높다. 북한은 남한에 비해 풍부한 지하자원을 기반으로 중화학공업 위주로 산업정책을 1980년대까지 지속했으나 1990년대 동구권의 몰락과 구소련의 경제지원 급감 등에 따라 산업구조가 붕괴하는 양상을 보였다(곽대종, 2018). 1990년대 경제위기의 여파로 산업이 크게 위축되고 생산성은 급격히 저하되었고, 전력생산 감소와 원유, 석탄 등 에너지난도 심화되었다(홍순직 외, 2017). 이후 2000년대 들어 석탄, 전력, 철도·운송, 금속·기계 등 4대 선행 산업 부문의 정상화를 위해 노력했으나 각 산업별 회복 속도는 더딘 것으로 평가된다.

[표 2] 남북한 경제활동별 GDP 비교

(단위: 십억 원)

구분		1990년	2000년	2010년	2018년	연평균 증가율
북한	농림어업	6,075	5,386	6,225	29,361	0.47%
	광업	5,732	3,725	4,300	6,922	−1.74%
	제조업	11,835	5,947	6,548	3,507	−2.62%
	전기·가스·수도	1,319	902	1,162	5,632	−0.27%
	건설업	3,495	2,090	2,395	1,223	−1.36%
	서비스업	7,877	8,633	9,250	2,384	0.74%
남한	농림어업	22,250	27,070	30,888	32,540	1.37%
	광업	4,127	3,370	2,661	2,031	−2.50%
	제조업	84,286	207,466	382,243	483,823	6.44%
	전기·가스·수도	9,300	24,473	39,918	45,116	5.80%
	건설업	57,923	64,922	76,144	90,562	1.61%
	서비스업	242,657	495,989	779,212	1,003,835	5.20%

출처: 통계청 국가통계포털

남북한 에너지 수급 현황

남한과 북한의 원유 수입량은 큰 차이를 보이고 있다. 남한의 원유 수입량은 1990년 3억 836만 8000배럴에서 2018년 11억 1628만 1000배럴로 연평균 4.7% 크게 증가했다. 북한의 원유수입량은 해외에서 원유 수입이 어려워짐에 따라 연평균 5.42% 크게 감소했다. 2018년 남한의 원유 수입량은 북한의 287배에 이르고 있다. 반면에 석탄의 경우 북한은 남한에 비해 15배 더 많은 생산규모를 보이고 있다. 하지만 북한의 2018년 석탄생산량은 1808만 톤으로 1990년 3315만 톤에 비해 많이 줄어든 규모다. 북한의 석탄 생산량은 1990년

구분		단위	1990년	2000년	2010년	2018년	연평균 증가율
원유 수입량	북한(A)	천배럴	18,472	2,851	3,870	3,885	−5.42%
	남한(B)	천배럴	308,368	893,943	872,415	1,116,281	4.70%
	(B/A)	배	16.7	313.6	225.4	287.3	−
석탄 생산량	북한(A)	천톤	33,150	22,500	25,000	18,080	−2.14%
	남한(B)	천톤	17,217	4,150	2,084	1,202	−9.07%
	(A/B)	배	1.9	5.4	12.0	15.0	−

출처: 통계청 국가통계포털

대 경제가 악화되고 대홍수 등 자연재해가 겹치면서 급격하게 감소했고, 이후 점차 더디게 회복하는 중인 것으로 분석된다.

남한과 북한의 1차에너지 공급량도 큰 차이를 나타내고 있다. 남한의 1990년 1차에너지 공급량은 9293만 1000TOE에서 2018년 3억 612만 3000TOE로 연평균 4.35% 증가한 반면, 북한의 1차에너지 공급량은 연평균 1.85% 감소했다. 남한 대비 북한의 격차는 1990년 3.9배에서 2018년 21.5배로 커졌다. 1차에너지원별 공급량을 비교하면, 남한의 경우는 2018년 석유(39%)와 석탄 (28%), LNG(17%), 원자력(9%), 신재생(6%)으로 구성되어 있고, 북한의 1차에 너지 공급은 석탄(62%)과 수력(23%) 위주로 이뤄지고 있다.

남한의 최종에너지원별 소비를 보면, 2017년 석유가 50.4%로 가장 큰 비중을 차지하고 전력(18.7%)과 석탄(14.3%), 가스(10.3%)의 순으로 최종에너지를 소비하고 있다. 석유는 수송 부문과 석유화학 등 산업 부문에서 주로 사용되고 있다. 석유를 제외하고 남한은 가스

[표 4] 남북한 1차에너지원별 공급량 비교

(단위: 천TOE)

구분		1990년	2000년	2010년	2018년	연평균 증가율
북한	합계(A)	23,963	15,687	15,662	14,220	−1.85%
	석탄	16,575	11,250	10,347	8,810	−2.23%
	석유	2,520	1,117	704	950	−3.42%
	수력	3,748	2,540	3,352	3,200	−0.56%
	기타	1,120	780	1,260	1,260	0.42%
남한	합계(B)	92,931	193,240	264,053	306,123	4.35%
	석탄	24,124	42,925	77,142	86,651	4.67%
	석유	50,175	100,618	104,499	118,521	3.12%
	수력	1,590	1,402	1,391	1,549	−0.09%
	원자력	13,222	27,241	31,948	28,437	2.77%
	LNG	3,023	18,924	43,008	53,462	10.08%
	신재생	797	2,130	6,064	17,504	11.67%
(B/A)	배	3.9	12.3	16.9	21.5	−

출처: (북)통계청, (남)에너지경제연구원, 〈에너지통계연보〉

와 전력을 중심으로 한 최종에너지소비 특성을 보이고 있다. 북한은 2017년 석탄의 비중이 59.3%로 가장 크고, 전력(16.2%)과 바이오·폐기물(14.7%)의 순으로 최종에너지를 소비하는 것으로 나타났다. 석탄의 경우, 2000년대까지 80%대의 비중을 유지했으나 석탄 생산량이 연평균 6.55% 급격히 감소하면서 그 비중이 줄어들었고, 전력소비도 크게 감소했으며, 원유 수입량 감소에 따라 석유 소비량도 크게 줄었다.

남한의 부문별 최종에너지 소비를 보면, 산업 부문이 61.7%로 가

[표 5] 남북한 최종에너지원별 소비량 비교

(단위: 천TOE)

구분		1990년	2000년	2010년	2017년	연평균 증가율
북한	합계(A)	27,191	16,834	12,765	6,024	−5.43%
	석탄	22,240	14,119	9,946	3,570	−6.55%
	석유	2,111	656	568	593	−4.59%
	바이오·폐기물	814	813	859	887	0.32%
	전력	2,026	1,246	1,358	974	−2.68%
남한	합계(B)	74,701	149,959	194,969	233,900	4.32%
	석탄	19,455	19,661	28,189	33,360	2.02%
	석유	45,252	93,840	100,518	117,862	3.61%
	가스	1,011	12,561	21,640	24,053	12.45%
	전력	8,112	20,600	37,338	43,665	6.43%
	열	74	1,167	1,938	2,440	13.80%
	신재생	797	2,130	5,346	12,520	10.74%
(B/A)	배	2.7	8.9	15.3	38.8	−

출처: (북)국제에너지기구(IEA) 홈페이지, (남)에너지경제연구원, 〈에너지통계연보〉

장 많은 비중을 차지하고 수송(18.3%)과 가정(9.6%), 상업(7.5%) 순으로 최종에너지를 소비하고 있다. 북한도 산업 부문이 54.8%로 최종에너지를 많이 가장 많이 소비하고 있고, 수송(7.7%), 가정(2.7%) 순이며, 분류되지 않는 부문이 34.8%에 이르고 있다. 남한과 북한은 최종에너지 소비의 양적인 측면에서는 큰 차이를 보이지만, 산업 부문을 중심으로 한 최종에너지 소비 형태를 보이고 있다는 점에서 공통된 특징을 나타내고 있다.

[표 6] 남북한 부문별 최종에너지원 소비량 비교

(단위: 천TOE)

구분		1990년	2000년	2010년	2017년	연평균 증가율
북한	합계	27,191	16,834	12,765	6,024	−5.43%
	산업	19,481	11,370	8,282	3,303	−6.36%
	수송	1,560	563	440	464	−4.39%
	가정	254	132	154	162	−1.65%
	비분류	5,896	4,769	3,889	2,095	−3.76%
남한	합계	74,701	149,959	194,969	233,900	4.32%
	산업	36,144	84,237	116,160	144,260	5.26%
	수송	14,173	30,945	36,903	42,796	4.18%
	가정	16,366	21,160	21,337	22,478	1.18%
	상업	5,206	10,994	16,090	17,428	4.58%
	공공	2,812	2,623	4,480	6,938	3.40%

출처: (북)국제에너지기구(IEA) 홈페이지, (남)에너지경제연구원, 〈에너지통계연보〉

남북한 전력 발전설비 및 발전량 현황

남한의 전력 발전설비는 1990년 2만 1021MW에서 2018년 11만 9092MW로 연평균 6.39% 크게 증가한 반면, 북한의 발전설비는 1990년 이후 거의 변화가 없는 상황이다. 이에 따라 남한과 북한의 전력 발전설비 용량 차이는 1990년 2.9배 수준에서 2018년 14.6배까지 벌어졌다. 남한의 2018년 발전설비는 화력의 비중이 66.4%로 가장 크고, 원자력(18.3%)과 신재생(9.8%), 수력(5.4%) 순으로 구성되어 있다. 북한의 발전설비는 수력과 화력으로 구성되어 있는데, 수력의 비중이 60%로 높은 것이 특징이다. 남한의 경우 화력발전의 에

[표 7] 남북한 전력 발전설비 용량 비교

(단위: MW)

구분		1990년	2000년	2010년	2018년	연평균 증가율
북한	합계(A)	7,142	7,552	6,968	8,150	0.47%
	수력	4,292	4,592	3,958	4,790	0.39%
	화력	2,850	2,960	3,010	3,360	0.59%
남한	합계(B)	21,021	48,451	76,078	119,092	6.39%
	수력	2,340	3,149	5,525	6,490	3.71%
	화력	11,065	31,586	52,837	79,129	7.28%
	원자력	7,616	13,716	17,716	21,850	3.84%
	신재생	–	–	–	11,628	–
(B/A)	배	2.9	6.4	10.9	14.6	–

출처: 통계청 국가통계포털

너지원은 석탄과 LNG, 유류이며, 북한의 경우는 대부분 석탄화력이다.

남한의 전력공급시스템은 충청남도 지역에 특히 집중된 석탄화력발전과 부산광역시, 울산광역시, 경상북도 등 해안가를 중심으로 분포된 핵발전소에서 생산한 전력을 서울 수도권 등 소비지로 원거리 송전하는 체계를 유지해왔다. 북한은 자력갱생 정책에 따라 화력보다는 수력을, 석유보다는 석탄의 개발을 우선시해왔다. 북한의 수력발전소는 자강도와 평안북도, 평안남도, 황해북도, 강원도, 함경남도 등 일대에 있고, 중형급 화력발전소는 평양과 남포 등 주요 도시와 평안남도, 함경남도 등 일대에 있다. 이밖에 북한은 1지역 1발전소 정책의 일환으로 중소형 발전소 건설을 집중적으로 추진했고, 2010년 이후 만성적 전력난 타개를 위해 신규 발전소 건설과 노후 발전소 개보수 등을 추진했으나 대북제재 등으로 뚜렷한 성과가 없는 상황이다.[2]

남한의 전력 발전량은 연평균 6.15%로 크게 증가한 반면 북한의 발전량은 1990년 대비 2018년에 오히려 감소했다. 이에 남한과 북한의 격차는 1990년 3.9배에서 2018년 22.9배까지 벌어졌다. 북한은 수력과 석탄화력발전 위주의 전력공급을 유지하고 있는데, 의존도가 높은 수력의 경우 계절적 영향에 따라 발전량에 큰 편차가 발생하고, 석탄화력은 석탄 생산이 감소하면서 발전량이 줄어들 수밖에 없는 상황이었다. 또 설비 노후화와 자본 부족 등도 원인으로 지적된다. 북한은 에너지난 극복을 위해 중소형 수력발전소의 증설정책을 지속적으로 펼쳤으나, 기존 설비 노후화 등으로 인해 수력발전량은 오히

[표 8] 남북한 전력 발전량 비교

(단위: TWh)

구분		1990년	2000년	2010년	2018년	연평균 증가율
북한	합계(A)	28	19	24	25	-0.38%
	수력	16	10	13	13	-0.70%
	화력	12	9	10	12	0.00%
남한	합계(B)	108	266	475	571	6.14%
	수력	6	6	7	7	0.47%
	화력	48	152	320	402	7.85%
	원자력	53	109	149	134	3.36%
	신재생	-	-	-	28	
(B/A)	배	3.9	13.7	20.0	22.9	-

출처: 통계청 국가통계포털

려 감소했다. 최근에는 수력과 화력 발전설비로 전력수요를 감당하기 어려운 한계를 극복하기 위해 태양광, 풍력 등 재생에너지 개발 및 보급에도 관심을 기울이고 있으나 기술 및 자금 부족 등으로 전체 전력난 개선에 미치는 영향은 여전히 미미한 것으로 추정된다.

남북한 전력 소비 현황

남한의 전력소비량은 1990년 9만 4383GWh에서 2017년 50만 7746GWh로 연평균 6.43%로 크게 증가했다. 북한은 1990년 2만 3558GWh에서 2017년 1만 1328GWh로 절반 이하로 크게 감소했다. 이에 따라 남한과 북한의 전력소비량 격차는 4배 수준에서 44.8배로 더욱 커졌다. 북한의 경우 2018년 전력 발전량이 25TWh인데 전력소비량은 11TWh로 발전량과 소비량의 차이가 큰 상황인데, 이는 북한의 전력 발전시설의 노후화와 송배전 시스템이 지극히 미흡하

[표 9] 남북한 전력소비량 비교

구분		단위	1990년	2000년	2010년	2017년	연평균 증가율
전력 소비량	북한(A)	GWh	23,558	14,494	16,184	11,328	−2.68%
	남한(B)	GWh	94,383	239,535	434,160	507,746	6.43%
	(B/A)	배	4.0	16.5	26.8	44.8	−
1인당 소비량	북한(A)	MWh	1.16	0.64	0.67	0.45	−3.43%
	남한(B)	MWh	2.20	5.10	8.76	9.89	5.72%
	(B/A)	배	1.9	8.0	13.1	21.8	−

출처: (북)국제에너지기구(IEA) 홈페이지, (남)한국전력공사, 〈한국전력통계〉

기 때문으로 분석된다. 그리고 남한의 1인당 전력소비량은 1990년 2.2MWh에서 2017년 9.89MWh로 연평균 5.72%로 크게 증가했고, 북한은 1990년 1.16MWh에서 2017년 0.45MWh로 절반 이하로 크게 감소했다. 북한의 전력난이 갈수록 심각해지고 있다는 사실을 알 수 있다.

남북한 에너지계획 및 정책의 최근 동향

남한은 대규모 집중형인 석탄화력 및 핵발전 중심의 경성에너지 시스템에서 상대적으로 분산형인 재생에너지 중심의 연성에너지시스템으로 전환을 시도하고 있다. 주요 내용은 에너지원 측면에서는 탈원전, 탈석탄, 재생에너지·신에너지 확대, 거버넌스 측면에서는 국민·주민 참여와 이익 공유와 에너지 분권, 경제적 측면에서는 에너지(신)산업 활성화와 일자리 창출을 지향한다는 것이다(산업통상자원부, 2018). 남한 정부가 2019년 수립한 제3차 에너지기본계획에 따르면, '깨끗하고 안전한 에너지믹스로 전환과 분산형·참여형 에너지시스템 확대'가 중점 추진과제로 제시됐다. 핵발전은 점진적으로 감축하고 석탄화력은 과감하게 감축하며, 분산형 전원을 확대하면서 재생에너지 발전비중은 2040년 30~35%로 확대한다는 것이다. 또한 미세먼지를 저감하고 2030년 온실가스감축로드맵을 이행한다.

2017년에 수립된 제8차 전력수급기본계획에 따르면, 2030년 발전설비 전원은 신재생에너지(33.7%), LNG(27.3%), 석탄(23.0%), 원자력(11.7%)으로 구성된다. 이에 따라 신재생 발전량 비중은 2017년

6.2%에서 2030년 20%로 증가하고, LNG도 같은 기간 16.9%에서 18.8%로 증가한다. 반면 원자력은 2017년 30.3%에서 2030년 23.9%로, 석탄은 같은 기간 동안 45.4%에서 36.1%로 줄어들게 된다. 한국 정부는 북한과 직간접적으로 관련되는 PNG와 슈퍼그리드 프로젝트에 관심을 두고 있는데, 일부 사업은 제8차 전력수급기본계획에 반영되기도 했다(4장 참조).

북한은 국내외의 환경변화에 따라 에너지정책 기조를 변화해왔다. 해방 이후 건국 과정에서부터 거의 예외 없이 신년사에 에너지 관련 내용이 등장하고 있는데, 김정은 위원장 집권 후 재생에너지가 더욱 강조되고 있고 관련 계획과 법률이 정비되고 있다(이강준, 2018). 북한의 체제위기 및 경제난은 사회주의권 붕괴와 대북제재 속에서 자연재해와 식량위기, 에너지 위기가 중첩되어 악순환에 빠진 결과로 평가된다. 2000년대 초반부터 북한은 재생에너지에 대한 관심이 높았는데, 그 이유는 북한의 주체사상이라는 자력갱생의 이데올로기와 논리적으로 일치하는 측면이 있고, 실제로 지방의 에너지 필요를 충족시키는 데 유용하기 때문이다(Von Hippel & Peter, 2011). 2009년 이후부터 새천년개발계획MDGs 등 국제사회의 흐름에 부분적으로 참

[표 10] 남한의 전력발전량 비중 전망

구분	원자력	석탄	LNG	신재생	석유	양수	계
2017년	30.3%	45.4%	16.9%	6.2%	0.6%	0.7%	100%
2030년	23.9%	36.1%	18.8%	20.0%	0.3%	0.8%	100%

출처: 산업통상자원부, 2017. 〈제8차 전력수급기본계획〉

여하면서 재생에너지 발굴 및 확대에 적극성을 보이고 있다는 점도 확인된다(권세중, 2020).

북한의 주요 전원인 수력발전은 계절적 편차가 커 전력공급의 안정성이 낮고, 에너지 사용량이 많은 평양 등 도시지역에서 멀리 떨어진 곳에 위치하고 있어 송전 손실과 전압 조정에 어려움을 겪고 있다. 전국적 송전망이 제대로 구축되지 않은 상태에서 재생에너지는 북한의 자력갱생 원칙에 부합하며, 소규모로도 개발이 가능해 중앙 전력공급의 대안이 될 것으로 기대된다(빙현지·이석기, 2017). 이에 따라 북한은 1998년 에네르기관리법을 제정했고, 2013년 재생에네르기법을 제정해 재생에너지의 개발과 이용을 규정하고 있다. 2014년 자연에네르기 중장기 개발계획을 수립해 2044년까지 재생에너지 발전설비 용량을 5000MW로 확대하겠다는 계획이다(빙현지·이석기, 2017; 곽대종, 2018). 이는 북한의 주요 발전설비인 수력발전의 2018년 설비용량(4790MW)을 상회하는 규모이다. 북한은 2006년부터 총 3단계에 걸쳐 풍력발전단지를 조성한다는 계획을 발표했고, 2020년까지 500MW의 풍력 발전설비를 설치한다는 구상이었지만(빙현지·이석기, 2017), 실제적인 성과를 확인할 수는 없는 상황이다. 다만 북한 정부의 재생에너지에 대한 관심과 중국-북한 접경지역에서의 태양광 거래, 그리고 가정 및 공공기관에서의 태양광 설치 등의 소식을 국내 언론을 통해서 자주 접할 수 있게 됐다(예컨대 KBS, 2019.02.23).

최근 들어 북한은 기후변화에도 관심을 보이고 있는 것으로 파악된다. 2019년 연말, 조선노동당 중앙위원회 제7기 제5차 전원회의

[표 11] 북한 재생에너지 발전 계획도

구분	2014~2023년	2024~2033년	2034~2043년	2044년 (목표연도)
풍력	중대형 발전기 제작 기술	대용량 발전소 기술개발 보급	10MW이상 급 풍력발전	전력수요의 15% 보장
태양광	태양전지 효율성 제고	태양광발전소 구축	태양광발전소 확대 도입	우주태양빛 발전소
수소	수소 제조공정 및 효율성 제고	수소저장 및 운반기술 개발	고성능 수소 연료전지 구축	수소에너지 전면적 이용
재생에너지 주택	재생에너지 자립 주택 기술 확보	재생에너지 주택구역 형성	탄소 에너지 도시 구축	자립주택의 전국적 도입
재생에너지 하부구조	분산전원체계 기술	독립형과 계통연결형 체계	지능형 전력 공급함 도입	재생에너지 이용체계 구축
사회적 인식	전체 인민의 재생에너지 중요성 인식		재생에너지에 의한 발전능력 5,000MW	

출처: 빙현지·이석기(2017: 45) 재정리

3일회의가 열렸다. 이 소식을 전한 《로동신문》에는 북한을 포함한 전 세계가 "기후변화로 하여 자연의 광란이 류달리 횡포하였다"고 언급되어 있다(《21세기민족일보》, 2019.12.31). 이보다 앞서 제26차 유엔 기후변화 당사국 총회 고위급 회담에 참석한 북한 대표의 연설 내용도 흥미롭다.[3] 기후변화가 인류 생존과 미래세대에 크나큰 위협이 되고 있다면서 기후비상 사태에 필요한 행동의 중요성을 강조했다. 북한은 이미 수력, 조력, 풍력 등 다양한 에너지원을 활용하고 있고, 지속가능한 농업과 산림녹화 사업도 도입하고 있다고 밝혔다. 그리고 인민 생활을 향상시키는 지속가능한 경제발전을 우선에 놓고 기후변화에 관심을 두고 있다고 언급했다. 실제 성과가 어떤지, 외교적 발언에 불과한 것은 아닌지, 면밀한 검토가 필요하겠지만, 북한과 기후변화라는 우리에게 다소 낯선 이 조합의 단면을 확인할 수 있다.

연설문 중 선진국과 국제사회에 요구하는 대목은 북한답기도 하고, 기후정의climate justice를 주장하는 빈국과 개도국의 입장과 거의 일치하는 것으로도 보인다. 파리협정하에서 선진국들이 기후변화에 대한 역사적 책임을 인정하고, 빈국과 개도국이 겪는 기후변화 손실·피해loss and damage 비용이 엄청난 수준임을 고려하여 빈국과 개도국에 대한 재정과 기술 지원의 책임을 다해야 하며, 이 과정에서 정치적 개입, 즉 내정 간섭을 해서는 안 된다는 점을 강조한다. 그리고 선진국의 감축 노력이 강화되어야 한다고 주장하는 동시에, 2016년 유엔에 제출한 2030년 온실가스감축목표INDC를 조정했다는 사실을 알렸다. 국내 감축분은 8%에서 16.4%로, (해외 지원 조건부) 추가 감축분은 32.5%에서 36%로 상향했다고 밝혔다. 이 같은 북한의 기후외교는 국제지원을 받기 위해 포석을 두는 것이고 기후변화를 매개로 정상 국가의 이미지도 얻겠다는 의도로 읽힌다. 실제 2019년 12월, 유엔 산하의 녹색기후기금GCF은 북한이 신청한 능력배양사업을 승인하기도 했다. 그런데 북한의 2030년 온실가스감축목표(DPRK, 2016)는 신중하게 검토해야 한다. 주요 수단으로 에너지 소비 저감과 효율 개선, 재생에너지 확대, 산림과 농업, 폐기물 관리, 국제협력 등이 담겨 있지만, 석탄발전소를 신형으로 대체하고 핵발전소를 재추진한다는 내용을 담고 있기 때문이다.

한반도 에너지 전환 경로와
시나리오 구상

한반도 에너지 전환 경로와 이를 구체화하는 시나리오를 구상하기에 앞서 한반도 에너지 전환을 개념화하는 틀이 필요하다. 이를 위해 남한과 북한의 관계를 규정하는 기존 연구를 참고해 한반도 에너지 전환의 존재론적 토대를 가정한다. 그리고 에너지 시나리오를 예시적으로 작성하고, 시나리오 작업의 과정과 결과가 보여주는 의미, 쟁점과 한계에 대해 종합적으로 평가한다.

한반도 에너지 전환의 존재론적 가정

남한 정부는 에너지 전환을 국정 과제로 공식화하면서 역대 정부와 차별화된 에너지 정책을 추진하고 있다. 이런 변화는 탈핵·탈석탄과 사회공공성, (재생)에너지 사업의 의사결정 공론화 및 민주화, (지역)에너지계획 수립의 개방화, 재생에너지 확대 및 에너지 분권·자치 등 에너지 전환 진영이 오랫동안 실천적으로 제안해온 주장들의 일부를 반영한다. 에너지 전환의 '시작 단계'에 해당하는 에너지 전환의 단기적 성과에 대한 평가는 차치하고, 그 정책 방향이 에너지 믹스에 국한되지 않는다는 점에서 일단 긍정적이다. 그러나 아직까지 기존 남북 에너지협력과 한국의 에너지 안보 접근은 에너지 전환과의 접점을 찾으려는 시도가 부재하거나, 예상되는 쟁점을 회피하고 있는 것으로 보인다.

반면 북한은 스스로 밝히고 있는 것처럼, 사회주의 강성대국을 위해 경제성장, 지속가능한 발전, 기후변화를 매개로 에너지를 상정한다. 파리협정 등 국제사회 일원으로 참석하면서 국제사회로부터의 지원을 요청하고 있다. 그러나 북한의 에너지 정책 방향은 핵에너지, 화석에너지와 재생에너지가 혼종되어 있다고 볼 수 있는데, 국내외의 곤경 속에서 에너지 믹스의 다각화에 초점을 두고 있는 것으로 잠정 평가할 수 있다. 이런 점에서 북한에 에너지 전환의 개념이 존재하는가라는 질문에 대한 대답은 현재로서는, 에너지 주권이나 에너지 안보에 가깝다고 평가할 수 있다. 현재 에너지 전환 이론과 정책은 당면해서는 주로 국가와 지방 차원에서 이루어지고 있지만, 북한을 포함한 동북아의 에너지 흐름과 밀접하게 관련된다(최병두, 2006). 2절에서 살펴봤듯이, 지방분산·분권형 에너지시스템이 폐쇄적 혹은 고립적 형태가 아닌 이상 다중심적 네트워크polycentric network나 상호의존적인 방식으로 연결될 수밖에 없다(Goldthau, 2014). 따라서 에너지 전환은 국가 에너지시스템과 이를 구성하는 지방 에너지시스템과의 관계를 재설정하는 문제이고, 동시에 지역 및 국제 에너지시스템과의 관계 재정립을 함께 검토해야 한다. 이런 에너지 전환의 스케일 뛰어내리기down-scaling와 스케일 뛰어오르기up-scaling는 '다중 스케일적 다층적 접근'의 압축된 표현으로 볼 수 있는데,[4] 한반도에 이런 에너지 전환의 스케일 동학을 대입하는 작업은 이론적, 실천적 난관에 직면하게 된다.

남북이 하나의 민족국가, 따라서 분단국가라는 정체성과 국제관계에서의 개별 독립국가라는 이중의 의미를 담고 있는 '특수관계'라는 규정을 감안하면서, 한반도 에너지 전환론의 존재론적 출발점을 가정해야 한다. 구갑우(2005)가 비판적으로 검토한 것처럼, 남북관계를 남한과 북한이라는 행위자와 그들의 상호작용을 통해 산출되는 관계로 정의할 수 있다. 그에 따르면, '남북관계=남한+북한+남북 상호작용'이라는 방정식으로 간단히 정리할 수 있다. 이를 단순 적용하면, '한반도 에너지시스템(전환)=남한 에너지시스템(전환)+북한 에너지시스템(전환)+남북 에너지시스템의 상호작용'이라는 잠정적 결론에 도달한다. 이와 동시에 남북관계의 상위 수준인 동북아시아와 국제 변수를 고려해야 하고, 남한과 북한 각각 내부에 활동하는 다양한 사회 세력들의 존재에 주목해야 한다(구갑우, 2005: 81~91 참조). 여기서 말하는 '남북 에너지시스템의 상호작용'이라는 관계적 속성은 새롭게 구성되는 에너지 전환의 열린 공간으로 가정할 수 있다. 이 공간을 인식하는 데에 다음 선행 연구들에서 영감을 얻을 수 있다.

Goldthau(2014)가 제안하는 다중심적 접근 혹은 다중 스케일 거버넌스muti-scale governance는 다양한 층위와 의사결정 체계로 구성되는데, 다양한 스케일에서 정보가 발생하고 유통하게 만든다. 동시에 조절 기관은 특정 선택을 결정하는 데 일정한 독립성을 유지해야 한다. 따라서 위계, 자율성과 책무를 넘어서 국가 간, 지역 간 학습을 포함해 다양한 행위자들의 통합·참여와 공식적·비공식적 상호 학습의 개념이 중요해진다. 또한 이런 접근은 여러 스케일에 잘 들어맞기 때문에, 다양한 스케일에서의 정책 실험을 촉진해 시스템 전반을 더 혁신적으로 만들 수 있다. 물론 이런 거버넌스가 원활하게 운영된다는 보장은 없다. 그러나 점점 행위자들이 늘어나고 있고, 생산과 소비 측면에서 분산형 에너지가 중요해지고 있으며, 개도국과 빈국에서 에너지 접근성을 높이고 저탄소화를 추구하는 데 유용하기 때문에, 다중심적 거버넌스가 유용한 측면이 있다.

지속가능성 전환에서의 초국적 연계transnational linkages에 대한 관심도 커지고 있다. Hansen and Nygaard(2013)에 따르면, 외국의 지식, 기술 그리고 재원의 흐름과 행위자와 기관 간의 초국적 연계를 통한 조직 역량 강화는 틈새의 발전과 전환의 과정에서 중요한 역할을 할 수 있다. 또한 국제적으로 지원국의 개입을 통해 틈새의 발전을 위한 기술적, 재정적 지원을 받는 형태도 있다. 지원국의 개입은 레짐과 틈새에 직간접적으로 영향을 미치는데, 개입의 목적과 효과는 매우 복잡하고 예측불가능하게 나타날 수 있다. 따라서 다양한 행위자들 사이에서 벌어지는 이해와 해석을 둘러싼 협상과 타협 그리고 갈등과 투쟁이 새롭게 형성되는 과정에 주목해야 한다.

그렇다면 한반도 에너지 전환의 열린 공간을 어떻게 인식할 수 있을까. 스케일의 정치politics of scale를 논하는 케빈 콕스Kevin Cox의 연대의 공간space of engagement 개념을 적용할 수 있다. 의존의 공간space of dependence은 사람들이 물질적인 일상을 영위하기 위해 지방화된 혹은 고착화된 사회관계의 범위를 의미하고, 연대의 공간은 지방의 행위자들이 자신의 고착된 이해관계를 넘어서 원거리 타자들과 형성하는 사회적 네트워크의 공간적 범위를 의미한다. 의존의 공간을 뛰어넘는 정치적 연대와 네트워크가 형성되는 곳이 연대의 공간이다(Cox, 1998; 박배균, 2013). 에너지 전환과 관련해서 연대의 공간에 주목한 접근으로는 국내에서 벌어진 '밀양 송전탑' 사건을 둘러싼 갈등 연구(이상헌 외, 2014)와 재생에너지를 매개로 국경을 넘어서 작동하는 국제적 연대의 필요성을 제안한 연구(Berkhout et al., 2009; 이정필 외, 2014)를 들 수 있다.

요약하면, 남북 에너지시스템의 상호작용에 대해서 남과 북 사이의 다중 행위자와 다중 스케일에서의 연대의 공간이라는 의미를 부여할 수 있을 것이다. 그러나 2절에서 살펴본 다층적 접근과 권력의 관계론적 속성에 비춰보면, 이런 연대의 공간이 창출될 기회는 불확실하고 그 실체 역시 불확정적이다. 무엇보다 서로 이질적인 정치경제적·사회문화적 체제와 동북아 및 국제 변수는 남북 에너지시스템 상호작용의 구조적 제약으로 작동할 가능성이 크다. 그만큼 남한과 북한 사이에서 틈새와 틈새, 레짐과 레짐, 틈새와 레짐이 연계되는 공간을 상상하기가 어려워진다. 그러나 3절에서 검토한 바와 같이, 남한과 북한은 각기 서로 다른 이유에서 에너지 전환과 기후변화 대응을 위해 협력할 가능성이 있고, 나아가 남한과 북한 에너지 전환의 동시적 구성이라는 목적에서 한반도 에너지 전환 경로와 시나리오를 구상한다.

한반도 에너지 전환 경로와 시나리오 구상 및 분석

한반도 에너지 전환의 존재론적 가정을 바탕으로 서로 상이한 남과 북의 에너지시스템을 동시적으로 재구성해 새로운 한반도 에너지 공동체를 실현하기 위한 에너지 시나리오 작업을 수행한다.[5] 주된 목적은 2050년 한반도 에너지 미래를 상상하고 바람직한 에너지 전환 경로를 모색하면서 다양한 쟁점을 도출하여 관련 이론과 실천을 활성화하는 데 있다. 백캐스팅 방법을 활용하기 위해서는 규범적 원칙과 목표를 무엇으로 설정할 것인가가 중요하다.

우선, 남한과 북한의 격차를 최대한 줄여나가는 것을 원칙으로 한다. 남한과 북한의 에너지 생산과 소비의 격차가 매우 심각하다는 난점을 해결하기 위해서 글로벌 공정성과 기후정의 실현방안 중 하나로 제출된 감축·수렴Contraction and Convergence 원칙(부퍼탈연구소, 2011: 205~241)을 수용한다. 이 원칙에 따르면, 선진국과 이들 국민은 자원 소비를 줄이고 개도국과 이들 국민은 자원 소비를 늘리게 되는데, 인간다운 생활을 유지하는 수준에 이르는 미래 시점까지 수렴 과정이 진행된다. 생태적 지속성과 사회적 공정성을 결합한다는 점에서 매력적이지만, 수렴선에 대한 판단과 합의는 어려운 과제로 남는다. 이 글에서는 경제 수준의 지표인 1인당 GDP 격차를 최대한 줄이고, 일상생활에 필수적인 요소인 1인당 전력소비량 격차를 되도록 줄이도록 한다.

다음으로, 목표는 2050년 온실가스 배출량 제로를 달성하는 것이다. 파리협정 이후 국제사회에서 규범적 목표가 되고 있는 배출제로를 지향한다는 의미를 담는다. 장기저탄소발전전략의 목표연도인 2050년에 맞춘 장기 시나리오에 해당한다. 이를 위해서는 전력 부문에서 2050년 재생에너지 비중이 100%가 되어야 한다. 석탄과 LNG 화력발전의 비중이 제로가 되어야 하고, 동시에 핵발전의 비중도 제로가 되도록 한다. 대규모 집중형인 경성에너지시스템에서 소규모 분산형 전력공급시스템인 연성에너지시스템으로 전환하는 경로를 전제로 한다. 단, 에너지 시나리오는 전력을 중심으로 구성하되 전력수급의 안정성은 다음 두 시나리오의 기본 전제이다.

기준 시나리오Reference Scenario는 남한과 북한의 경제 규모와 전력소비격차가 유지되는 가운데 에너지 전환과 기후변화 대응에 소극적인 것으로 설정한다. 기준 시나리오의 전제는 남한과 북한 모두 현재의 조건을 유지하면서 정부가 추진 중인 계획 및 정책을 실현하는 것이다. 인구는 통계청의 장래인구추계를 이용하며 GDP는 정부의 전망을 적용한다. 남한과 북한의 최근 에너지계획 및 정책 내용을 반영한다. 남한은 제8차 전력수급기본계획의 전력수요와 설비량 전망 내용을 반영하고, 북한은 유엔에 제출한 2030년 감축목표에 제시된 감축정책과 자연에네르기 중장기 개발계획을 적용한다. 핵발전과 석탄화력발전이 주요 전원으로 이용되고 재생에너지는 보조적인 성격을 띤다.

전환 시나리오Transition Scenario는 에너지 전환 경로와 시나리오 구성의 이상적 원칙을 적용한다. 남한과 북한의 1인당 GDP 격차를 줄이기 위해 기준 시나리오에 적용한 GDP 전망을 수정 반영한다. 감축·수렴 원칙을 적용해 남한과 북한의 1인당 전력소비량 격차를 줄이고, 2050년 온실가스 배출량 제로를 달성하는 목표를 위해 전력수요 전망을 조정한다. 남한과 북한 모두 2050년 석탄과 LNG화력발전, 핵

[표 12] 한반도 에너지 전환 시나리오 주요 전제 및 결과 비교

구분	기준 시나리오		전환 시나리오	
	북한	남한	북한	남한
인구 전망	(북한) 통계청 북한인구추계 – 연평균 0.13% 증가(2018–2050) (남한) 통계청 장래인구추계 중위가정 – 연평균 0.24% 감소(2018–2050)			
GDP 전망	연평균 2.1% 증가 (2018–2050)	연평균 1.84% 증가 (2018–2050)	연평균 7.61% 증가 (2018–2050)	연평균 1.33% 증가 (2018–2050)
1인당 GDP (2050년)	220만 원	6,779만 원	1,183만 원	5,773만 원
전력수요 전망	연평균 4% 증가 (2018–2050)	연평균 0.6% 증가 (2018–2050)	연평균 4.3% 증가 (2018–2050)	연평균 2.14% 감소 (2018–2050)
1인당 전력소비 (2050년)	1.52MWh	13.37MWh	1.67MWh	5.51MWh
발전설비 용량 (2050년)	16,150MW	177,333MW	24,790MW	146,700MW
발전설비 구성 (2050년)	석탄(20.8%) 원자력(12.4%) 수력(29.7%) 신재생(37.2%)	석탄(22.5%) 원자력(11.5%) LNG(26.8%) 석유(0.8%) 양수(3.8%) 신재생(34.7%)	석탄(0.0%) 원자력(0.0%) 수력(19.3%) 신재생(80.7%)	석탄(0.0%) 원자력(0.0%) LNG(0.0%) 석유(0.0%) 양수(4.6%) 신재생(95.4%)
전력 발전량 (2050년)	52,989GWh	735,237GWh	56,388GWh	312,469GWh
발전량 구성 (2050년)	석탄(25.0%) 원자력(26.5%) 수력(23.8%) 신재생(24.8%)	석탄(35.7%) 원자력(19.4%) LNG(25.4%) 석유(0.3%) 양수(0.8%) 신재생(18.3%)	석탄(0.0%) 원자력(0.0%) 수력(22.3%) 신재생(77.7%)	석탄(0.0%) 원자력(0.0%) LNG(0.0%) 석유(0.0%) 양수(1.9%) 신재생(98.1%)
발전부문 온실가스 배출량 (2050년)	10.9백만톤	282.1백만톤	0	0

발전 설비를 단계적으로 폐지해 그 비중을 제로로 하며, 전력수요를 충당할 수 있을 만큼 재생에너지 발전설비를 추가한다.

기준 시나리오와 전환 시나리오의 1인당 GDP 경로를 보면, 기준 시나리오의 경우 남한과 북한의 1인당 GDP 격차는 2018년 29.7배에서 2050년 30.8배 수준으로 소폭 증가했다. 북한의 GDP 증가율을 남한에 비해 높였음에도 절대적인 수치의 차이가 더욱 커지면서 남한과 북한의 경로상의 격차는 더욱 벌어졌다(그림1 참조). 반면, 전환 시나리오는 북한의 GDP 증가율을 대폭 높이고, 남한의 GDP 증가율을 기준 시나리오 대비 소폭 낮췄다. 이에 따라 전환 시나리오에서의 남한과 북한의 1인당 GDP 격차는 2018년 29.7배에서 2050년 4.9배로 크게 낮아졌다. 하지만 그림2의 경로를 보면 일정한 간격을 유지한 채 증가하는 모습이다. 경제 규모의 차이가 큰 상황에서 남한과 북한의 1인당 GDP 경로가 감축·수렴의 원칙을 준수하기 위해서는 남한의 경제 규모 축소와 북한의 경제 규모 대폭 확대가 수반되어야 한다.

기준 시나리오의 남한과 북한의 1인당 전력수요 격차는 2018년 22.6배에 서 2050년 8.8배로 줄었다. 이는 북한의 전력수요가 남한보다 크게 증가하는 것으로 전제한 데 다른 것이다. 이에 따라 북한의 1인당 전력수요가 2018년 0.45MWh에서 2050년 1.52MWh로 증가했지만, 남한의 1인당 전력 수요도 2018년 10.2MWh에서 2050년 13.37MWh로 증가하면서 여전히 큰 차이를 나타내 경로상의 격차에서는 큰 변화가 보이지 않는다(그림3 참조). 반면, 전환 시나리오의 남

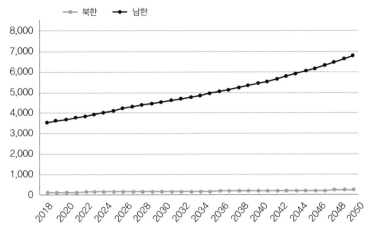

[그림 1] 1인당 GDP 경로(기준시나리오)

(단위: MWh)

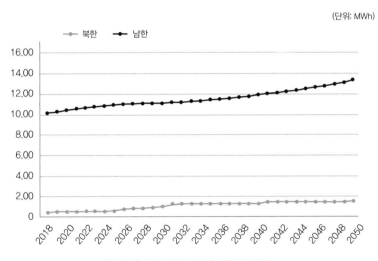

[그림 2] 1인당 GDP 경로(전환시나리오)

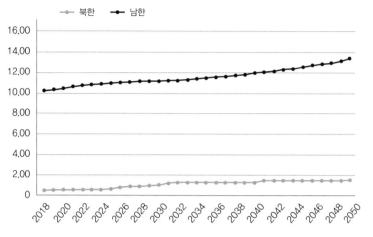

[그림 3] 1인당 전력수요 경로(기준시나리오)

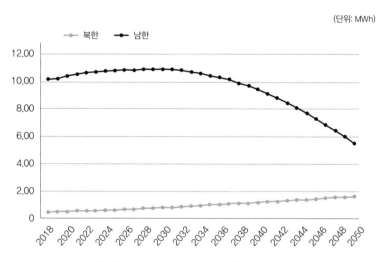

[그림 4] 1인당 전력수요 경로(전환시나리오)

한과 북한의 1인당 전력수요 차이는 2018년 22.6배에서 2050년 3.3배로까지 크게 줄어들면서 감축·수렴의 원칙을 나타내는 경로를 확인할 수 있다. 이는 남한의 전력 수요목표를 절대적인 수준에서 대폭 감축했기 때문에 가능하다(그림4 참조). 이에 따른 남한의 2050년 1인당 전력소비는 5.51MWh로 독일의 현재 수준과 비슷하며, 북한의 1인당 전력소비는 1.67MWh로 코스타리카의 현재 수준과 유사하다.

발전 부문 온실가스 감축 경로를 보면, 경제 규모와 에너지 측면에서 격차가 큰 남한과 북한의 에너지 전환 경로가 2050년까지 어떻게 진행돼야 하는지를 확인할 수 있다. 전환 시나리오에서의 남한의 발전부문 온실가스 배출량은 2019년 2억 5300만 톤 수준에서 2031년 2억 9200만 톤으로 소폭 증가하다가 석탄과 LNG화력발전소가 단계적으로 감축되면서 2050년에 제로가 된다. 북한의 발전부문 온실가스 배출량은 2018년부터 2030년까지 1000~1100만 톤 수준을 유지하다가 석탄화력발전소의 단계적 폐쇄로 2040년 이후 제로가 된다. 국제적인 기후변화대응의 공정성과 기후정의, 감축·수렴의 원칙에 있어서 한국을 비롯한 선진국의 역할을 재확인할 수 있다.

에너지시스템의 전환 경로로 볼 때, 기준 시나리오는 현행 추세 유지에 가까운 시나리오를 의미한다. 최근의 남한과 북한의 계획과 목표를 반영하지만, 시나리오에서 제시된 정량적 수치로만으로는 변형 유형이나 재배열 유형 중 어느 하나로 규정하기 어렵다. 반면, 전환 시나리오는 전력믹스와 배출제로 측면의 성과를 볼 때, 이탈 및 재배치 유형에 해당하는 것으로 판단된다. 그러나 전환 과정에서의 특

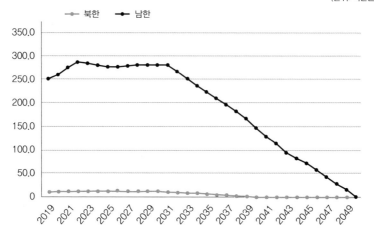

[그림 5] 발전부문 온실가스 감축경로(전환시나리오)

징과 전환 경로 유형의 변화 등에 대해서는 특정하기 어렵다. 기준 시나리오와 전환 시나리오 외에도 다양한 시나리오의 설정이 가능한 것도 주지의 사실이다. 전환 시나리오의 경우, 에너지 전환과 기후변화 대응에 적극적이라는 점과 남북 간의 감축·수렴의 원칙을 일정 부분 반영했다는 점에서 바람직한 한반도 에너지 전환의 미래 중 하나일 수 있다. 또한 재생에너지 100% 시나리오 구현으로 분산형 전원으로서 연성에너지시스템 경로로의 전환 가능성을 확인할 수 있다. 이는 에너지 안보 측면에서도 긍정적이다. 하지만 향후 후속 연구를 통해 보다 정교한 에너지 전환 경로 및 시나리오를 검토하고, 이를 바탕으로 한반도 에너지 전환을 통한 에너지 공동체 실현방안을 모색하는 것이 중요하다.

한반도 에너지 전환 경로와 시나리오의 쟁점과 토론

최근 남북 에너지 협력이나 에너지 안보 논의는 비핵화 협상의 불확실성에도 불구하고, 과거와 다른 질문을 낳고, 의도적이든 비의도적이든 남한과 북한 그리고 한반도의 에너지시스템 경로 전환 논의로 이어질 가능성이 있다. 에너지 전환에 대해 이론적으로 검토한 내용을 반영해 앞서 구상한 한반도 에너지 전환 경로와 시나리오를 성찰적으로 분석하고자 한다. 에너지 전환의 이상적 미래의 단면을 상정한 전환 시나리오는 기준 시나리오와 극명한 대조를 보이지만, 다양한 유형의 전환 경로로 세분화하지 못한 한계가 있다. 특히 한반도 에너지 전환의 존재론적 가정의 한 축인 남북 에너지시스템의 상호작용, 즉 남과 북 사이의 다중 행위자와 다중 스케일에서 연대의 공간의 의미를 정량적으로 제시한 전환 시나리오에서 충분히 담아내지 못했다는 한계를 지닌다. 그럼에도 불구하고, 에너지 격차 해소와 배출제로 달성이라는 규범적 에너지 전환 시나리오를 통해 한반도 에너지 전환을 둘러싼 쟁점을 도출하고 토론하는 데 활용할 수 있을 것이다. 이렇게 한반도 에너지 전환을 위한 예비적 구성물을 재해석하는 환류작업은 전환 과정에 내장된 긍정과 부정이라는 이중의 계기를 파악하고 관련 쟁점을 토론하는 과정이기도 하다.

첫째, 기존 경성에너지시스템 입장을 고수하는 지배적 에너지 협력 경향이 주요 쟁점이 될 것으로 보인다. '북한의 전력난 해소를 위해 중장기 협력 방안'으로 알려진 접경지역 '평화발전소'(가스복합화력)와 해주, 원산, 김책 지역의 석탄화력발전소는 화석연료, 특히 북한에 매장량이 풍부한 무연탄을 적극 활용하고자 하는 시도의 단적인 사례다. 그러나 석탄 등 화석연료의 개발 및 발전원료 사용은 한국의 에너지 전환과 충돌하며, 북한의 에너지 전환 및 한반도 에너지 전환의 경로를 제약하는 구조적 요소가 될 것이다. 이 경우의 한반도 에너지 미래는 기준 시나리오에 가깝게 펼쳐질 것이다. 일각에서는 남북의 연계와 통합 그리고 평화공존·통일 촉진에 긍정적이라고 생각할 수 있겠으나, '한반도 생태공동체' 인식론에 바탕을 둔 '생태통일 전략'을 구상해야 한다는 점에서(최병두, 2003), 그런 인식은 시대착오적인 발상이다.

둘째, 최근 재생에너지 등 연성에너지를 중심으로 에너지 전환을 북한으로 확대하려는 담론이 확산되고 있다. 남북 재생에너지 교류협력의 필요성과 효과성에 대한 연구는 큰 주목을 받지 못했으나 꾸준히 지속되어왔고(민주노동당, 2007; 배성인, 2010, 윤순진 외 2010; Von Hippel and Peter, 2011; 이강준, 018; 김윤성 외, 2018), 최근에는 '한반도 재생에너지 100%'에 대한 관심도 증가하고 있다(《오마이뉴스》, 2018.11.01). 이런 경향은 인도주의와 평화주의 관점에서 한반도 에너지 전환의 명분과 실리를 보장할 수 있다. 그러나 대형 및 집중형 재생에너지 모델에 대해서는 경제주의적, 기술주의적 쟁점이 남아 있는데, 앞으로 에너지 전환의 경로 경합이 발생할 가능성이 있다. 남북의 특수 관계에 따른 한반도 에너지 전환의 잠재력, 즉 남북 에너지시스템의 상호작용이 재배열 유형으로 향할지, 아니면 이탈 및 재배치 유형에 가까워질지 등 전환 경로를 둘러싼 담론 경쟁이 심화될 것으로 예상된다.

셋째, 북한이 경성에너지시스템을 복구하거나, 연성에너지시스템으로의 전환이 순조롭게 진행되지 않을 경우, 북한을 비롯한 한반도에 새로운 사회-공간적 경관이 펼쳐질 수 있다. 에너지 경관이나 탄소 경관이 위험 경관으로 바뀔 위험을 배제할 수 없는 것이다. 에너지 관련 위험 경관은 핵발전과 송전탑 같은 경성에너지(시스템)에서만이 아니라 재생에너지를 둘러싼 갈등에서도 쉽게 확인된다. (재생)에너지가 특정 공간에 들어선다는 것은 해당 기술과 거버넌스의 사회-정치적 윤곽을 둘러싼 투쟁이며, 에너지화·발전화된 경관의 공동 생산을 낳을 수밖에 없기 때문에, 전환관리는 경관의 위험화에 관심을 둬야 한다(에너지기후정책연구소, 2015).

이와 함께 재생에너지 확대 등 저탄소 경로가 실행되는 과정에서 경제적, 억압적 방식을 통해 지배 권력이 유지되고 있는 흐름에도 유의해야 한다(Sovacool et al., 2019). 특히 특정 공간을 재생에너지 입지 site로 대상화하는 시각을 갖출 경우(에너지기후정책연구소, 2016), 북한은 남한에 에너지를 공급하는 생산기지의 역할을 과도하게 부담하는 불균등 발전uneven development을 야기하거나 재생에너지 수탈renewable grabbing과 같은 에너지 전환의 식민화가 우려된다. 앞서 제시한 기준 시나리오는 물론, 재생에너지 중심의 전환 시나리오들에서도 이런 가능성을 배제할 수 없다. 따라서 한반도 에너지 전환의 대체 경로나 다중참여 경로의 관점이 반영되어야 하며, 아직 열리지 않은 연대의 공간을 창출하는 데 관심을 둬야 한다.

넷째, 한반도 에너지 전환을 흡수통일이나 급변사태를 대비하는 차원에서 접근하지 않고, 남북 간의 연합이나 연방제, 또 다른 항구적 평화체제 등 남북관계의 미래에 개방적인 입장을 취할 필요가 있다. 남한과 북한의 권력구조와 정치경제 질서의 변화 역시 중요한 고려사항이나, 이 역시 에너지 시나리오에서 다루지 않았다. 에너지시스템의 근대화를 추구하는 북한에게 그 미래는 아직 결정되어 있지 않다. 한반도 에너지 전환을 남과 북의 단순 합산 그 이상으로 이해하려는 입장은, 비록 이 글에서는 본격적으로 다루지 못했지만, 그 전환 과정에서 새로운 공간이 형성되고 다른 경로가 창출될 수 있다는 낙관적 전망에 익숙해져야 한다. 에너지시스템 전환의 새로운 경로 및 잠재력을 구상할 때, 붕괴된 북한의 경성에너지시스템과 고착된 남한의 경성에너지시스템, 이 양자를 극복하는 동시적 접근이 요구된다. 북한의 경우에는 한국이나 산업화된 국가들의 에너지 전환 경로를 추격할 것이 아니라 도약할 필요가 있다. 따라서 북한의 에너지 전환을 위한 틈새실험 및 전환관리를 구상할 수도 있을 것이다.

다섯째, 이런 쟁점들을 종합해서 한반도 에너지 공동체 담론을 비판적으로 검토해야 한다. 우선 한반도 에너지 전환론은 지배적 관점과 다른 에너지 안보 프레임을 전제한다. 에너지 안보 쟁점을 우회해서는 한반도 에너지 공동체 담론은 공허한 혹은 상상된 공동체에 불과하게 될지 모른다. 한반도 평화 협상의 성과와 북한 체제 전환의 여부 및 경로, 에너지 패권경쟁 양상이 중요한 변수로 작동해야겠지만, 기존 지정학적, 지경학적 입장에서 탈피하려는 적극적인 시도가 필요하다. 최근 기후위기와 에너지 전환 이슈가 국제정세에서 떠오르는 의제가 되고 있는 만큼 이런 요인을 상위 정치high politics로 간주해 포괄적 안보comprehensive security 차원에서 논의해야 한다(이정필, 2012; 코너하우스, 2015). 특히 2021년에 출범할 신기후체제에서 남과 북 모두가 자발적 온실가스 감축 국가가 된다는 점에서, 그리고 기후변화 완화와 적응 분야에서 상호협력의 기회가 예상된다는 점에서 새로운 안보 국면이 열릴 것으로 전망된다. 따라서 이런 여건 변화는 기존 에너지 전환 이론과 실천의 스케일을 확장해야 하는 과제를 우리에게 던져준다.

그런데 한반도 에너지 공동체에 대해서 학술적으로 일치된 견해는 찾기 어렵다. 대신 정부 정책이나 저널리즘 용어, 혹은 민족운동 진영에서 '민족공동체'나 '민족공동체통일방안'을 거론하는 경우를 자주 접할 수 있다. 이런 배경에서 남북관계와 한반도 정세의 변화에 따라 한반도 에너지 공동체에 대한 논의가 이뤄져왔다. 경제협력이나 통일방안이란 이름으로 검토되기도 했고, 특정 에너지원에 대한 인프라 구축이나 개발사업 형태로 제안되기도 했다. 과거(1990년대)에는 다자회담을 통해 주로 경수로 건설, 중유 지원, 대북 송전이 추진되거나 논의됐다. 다른 한편, 국제지원, 남북교류, 그리고 실증사업 차원에서 대북 재생에너지 사업이 추진되거나 논의된 적이 있다(자세한 내용은 6장 참조). 그러나 몇몇 에너지 지원 사업을 제외하면, '예외 공간'이라 할 수 있는 개성공단(154kV 송전)과 금강산관광지구(9MW 디젤발전기)의 협력사업이 물리적으로 존재한다. 2018년, 남북

관계 및 북미관계의 변화 국면에서 남북 에너지 협력에 대한 낙관적 전망이 나타났는데, 이 과정에서 '북한의 전력난 해소를 위해 중장기 협력방안'이 북한에 전달되었다는 사실이 알려지기도 했다(《경향신문》, 2018.05.08).

문재인 정부 들어 발표된 제3차 남북관계발전기본계획(2018~2022), 제5차 국토종합계획(2020~2040), 제5차 국가환경종합계획(2020~2040) 등에서도 '경제공동체', '철도공동체', '환경공동체' 등의 표현을 재확인할 수 있다. 때로는 PNG와 슈퍼그리드를 통해 동북아로 공동체의 스케일이 확장되기도 하는데, 그 이면에는 유럽연합의 사례가 준거로 작동한다. 유럽 통합의 기틀이 유럽석탄철강공동체ECSC와 유럽원자력에너지공동체EURATOM 등을 통해 형성되었고, 유럽연합의 에너지동맹Energy Union으로 발전하고 있다는 사실을 떠올리면 일견 타당해보인다. 한반도 (재생)에너지 공동체 담론 역시 이런 맥락에서 이해할 수 있다. 그러나 국제관계론에서 볼 때, 국가 간 경계를 넘는 송유관, 가스관과 송전망은 상호의존도를 높여 국가 간 협력관계를 증진할 수도 있지만, 안보 딜레마를 해결하지 못할 경우에는 오히려 에너지 안보가 위협받는 경우가 발생할 수도 있는 양면적 속성을 보인다. 따라서 유럽연합의 관계 속에서 살펴본 네덜란드의 사례가 시사하는 것처럼(3장 참조), 한반도 에너지 공동체 방안은 에너지 전환의 사회-공간적 관점과 입장에 따라 크게 달라질 것이다.

한반도 에너지 공동체를 향하여

2018년 10월, 덴마크에서 열린 '녹색성장 및 글로벌 목표 2030을 위한 연대P4G 정상회의'에 참석한 문재인 대통령은 기조연설에서 "북한과 같이 제조업 중심의 성장을 거치지 않은 나라들은 처음부터 경제성장과 지속가능한 발전을 동시에 도모하는 성장모델을 적용할 수 있도록 도울 수 있을 것입니다"라고 언급했다(《한겨레》, 2018. 10. 20). 국제사회에서 지속가능성 발전이 화두인 시점에서 의례적인 발언으로 대수롭지 않게 넘길 수도 있겠지만, 북한에 던지는 메시지는 과거와 다른 뉘앙스를 풍긴다. 남북한 관계에 훈풍이 부는 시기여서 더 적극적인 해석도 가능하다. 에너지 전환이 경제모델과 밀접하게 관련된다는 점에서 눈길을 끄는 대목이다. 이 글의 한반도 에너지 전환에 대한 문제의식이 대통령의 발언과 유사한 측면이 있지만, 지속가능한 발전과 한반도 공동체에 대한 인식 차이, 그리고 아마도 이런 인식 차이에서 비롯되는 에너지 전환의 접근 방식의 차이점이 공통점보다 훨씬 클 것이다.

　이 글은 사회-기술시스템을 구성하는 경제, 정치, 기술, 사회, 문화 등 다양한 구성요소들의 공진화에 초점을 두는 에너지 전환론에 기초한다. 에너지 전환의 지리학적 관점은 그동안 소홀히 취급된 다중 행위자와 다중 스케일의 동학을 분석하고 처방을 제시하는 이론적, 실천적 역할을 수행한다. 국내에서 에너지 전환이 가시화되면서 개별 정책적 접근을 넘어서 포괄적, 포용적 시스템 전환에 관심을 기울이고 있다. 그러나 에너지 전환의 시야는 일국적 차원에 머물러 있고, 에너지 협력과 에너지 안보와의 접점도 찾지 못하고 있는 실정이다. 이런 배경에서 이 글의 한반도 에너지 전환론은 남한과 북한의 에너지시스템의 상호작용에 주목하고, 이를 잠정적으로 연대의 공간으로 이해하고자 했다. 선행 연구과 사례를 충분히 적용하지 못한 상태에서 감축·수렴 원칙(에너지 격차 해소)과 배출제로 목표만을 반영한 한반도 에너지 전환 경로와 시나리오를 예비적 수준에서 구상했다. 비록 다중 행위자와 다중 스케일의 동학을 본격적으로 다루지 못했고, 기준 시나리오의 대립쌍으로 제시한 전환 시나리오가 다양한 유형의 전환 경로를 다루는 데 한계를 보이지만, 한반도 에너지 전환 연구에 상상력을 발휘하는 용도로 쓰이길 기대한다.

전환 시나리오에 대한 비판적 성찰을 통해 한반도 에너지 전환론의 이론적 토대를 점검할 수 있었고, 향후 발생 가능한 논점을 형성하고 각축할 쟁점들을 도출했다. 한반도를 아우르는 경성에너지시스템에서 연성에너지시스템으로의 전환은 한반도 에너지 공동체 형성과 불가분의 관계를 맺게 된다. 그 공동체를 둘러싼 관점과 입장 차이는 재생에너지 100% 주장으로 해결할 수 있는 성질의 것이 아니다. 에너지 공동체 내부 식민화에 대한 경계는 에너지 전환 경로 설정 과정에서 중요하게 고려되어야 한다. 또한 전환 시나리오가 그렇듯이 열에너지와 수송에너지를 제외하고 전기에 초점을 맞추는 순간 반쪽짜리 에너지 시나리오에 불과하게 된다. 주택과 수송체계에 대한 접근도 더 적극적으로 포함해야 하는 과제도 남는다.

　더 근본적으로 이 글의 한계이면서 향후 후속연구를 통해 구체적 성과가 축적되어야 할 연구주제를 다음 네 가지로 제안한다. 첫째, 한반도 에너지 전환의 다중 행위자에 대한 정교한 연구가 필요하다. 하나의 북한이라는 관념을 배제하고 민간을 포함한 다양한 행위자를 전환장에 배치해야 한다. 둘째, 다중 스케일은 남과 북의 하위 스케일(광역·기초·마을과 도시·농촌)로부터 중국, 러시아, 일본 등 동북아 그리고 국제적 에너지 흐름에 이르기까지 뛰어내리고, 뛰어오르기를 반복해야 한다. 셋째, 북한 에너지 전환을 위한 틈새실험과 전환관리 또한 중요한 연구과제로 남는다. 또한 자본주의 정치경제 혹은 산업화된 국가에서의 정의로운 전환just transition 담론과 정책을 북한 에너지 전환과 어떻게 연결할지에 대한 고민도 필요하다. 넷째, 앞으로 시공간 스케일을 포괄하는 한반도 에너지 전환 경로의 다양성 논쟁이 예상되는데, 이 과정에서 그동안 축적된 북한연구 혹은 한반도 연구의 성과물을 에너지 전환론이 적극적으로 수용해야 할 것이다.

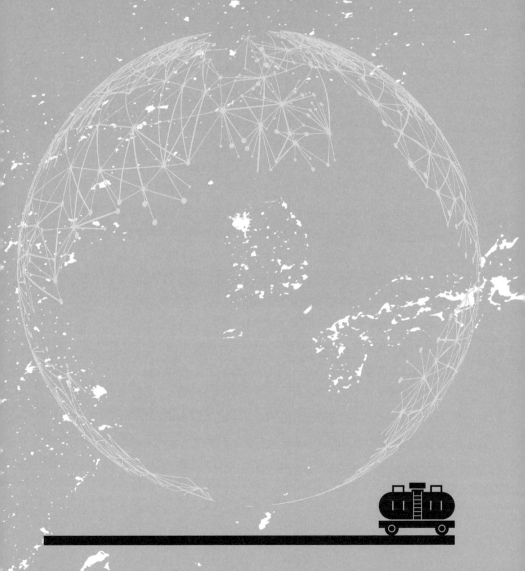

6

남북 에너지 교류·협력
평가와 과제

이보아

지난 30여 년간의 남북 에너지 교류·협력을 보면 유형별로 사업의 추진논리와 주요 행위자, 사업 내용이 비교적 뚜렷한 차이를 보이며 다음과 같은 조합을 이루고 있었다. 첫째, 자원 교역-민간 무역기업 매개-북한에서 남한으로 무연탄 반입(수출), 둘째, 안보 논리를 우산으로 한 산업지원-중앙정부와 핵산업계 중심의 지배적 행위자네트워크-핵화석연료를 활용한 대규모 생산과 원거리 공급, 셋째, 산업지원-중앙정부와 에너지공기업+대기업-북한에 자리한 남한 기업에 대한 남한의 에너지 공급, 넷째, 구호와 개발(역량) 지원-다양한 민간단체와 지방 및 중앙정부-다양한 에너지원의 다양한 사업내용이 그것이다.

이를 바탕으로 지난 에너지 교류·협력을 평가할 때 먼저 눈에 띄는 것은, 에너지 교류·협력의 레짐이 기존 남과 북의 지배적 레짐을 닮아 있으면서 여기에 안보외교라는 보호벽을 한 겹 더 둘러 보다 폐쇄적 형태를 이루고 있다는 것이다. 그러나 이러한 밀실에서 결정의 권한을 독점한 채 추진된 지배적 행위자들의 경수로 건설 및 중유 지원 같은 대규모-인프라-산업지원 방식은 바로 그 안보외교 차원의 불안정한 정세로 목표한 성과를 거두지 못한 채 미완결되었다. 북한 퍼주기라는 왜곡된 인상과 달리 이 사업의 가장 큰 수혜자는 남한에서 경수로 건설에 참여한 핵 산업 및 연관 산업의 종사자들이었으며, 북한에서 중유를 공급받은 산업과 경수로 건설에 참여한 기업 및 노동자들에게도 일부 혜택이 돌아갔다. 이렇게 큰 리스크를 동반한 큰 규모의 인프라 지원이 실패한 가운데, 북한의 긴급구호와 개발 지원을 목적으로 한 인도적 지원 분야에서 소규모이지만 취약계층을 중심으로 주민들에게 생활 에너지를 공급하거나, 난방에너지 설비 설치 및 기술 이전과 풍력 실태조사 등 다양한 사업들이 소기의 성과를 거두었다. 그러나 공통적으로 교류·협력 전반에서 에너지 전환의 관점은 거의 발견되지 않았고, 조금 늦게 에너지 전환의 관점으로 교류·협력에 동참한 행위자들이 많은 장점이 있는 구상에도 불구하고 가시적 성과를 거두지 못한 채 해산되고, 최근까지도 실제 교류·협력의 경험을 만들지 못했다.

이러한 평가를 바탕으로 다시 현재 한반도의 정세로 돌아와 보면, 여전히 단시일 내에 북한과의 대규모 인프라 건설 협력이 성과를 거두기는 어려운 상황이다. 하지만 이렇게 지배적 레짐의 작동이 멈춘 듯한 시공간을 잘 활용해야 한다. 이미 제안되고 있는 개성공단을 중심으로 한 재생에너지 협력이나 국제적 협력을 포함한 인도적 지원 사업들에 구상 단계부터 적극적으로 협력을 제안하고, 남한에서 산업 에너지에 대한 대안적 접근과 구조조정 대상 산업에서 노동자들이 전환으로 동참하도록 이끌 정의로운 전환 방안을 함께 강구하며 남북 교류·협력에서도 적극적 역할을 할 수 있도록 설득해야 한다. 또한 단기적 성과에 유리한 인도적 지원에 머물러 지배적 행위자들에 다른 기회를 주지 않도록 경계하고 전환의 속도와 폭을 확보해야 한다.

한반도 에너지 전환 추진의
실천대實踐臺로서 교류·협력

교류·협력이 실천대實踐臺라는 것은, 남한과 북한이라는 독립적 국가가 각각 존재하는 상황에서 한반도라는 더 포괄적 스케일에 대해 에너지 전환의 어려운 숙제를 공동으로 풀어가겠다는 목표를 가지고 있다면 자연스러운 연결로 보일 수도 있다. 그러나 남한과 북한이 냉전과 그로 인한 분단의 결과물임을 상기한다면, 그 관계는 상당히 가까우면서도 생각보다 훨씬 먼 거리를 두고 있기도 하다. 더욱이 둘 사이의 교류·협력을 그래프로 그려본다면 이만한 롤러코스터가 없을 정도로 극과 극을 달려온 역사가 있고, 최근까지도 그 롤러코스터가 짧고 굵게 가동된 후 교류·협력은 물밑으로 다시 가라앉았다. 따라서 남북 간의 에너지 교류·협력은 단순히 물자와 사업이 오고 가는 것을 넘어서 그 활동을 통해 서로에 대한 이해가 쌓이고, 공동의 경험이 쌓이고, 그럼으로써 신뢰가 쌓여서 한반도 에너지 전환과 같은 공동의 목표를 합의해가고 또 실현하는 데까지 이르는 더 심화되고 확장된 것이다. 교류·협력에 대해 평가할 때도 이러한 교류·협력의 의미와 지향에 비춰볼 것이다.

앞으로의 교류·협력을 준비하면서 지난 활동의 과정과 결과물에서 출발하는 것은 응당 필요한 작업이다. 교류·협력 사업들의 재원과 추진형태가 어땠는지, 그 활동에 참여한 행위자들과 그 행위자들을 움직이게 만든 다양한 요인이 무엇이었는지 살펴보는 것은 지금과 앞으로 펼쳐질 교류·협력의 장에서 발생할 수많은 사건의 맥락을 파악하는 것이다. 하물며 그 맥락을 파악하는 이가 지난 교류·협력에 참여 지분이 낮다면 더더욱 필수적인 단계다. 지나온 시공간을 살펴보며 맥락의 파악과 함께 한반도 에너지 전환을 위해 지양해야 할 것과 지향해야 할 것을 가려보고, 누구와 만나 무엇을 도모할지도 구상해야 하니 말이다. 그럼에도 불구하고 이 장을 준비하기 위해 관련된 많은 문헌을 찾아보며 안타까웠던 점은 남한 차원의 에너지 전환에 대한 넘쳐나는 자료와 역시 의외로 많았던 북한에 대한 정보와 분석과 달리 '남북 에너지 교류·협력'에 대한 자료가 꽤 빈약했다는 사실이다. 특히 에너지 전환의 관점이 어느 정도 반영된 자료는 2008년 진행된 연구 이후로 없다고 봐도 무방하다. 최근에 다시 증가한 에너지 교류·협력의 제안들은 대부분 남한과 북한 각각의 분석에 기반한 것이다.

그래서 무엇보다 '상호' 작용이 중요한 교류·협력, 그리고 공동의 목표를 실현하기 위해 우리가 '실제로 하는 것'이 교류·협력임을 강조하기 위해 실천대라는 단어를 사용한 것이다. 같은 취지에서 강조하고 싶은 바는 지난 교류·협력에 대한 이 평가와 과제 도출이 어디까지나 북한을 비롯해 남북 에너지 교류·협력과 에너지 전환에 참여하는 다양한 행위자들과의 상호작용에 따라 실천적으로 재구성될 것이란 점이다.

남북 에너지 교류·협력에 대한 평가는 먼저 그 실태를 유형별로 살펴보는 데서 출발할 텐데, 여기에는 전체 교류·협력의 흐름에서 에너지가 어떤 위상과 의미를 지니는지 이해하기 위해 에너지 외의 전반적 흐름에 대해서도 필요에 따라 서술했다. 특히 남북한 정부의 대남·대북 정책과 남북 교류협력에 어떤 행위자들이 참여하고 그들은 에너지와 관련해 어떤 입장을 견지하고 무엇을 했는지에 초점을 맞췄다. 검토 결과 에너지 교류·협력은 추진 논리-행위자-사업내용에 따라 특정 조합을 이루고 있는 것으로 파악되어 구체적인 평가에 앞서 이를 종합해 정리했다.

그다음으로 이 선호되는 특정 조합의 특징을 고려하며 에너지 교류 협력의 추진 과정 및 결과를 한반도 에너지 전환 추진과 연결하여 평가하고 시사점을 도출했다. 특히 각각의 평가는 개별적이라기보다 하나씩 쌓아가는 평가로 보면 이해하기 쉽다. 마지막으로 이러한 평가와 시사점을 10년의 침체기를 지나면서 변화된 조건과 종합하여 한반도 공동의 에너지 전환으로 가는 실천 경로로서 교류 협력의 과제를 제시해보았다.

남북 에너지 교류·협력 유형

여기서는 1989년 처음 남북 교류·협력이 시작된 이래 에너지 교류·협력이 어떻게 이뤄졌는지 그 실태를 유형별로 검토해보려고 한다. 각 유형은 엄격한 구분을 위해서가 아니라 분석과 평가를 위해 핵심 공통점을 중심으로 나눈 것이기 때문에 중복될 수 있다. 먼저 단순 일반교역부터 협력사업의 형태까지 다양한 방식이었던 교류·협력을 반입·반출[1]의 관점에서 그 추이를 살펴본다. 다음으로 중앙정부의 직접 개입을 통해 남북 또는 남북 포함 다자간 합의의 형태로 추진한 프로젝트와 인도적 지원의 차원에서 실행했거나 계획한 사업들을 파악해본다.

에너지 광물의 반입·반출

남북한은 정전협정 후 한동안 교류·협력이 전무하다가 노태우 정부 출범과 함께 1988년 '민족자존과 통일번영을 위한 7.7특별선언'(7.7선언)과 '대북경제개방 조치'(1988.10.)가 취해지며 본격적인 교류가 추진되었다. 실질적 교역은 1989년부터 시작되었으며, 같은 해 '남북교류협력에 관한 지침'(1989.9.)과 '남북교류협력에 관한 법률'(1990.8.) 등 관련 법령이 제정됨으로써 법적 근거도 마련되었다. 초기 교류·협력은 일반교역이 주를 이루었는데, 남북 에너지 교류·협력의 시작도 단순 일반교역으로서 광산물 교역이었다. 남한은 에너지 광물자원의 90% 이상을 수입에 의존하는 대표적인 자원부족

국가인데, 북한에는 석탄, 철, 아연, 동, 인회석 등 개발 잠재성이 큰 광산물이 풍부하게 매장되어 있어 광산물이 자국 산업발전의 원동력일 뿐만 아니라 주요 외화벌이 수단으로 활용되고 있다. 그러나 이렇게 상호보완적으로 보이는 상황에도 불구하고 남북교역에서 광산물이 차지하는 비중은 시기별로 큰 편차를 보인다.

전체 교역에서 광산물 점유율은 교역 초기인 1990년대 중반까지만 해도 20~40%였으나 2000년도 들어 한 자릿수인 3.9%로 하락했고 2010년에는 1.8%로 더 감소했다. 남한은 1990년대 초반 이후 1998년 이전까지는 북한의 최대 광물 수출국이었고 이 기간에 북한 광산물 전체 수출의 약 20~53%를 차지했다. 그러나 남한은 외환위기의 영향으로 전체 반입이 감소하고, 북한은 자연재해로 광산과 철도시스템이 타격을 받아 2000년대 초반까지 광물 수출에 어려움을 겪게 된다. 이후 북한의 광물 수출이 급증하지만 이 시기 전체 수출은 물론 광물 수출에서도 대중국 비중이 폭발적으로 증가하면서 남한은 북한의 주요 지하자원 교역국으로서 위치를 상실했다. 남북교역에서 김대중·노무현 정부를 거치며 광물 이외 교역의 비중이 크게 성장하면서 광물 비중이 상대적으로 축소된 측면도 있다.

에너지와 연관된 광산물 교역은 먼저 반입의 경우 주요 반입 품목이 석탄이었다. 북한에는 총 205억 톤(무연탄 45억 톤, 갈탄 160억 톤)가량의 석탄이 매장된 것으로 추정하는데, 남북한 석탄 교역은 거의 전량 북한산 무연탄의 남한 반입이었다. 북한산 무연탄은 남북교역 초기인 1989년부터 1996년까지는 연간 2~6만 톤 규모의 소량만 반입되었고, 앞서 언급한 대로 자연재해로 북한의 석탄 생산이 오히려 해마다 줄어들어 1998년 1860만 톤으로 최저(1989년 생산량의 절반 수준)를 찍으며 1997년부터는 사실상 반입이 중단되었다(김유동·박홍수·김성용·이재호, 2005; 남북교역25년사편찬위원회, 2016). 남북 석탄 교역은 2000년대 초반 김대중 정부가 남북 자원 협력을 '남북신경협' 핵심 사업으로 인식하면서 재개가 추진되었고, 2000년대 중반 들어 북한의 광물 수출 확대와 2005년 '9.19 공동성명'을 전후로 한 남북경제교류협력추진위원회 출범, 남북경제협력협의사무소 개소 등이 맞물리며 본격적인 남북 석탄 협력사업으로 추진된다.

표1과 같이 교역이 재개되면서 무연탄 반입은 매년 증가세를 보이며 2009년에는 사상 최대인 3046만 달러 상당의 46만 7962톤이 반입되었다. 이 시기에는 중국이 북한의 최대 무연탄 수출국이 되긴 했으나 남북한 간에서만 보면 남한으로의 반입도 빠른 성장세를 보이며 최대치를 기록한 2009년에는 그림1처럼 무연탄이 전체 광산물 반입의 70% 이상을 차지했다. 이렇게 반입된 무연탄의 용처는 한 곳으로 집중되었다. 2005~2009년 포스코가 북한의 대진, 북창 지역에서 생산된 무연탄 92만 톤을 반입해 파이넥스 공정에서 사용했는데,[2] 이는 동 기간 중 반입된 북한 무연탄 총량의 94%에 이르는 양이다(김경술·신정수, 2019). 또 이 시기에는 무연탄 교역이 확대되면서 북한 내 관련 인프라 시설에 대한 남한의 투자·사업도 추진되었다.[3]

그러나 2008년 2월 이명박 정부가 출범하고 북한의 핵 폐기 진전 단계에 상응하여 남북 경제협력과 북한경제 지원을 해나가겠다는 엄격한 상호주의 원칙을 표방하면서 남북관계는 급속하게 냉각되었다. 더욱이 동년 7월에는 금강산 관광객 피격 사망 사건이 이어졌다. 북한은 2008년 '12.1조치'로 남북 간 육로통행 제한, 2009년 3월 통신 차단조치, 4월 5일 장거리 미사일 발사, 5월 25일 2차 핵실험 등을 줄지어 감행했고, 결정적으로 2010년 3월 천안함 침몰 사태가 발생한

[표 1] 북한산 무연탄 남한 반입 현황

연도	무연탄 수입량(톤)	북한산 반입량(톤)	북한산비중
2000	2,038,016	−	
2001	3,110,114	−	
2002	3,878,823	−	
2003	4,640,004	−	
2004	4,251,497	3,200	0.1%
2005	4,566,800	−	
2006	5,112,987	10,388	0.2%
2007	5,443,912	235,976	4.3%
2008	5,955,268	260,277	4.4%
2009	6,467,541	467,962	7.2%
2010	7,405,597	42,386	0.6%
2011	8,816,449	−	
2012	8,054,977	−	
2013	8,482,428	−	
2014	8,293,559	−	
2015	8,938,411	−	
2016	9,423,522	−	
2017	7,003,336	−	

출처: 김경술·신정수(2019: 76)

다. 이명박 정부는 천안함 침몰의 원인이 북한의 어뢰공격으로 결론
나자 '5.24조치'를 발표하고, 이 조치로 개성공단을 제외한 남북 교
류·협력이 전면 중단된다. 무연탄 교역과 인프라 시설 투자 역시 모
두 중단되었다.

　그림1은 광산물 반입·반출의 교역형태별 비중을 보여주는데, 반
입과 반출이 뚜렷이 다른 경향을 나타내고 있다. 우선 무연탄을 포
함한 광산물 반입 대부분은 일반교역이었다. 또 앞서 서술했듯이 무
연탄 반입은 교역의 절대 규모면에서나 전체 광산물 반입에서 차지
하는 비중 측면에서 시기별로 큰 차이를 보인다. 그러나 광산물 반
출의 경우 일반교역 비중은 2.6%에 불과하고 개성공단사업 33.9%,
KEDO 중유지원 30.7%, 기타 에너지 지원 10.8%, 그 외 금강산관
광(8.8%)과 기타 대북지원(6.8%) 및 민간지원(6.5%)이 22%를 차지하

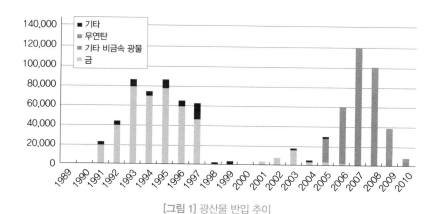

[그림 1] 광산물 반입 추이

주: 2011년 이후 광산물 반입은 없었음. 교역규모 단위는 금액(천 달러)
출처: 남북교역25년사편찬위원회(2016: 279)

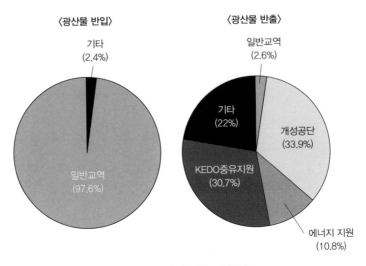

[그림 2] 광산물 반입·반출 교역형태

출처: 남북교역25년사편찬위원회(2016: 281)

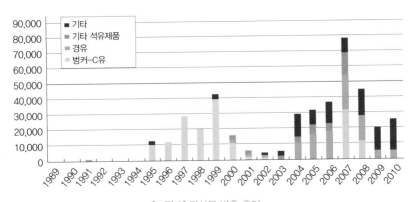

[그림 3] 광산물 반출 추이

주: 교역규모 단위는 금액(천 달러)
출처: 남북교역25년사편찬위원회(2016: 279)

고 있다. 주요 반출 품목 또한 대북지원이나 개성공단 사용목적으로 반출한 중유, 경유 및 기타 석유제품이 대부분을 차지해왔으며, 이들이 광산물 반출에서 차지하는 비중은 75.1%에 이른다 (남북교역25년사편찬위원회, 2016). 즉, 에너지 광산물의 반출은 광산물 반출에서 큰 비중을 보이고 있으며, 주로 교류·협력 프로젝트와 연계되어 이뤄졌음을 알 수 있다. 주요 교류·협력 프로젝트에 대해서는 뒤에서 다시 살펴볼 것이다.

에너지 광산물 반출의 본격적인 시작은 그림3과 같이 1995년부터 2002년까지 이루어진 1억 2900만 달러 상당의 벙커-C유 지원으로 이는 KEDO 사업의 일부였다. 대표적인 에너지 교류·협력 프로젝트였던 KEDO 사업은 광산물뿐만 아니라 전체 남북교역에서도 상당한 비중을 차지했다. 그림4는 남북교역 총 반출에서 KEDO 사업

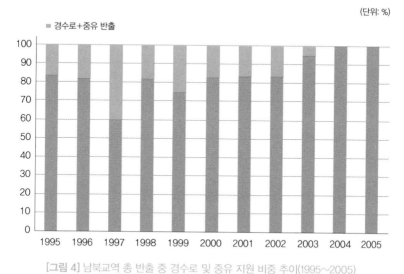

(단위: %)

[그림 4] 남북교역 총 반출 중 경수로 및 중유 지원 비중 추이(1995~2005)

주: 남북교역 금액 기준
출처: 통계청, 남북교역 25년사 통계를 활용하여 작업

의 일환인 경수로 및 중유 지원 비중을 나타낸 것인데, 보는 바와 같이 동 사업은 사업 시작부터 중단 사태가 있는 2003년 이전까지 전체 남북교역액의 총 반출 대비 비중이 꾸준히 15% 이상이었고, 1997년에는 비중이 40% 이상까지 차지했다. KEDO 사업이 주춤하게 된 이후 2004년부터는 개성공단 입주기업들의 공장가동을 목적으로 한 반출이 대부분을 차지했다. 한편 2010년 5.24조치로 개성공단을 제외한 남북교역이 중단된 후로는 개성공단 차량 유지를 위한 유류 반출, 일부 세공을 위한 반출이 있었으며 반출량도 극히 미미한 상태가 2015년까지 이어졌다. 정리하자면, 반출의 경우 광산물 자원이 부족한 남한에서 북한으로 일반교역 성격의 반출은 거의 없고, 북한이 대북 제재로 원유를 원활하게 충당하기 어려운 상황에서 대형 프로젝트나 경제협력사업을 위해 직접 요구하거나 사업 추진상 필요해 지원한 광산물 반출이 대부분이다.

에너지 교류·협력 프로젝트

일반교역을 제외하고 프로젝트로 추진된 에너지 교류·협력은 대부분 중앙정부가 직접적으로 개입해 사업이 전개되었다. 이는 크게 두 가지 유형으로 볼 수 있는데, 하나는 북핵과 연관되어 북미 및 6자회담 등을 통해 합의된, 안보적 차원에서 추진 또는 제안된 에너지 프로젝트들이다. 대표적으로 북한 경수로 지원사업, 대북 200만kW 송전사업, 그리고 대북 중유지원사업을 들 수 있다. 다른 하나는 남북 간 경제협력 사업으로 추진된 프로젝트인데, 여기에는 개성공단이나 금강산관광지구 등의 경협사업에 필요한 에너지를 공급하는 경우나 단천지역 '남북 경공업·지하자원개발 협력사업' 등과 같은 자원개발 프로젝트가 포함된다.

경수로 핵발전소 지원

우선 남과 북만의 교류·협력은 아니지만 남북을 주요 당사자로 한 첫 에너지 교류·협력 사업은 한반도에너지개발기구KEDO가 추진한 경수로 지원사업이다. 노태우 정부의 전환적인 대북 정책으로 남북 간 교류가 한창 활성화되고 있던 시기 북한의 영변 원자력 연구소 플루토늄 재처리 시설이 포착되면서 북핵 위기가 시작되었고, 후임 김영삼 정부는 초기부터 북한의 NPT 탈퇴 선언(1993년 3월)이라는 폭탄을 안고 출범했다. 이 긴장 국면은 알려져 있듯이 1994년 지미 카터 전 미국 대통령의 방북을 계기로 남북 정상회담 추진이 합의되는 등 해소되기 시작하고, 정상회담은 김일성 주석의 사망으로 불발되었지만 이후 북미 간 협상으로 이어진다. 1994년 9월부터 개최된 북미 회담은 10월 21일 '제네바 기본합의서'를 채택하고, 여기서 북한이 흑연감속로를 동결 및 해체하는 대신 100만kW 경수로 2기를 건설하고, 완공될 때까지 매년 중유 50만 톤을 공급해 에너지와 경제를 지원하기로 한다. 하지만 당시 야당인 공화당이 다수를 차지한 미 의회에서 북한에 대한 경수로 발전소 개발 자금을 불허하면서, 이후 한·미·일이 참여한 KEDO를 통해 재원을 조달하고 사업을 추진했다.[4]

김영삼 정부는 이 사업을 지원하기 위해 1995년 통일원의 별도기관으로 '경수로사업지원기획단'을 설치하고, 한국전력은 이 경수로의 사업자가 되기 위해 북한 설득 작업에 돌입했다. 결국 1995년 12월 체결된 '경수로공급협정'에는 경수로 노형으로 '한국표준형원전'이 명시된다. 이후 한국전력은 대북 경수로사업 협력사업자로서 승인을 받으며 남북협력기금을 지원받으며, 1997년 8월에 함경남도 금호지구에서 부지 정지공사에 착공한다. 이후 1999년 12월에는 KEDO-한전 간 일괄도급계약이 체결되어 사업이 추진되었다. 1995년 이래 12년간 약 1조 4189억 원이 투입된 경수로사업은 2002년 10월 북한 고농축우라늄 프로그램 의혹 문제로 KEDO의 중유공급 중단(2002.12), 북한의 NPT 탈퇴(2003.1), 공정 중단(2003.11~2005.11)을 거쳐 최종적으로 2006년 5월 공식 종료되었다. 사업 종료 시 경수로 건설공사는 종합 공정률 34.5% 진척 상황이었다. 한국 정부는 사업 출발 시 공사비의 70%를 지원하기로 합의했으나, 미국의 재원분담 합의 불이행으로 약 6600만 달러가 추가된 공사비 11억 4600만 달러(공사비의 73%)를 지원하게 되었다.[5]

경수로사업은 사실 남북 간 교류·협력 전반에 있어서 큰 영향을 미쳤다. 북한은 경수로 사업 직전까지도 남북 간 직접 대화를 기피하는 태도를 보였고, 경수로 사업을 KEDO라는 국제기구를 통해 추진키로 한 것에 이러한 이유도 작용했다. 그러나 이러한 인식과 태도는 경수로 사업을 거치며 상당 부분 변화했다. 우선 경수로 사업은 그 자체로 규모의 측면에서나 남북 상호 간 밀도 측면에서 이전과는 비교할 수 없을 정도의 접촉이 이뤄진 교류·협력 사업이었다. 동 사업은 해당 기간에 남북 간 갈등 방지 및 대북 접촉창구 역할을 수행했으며, 경수로 사업 추진 과정에서 경협의 제도화 진전, 북한의 자본주의 시장경제 인식 확산과 대남인식 변화 등이 있었고, 기존의 단순교역 중심의 교류·협력뿐만 아니라 3대 남북 경협사업(금강산관광사업, 개성공단사업, 남북 간 철도·도로연결사업)과 같은 대규모 교류·협력 사업이 출발할 수 있는 토대가 되었다.

경수로 사업 수행 과정에서 대규모 남한 인력의 방문이 가능했고 남북 간 정기 항로와 강원도 양양공항과 함경남도 선덕공항 간 항공로도 개설되었다. 더불어 금호 현장에는 KEDO 인원과 함께 한국 노동자들이 수십에서 수백 명까지 상주하여 남북한 상호 신뢰증진과 교류·협력의 경험이 축적되었다(경수로사업지원기획단, 2007). KEDO와 북한 간에 체결된 특권 면제 및 영사보호, 통행, 통신, 노무·물자·기타 서비스 등에 대한 의정서는 본격적인 남북 교류·협력 확대와 금강산 및 개성공단 사업의 법적, 제도적 틀을 제공했다고 할 수 있다. 경수로 사업을 위해 만들어진 각종 의정서가 금강산관광사업과 개성공단사업을 위한 관리규정 작성에 원용되었다. 의료지원과 은행 점포 설치, 훈련의정서 등의 체결·발효 등도 유용한 교류·협력의 바탕이 되었다. 경수로사업 이후 다수의 남한 인사들이 평양 이외 북한 내륙 여러 곳을 방문하게 됨에 따라 북한의 경제생활, 전력생산, 운송체제, 산업가동 실태, 농산물, 주민생활 등에 관한 정보획득도 이루어졌다(문종열, 2007).

그러나 경수로사업은 에너지 교류·협력의 측면에서는 오히려 실패한 사업이었다. 경수로 지원이 중단될 수밖에 없었던 주된 이유는 북미 관계 및 북한의 핵폐기 진전이 수반되지 않은 채 경수로 건설 공사만 진척되어왔기 때문이다. 안보 관계의 측면을 제외하더라도 경수로사업은 북한의 취약한 경수로 수용 능력 때문에 실제 가동이 어려운 상황이었다. 북한의 부실한 전력인프라 사정으로 인해 향후 2007년 기준 북한 발전용량의 10배나 되는 전력망을 갖추어야만 경수로 가동이 가능했고, 원자로 고장에 대비한 안정된 외부 비상 전력원이 존재하지 않아 경수로가 완공되더라도 미국 핵안전규제위원회의 가동승인을 확보하기 어려웠다(문종열, 2007).

대북 200만kW 송전

남한과 북한 양자 간 에너지 교류·협력 논의는 2000년 12월 제4차 남북 장관급회담에서 북측이 전력지원을 요청하면서 논의되기 시작되었다. 그 이전인 동년 3월, 북한은 미국과의 회담에서 KEDO 경수로 건설이 지연되는 데 따른 전력보상을 요구하면서 그 방안으로 남한의 전력공급을 요청하고 이에 대해 미국이 협조할 것을 요구한 바 있다. 다만, 당시 논의 내용은 북미 간의 회담에서 제기된 것으로, 남한에 직접 제안된 것은 아니었다. 북한이 북미 회담에서 거론했던 전력공급 요구를 공식적으로 남한에 제기한 것은 제4차 장관급회담(2000.12.12~16, 평양)에서였다.[6] 여기서 북한은 경수로 건설이 완공될 때까지 매년 200만kW의 전력을 송전선 연결방식으로 지원해줄 것을 요청하면서, 일차적으로 황해남도 남천과 경기도 양주

사이 90km 구간의 송전선을 연결하여 50만kW를 공급해줄 것을 요구한다. 관련 논의를 안건으로 한 제1차 남북경제협력추진위원회(200.12.28-30, 평양)에서는 전력협력실무협의회와 남북전력협력실태공동조사단을 구성·운영해 2월 중 공동조사에 착수하기로 합의했으며, 남북전력협력실무협의회 1차 회의를 그다음 해인 2001년 2월 평양에서 개최하게 된다. 그러나 이 회의는 남측의 '선先 실태조사, 후後 지원여부 결정'과 북측의 '선 지원약속, 후 실태조사' 이견을 좁히지 못하였고, 그 이후 후속 논의를 위한 회의가 재개되지 못한다.

이후 200만kW 대북 전력지원은 2005년 7월 12일, 당시 통일부 장관이 북한이 핵개발을 포기할 경우 그 대가로 평양까지 송전선을 건설하여 200만kW의 전력을 지원할 수 있다고 발표한 이른바 '중대제안'에 의해 다시 수면 위로 올라온다. 당시 정부는 경기도 양주에 복합화력발전소를 짓고 양주에서 평양 간 송전망을 통해 200만kW의 전력을 송전하며, 이 송배전 시설은 기존 경수로 건설에 소요될 비용으로 건설하겠다는 계획이었다. 중대제안은 같은 해 9월 19일 제4차 6자 회담의 공동선언문에도 포함되어 전제조건이 실현되고 북한이 수용한다면 돌이키기 어려운 국제적 약속으로 굳어지게 되었다. 그러나 한편으로는 이 제안은 여러모로 실현 가능성이 낮다는 해석이 많았다.

우선 큰 사업 리스크에도 불구하고 추진하려면 막대한 비용이 예상되었다. 이유진 등(2007)은 노틸러스 연구소의 북한 에너지 프로젝트에 참여한 강정민 박사의 분석을 인용해 "양주~평양 간 송전망 및 관련 시설 투자비로 초기 비용만 3조 4000억 원[7]이 든다"고 제시했다. 또 이렇게 되면 북한이 전력의 절반 이상을 남한의 송전에 의존하게 된다는 것인데 북한이 정치적으로 받아들이기 어려운 제안이라는 점도 지적했다. 이외에도 4차 6자회담 공동선언문에 경수로 지원이라는 다른 형태의 200만kW 전력지원 방안이 동시에 포함되어 있어 중복제안이라는 점, 중대제안은 우리나라의 제안을 단순히 공동선언문에 포함해 중대제안이 여전히 유용하다는 점을 확인한 것일 뿐 6자회담 회원국들이 공동으로 합의한 것이 아니라는 점 등을 고려할 때에도 현실성이 그다지 높지 않다는 해석이 존재했다(김경술, 2012). 결과적으로 이 제안은 가시적으로 추진된 것은 없었다.

중유 지원

북미 및 6자 회담과 관련하여 진행된 나머지 에너지 교류·협력은 대북 중유지원이다. 전술하였듯이 북미회담의 제네바 합의에 따라 KEDO의 경수로 건설 지원 당시 1995년에서 2002년까지 기간 중 이미 매년 50만 톤 (매월 5만 톤)의 중유를 북한에 제공했는데, 6자 회담에서도 중유 100만 톤에 해당하는 경제지원이 합의됨에 따라 2007년 ~2008년 기간 중 50만 톤의 중유를 제공했다. 6자 회담에 의한 대북 중유지원은 2005년 9.19합의 이행을 위한 2.13 합의로 결정되었다.

2007년 2월 개최된 제5차 6자회담 3단계회의에서 합의된 2.13합의는 제2조5항에서 "참가국들은 2005년 9월 19일 공동성명의 1조와 3조를 상기하면서, 조선민주주의인민공화국에 대한 경제·에너지·

인도적 지원에 협력하기로 했다. 이와 관련, 참가국들은 초기단계에서 조선민주주의인민공화국에 긴급 에너지 지원을 제공하기로 합의했다. 중유 5만 톤 상당의 긴급 에너지 지원의 최초 운송은 60일 이내에 개시된다"고 합의하고 있으며, 제4조에서는 "초기조치 기간 및 조선민주주의인민공화국의 모든 핵프로그램에 대한 완전한 신고와 흑연감소로 및 재처리 시설을 포함하는 모든 현존하는 핵시설의 불능화를 포함하는 다음 단계 기간 중, 조선민주주의인민공화국에 최초 선적분인 중유 5만 톤 상당의 지원을 포함한 중유 100만 톤 상당의 경제·에너지·인도적 지원이 제공된다"고 합의함으로써 대북 중유 지원이 중유만이 아니고 중유 100만 톤에 상당하는 경제적 지원임을 밝히고 있다.

이는 현실적으로 북한이 수용하여 소비할 수 있는 발전용 중유의 한계가 월 5만 톤에 불과하기 때문에 예상되는 다음 단계 기간 중 100만 톤을 중유로 지원할 경우, 북한의 수용성에 문제가 발생할 수 있다는 점을 고려하여 합의된 결과로 볼 수 있다. 이 지원은 2007년 7월과 8월에 걸쳐 초기단계 지원분 중유 5만 톤이 남한에 의해 지원되고 나머지 95만 톤에 해당하는 지원은 2.13 합의에 의해 설치된 '에너지·경제실무그룹'에 의해 합의되었다. 2007년 10월에 개최된 실무그룹 회의는 95만 톤 가운데 45만 톤은 중유로 나머지 50만 톤은 발전소 설비자재 등으로 지원하기로 합의하고, 결과적으로 총 50만 톤의 중유가 지원되었다(김경술, 2012).

남북 경제협력사업

국민의 정부와 참여정부 시기 활발해진 교류·협력으로 대규모의 남북 경제협력 사업이 성사되자, 이 사업에 요구되는 에너지 공급이 주요 이슈 중 하나가 되었다. 우선 1998년 11월 해상관광 형태로 최초 시작된 금강산 관광은 2002년 10월에는 고성군 온정리, 성북리, 해금강 일대, 통천군 일부 등 약 2000만 평에 대한 금강산관광지구 지정이 완료되고 2003년 2월부터 육로관광이 개시되었다. 이에 맞추어 2004년 7월 개장한 금강산 여관은 애초 북측 전기를 사용했었는데 불균일한 전압상태와 잦은 정전으로 운영상의 어려움이 발생했던 것으로 보고된 바 있다. 이에 2008년 7월 관광객 피격사건으로 사업이 전면 중단되기까지 금강산 관광지구의 전력공급은 사업자인 현대아산의 주도로 이루어졌다. 현대아산이 운영하던 9000kW 규모 장전 발전소와 6135kW 정도의 보조전원 그리고 북측 배전계통으로부터 수전 받는 1925kW 정도의 비상발전기 등 보조전원으로 구성되었다.

[표 2] 남북 경제협력 사업에 대한 에너지 공급 프로젝트

관련 협력사업	에너지 공급 사항
개성공단 사업	• 남북한 간 합의(2004.12.3.)로 한국전력이 송배전설비 설치와 공급을 담당하기로 하고 2005년 3월~2007년 5월까지는 남한의 문산 변전소에서 15,000kW 전력이 배전 방식으로 공급, 문산 변전소와 개성 변전소 연결 공사가 완공된 2007년 6월 이후로는 10만kW의 전력을 송전 • 이외의 석유류 및 가스도 남한에서 공급
금강산관광지구 사업	• 금강산 관광지구에 사업자인 현대아산이 전력공급을 담당 • 전력은 현대아산의 9,000kW 규모 장전발전소와 6,135kW 보조전원, 북한의 1,925kW 비상발전기 등 보조전원을 통해 공급

그러나 이마저도 2007년 중단 당시 이미 거의 전력공급 한계 상황에 처한 것으로 파악된다(김경술, 2012).

개성공단이 들어서기 전 기존의 개성시 전력 설비용량으로는 개성공단의 추가적인 전력수요를 감당하지 못하는 상황이었다. 이에 따라 개성공단에 대한 전력공급은 남측 전력공급자인 한국전력이 상업적 차원에서 설치, 공급하기로 남북 간에 합의(2004.12.3.)했다. 한국전력은 우선 시범단지 입주업체를 위해 2005년 3월, 일산 복합발전소~문산변전소~2.3km연결선로~개성공단으로 22.9kV 배전선로를 연결하여 1.5만kW의 전력공급을 시작했다. 또한 전력과 별도로 석유공급을 위해서도 400kl 규모의 경질유 저장시설과 30톤 규모의 LPG 저장시설을 갖추기도 했다. 이후 2007년 개성공단 1단계 개발 완료 예정에 맞춰 2006년 4월부터 송배전설비 건설공사에 착수, 2007년 5월 26일부터 상업운전을 개시했다. 약 450억 원의 예산이 투입된 해당 송변전설비는 경기도 파주 문산변전소로부터 군사분계선을 지나 개성공단까지 16.8km 구간에 걸쳐 철탑 48기와 154kV 송전선로 및 개성공단 내 154kV 옥외변전소로 구성되어 있다. 이른바 이 '평화변전소'를 통해 개성공단 1단계 지역에 10만kW의 전력을 공급할 수 있는 체제를 갖추었다(김경술, 2012). 또한 개성공단에는 25톤 규모의 LNG 저장탱크가 있고 가스공사가 평택기지에서 탱크로리를 통해 연간 약 300톤 규모의 가스를 공급했고, 한국지역난방공사가 이 LNG를 이용해 아파트형 공장 내에 난방, 증기, 온수의 형태로 열에너지를 공급하고 있었다. 이외에도 2개 LPG 업체가 각각

38개 입주업체에 월평균 300톤, 57개 입주업체에 월평균 360톤을 공급했다(한국에너지공단, 2016). 이 밖에도 2005년 정부 차원에서 개성 공단사업 지원의 일환으로 개성주민의 난방, 취사용으로 연탄 5.5만 톤을 지원한 바 있다.[8]

한편 북한의 광물자원을 개발하는 데에도 남한이 진출해 경제협력 사업이 전개되었다. 에너지 관련 광물인 무연탄의 경우 당시 북한 산 무연탄 대부분을 반입하고 있던 서평에너지가 진출했다. 서평에너지는 석탄공사, 아스트라 상사, 대상홍콩, 휴람랄앤씨 등이 출자한 기업으로 2007년 12월 남북경제협력사업 승인을 받아 북한의 명지 총회사와 천성석탄합작회사를 설립한다. 그리고 북한의 주요 항구인 남포시에 1000만 달러 규모의 석탄 전용 하역설비를 건설하는 데 투자한다. 3장에서 보았듯이 당시 무연탄 교역이 급증하고 있었기 때문이다. 그러나 이 사업도 5.24조치로 중단되었다.

인도적 대북 에너지 지원 속 에너지

한편 1990년대 중반 북한에 도래한 소위 '고난의 행군'은 그 이전까지 주로 경제협력에 집중되었던 남북 교류·협력에 변화의 계기를 가져왔다. 북한의 열악한 식량사정과 경제악화 사실이 외부에 알려지면서 교류·협력에 소위 동포애적·인도적 차원의 대북지원 이슈가 대두되고, 동시에 민간이 교류·협력 주체로서 등장한 것이다. 1995년 당시 정부는 먼저 쌀 15만 톤을 북한에 제공했는데, 이에 대해 사회·종교단체들이 북한의 식량난 해결을 도울 수 있도록 민간차원의 대북지원 참여 필요성을 제기했다. 정부는 이러한 요구를 받아들여 동년 9월 민간차원의 인도적 지원을 허용하고 이후로도 대북지원 확대를 위한 조치를 발표했다. 또한 민간단체들의 대북지원 기탁성금이 증대되고, 지정기탁 등을 희망하는 민간단체들이 늘어나면서 남·북 적십자는 민간 대북지원을 간접지원방식에서 남북 간 직접전달 방식으로 바꾼다.

뒤를 이어 등장한 김대중 정부는 '햇볕정책'으로 잘 알려진 대북화해협력정책을 제시하며 출범하자마자 〈민간차원 대북지원 활성화 조치〉를 발표했다(1998.3.18). 이 조치는 민간단체 대북지원 참여 확대, 민간의 대북지원 모금활동 규제 완화, 협력사업 방식의 시범적인 대북지원 허용을 포함함으로써 활동 영역을 확대했다. 1999년에는 '대북지원 창구 다원화' 조치를 통해 대북지원사업자로 지정된 개별 민간단체들이 직접 북한 해당 단체들과 지원대상, 지역, 물품 등을 협의하여 지원하고 그 분배결과까지 확인하도록 방북이 허용되었다. 또한 2000년에는 민간단체의 대북지원 사업에 남북협력기금을 지원할 수 있도록 〈인도적 차원의 대북 지원사업 처리에 관한 규정〉이 제정되면서 대북지원 사업의 지속성 유지와 규모 확대에 크게 기여했다.

정부의 제반 지원 강화와 함께 2001년 2월에는 '대북지원민간단체협의회' 출범으로 대북지원 민간단체들의 유기적인 협조체제가 구축되면서 대북 정보 교환과 상호 협력이 더욱 활발해지고 사업도 효율적으로 진행할 수 있게 되었다. 민간단체들의 대북지원은 양적으로

뿐만 아니라 질적으로 발전했다. 인도적 대북지원이 시작된 1995년 이후 초기에는 지원이 주로 북한의 식량난 해소를 위해 긴급한 일반 구호에 집중되었으나(일반구호 비중, 1995~1998년 평균 95.5%), 2000년 이후에는 대북 농업복구 지원 비중이 크게 증가했다(1999~2007년, 평균 54.3%). 여기에는 북한의 요청과 참여 단체들의 지난 활동에 대한 평가와 문제제기가 작용했다. 인도적 지원은 긴급상황Emergency와 재난Disaster에 대한 직접 구호활동이 우선적으로 진행되나, 이는 문제해결을 위한 근원적 처방이 아니기 때문에 구호활동의 성과가 어느 정도 나면 이후에는 개발지원으로 전환되는 것이 통상적이다. 그러나 대북지원은 1995년에서 10년이 지나고도 북핵문제 등 정치군사적 문제로 개발지원으로 전환되지 못한 채 구호활동이 장기화되는 양상이었다.

결국 북한은 2004년 9월 국제기구들에 인도적 지원 사업을 개발지원으로 전환해줄 것을 요청했고, 이와 별개로 비슷한 무렵부터 대북지원 단체들 사이에서도 같은 목소리가 공론화되었다. 이러한 영향과 함께 북한의 식량난이 일부 개선되고 민간단체들의 경험이 축적되면서, 단체들의 성격과 영역이 확대되었으며 대북지원의 내용도 초기의 식량 위주나 일회성 지원에서 농업개발·보건의료·취약계층 지원 등 지속적이고 전문적 지원으로 발전했다(통일백서 2002, 2003). 이에 따라 2000년대 후반에는 보건의료 등 개발지원성 지원 비중 (2008~2016년, 평균 58.9%)이 증가한 것이 특징이다. 정부 차원에서 추진하기 어려운 사회인프라(상하수도개선사업, 학교건립, 산림녹화 등), 농축산 지원(농자재 지원, 비료지원, 농업기술 지원) 등이 민간단체에 의해 수행되었고, 정부는 남북협력기금을 통해 이를 지원했다(현대경제연구원, 2018).

또 구호지원에서 개발지원으로 전환하는 과정에서 지방자치단체(이하 지자체)들이 시범적인 개발지원 사업을 적극적으로 추진하면서 새로운 주요 행위자로 부상했다. 지자체는 개발지원을 추진할 수 있는 충분한 자원과 능력을 갖추고 있으면서도, 정치·군사적 문제에 크게 영향을 받지 않고 유연하게 대응할 수 있기 때문에 그 역할이 커진 것이다. 다만 지자체는 대부분 오랜 경험과 전문성을 갖춘 민간단체들에 비해 역량이 부족했고, 최근까지 독자적으로 남북교류협력사업을 추진할 수 없었기 때문에 민간단체와의 연계를 통해 지원에 참가했다.

그러나 인도적 지원 역시 2010년 5.24조치 등의 영향으로 큰 타격을 받았고 그림5에서 보듯이 이명박·박근혜 그리고 문재인 정부에 이르기까지 모두 문민정부 당시보다 후퇴한 수준을 보이고 있다. 이러한 인도적 대북지원 중 에너지 지원은 민간에 의해 시행되는 겨울철 난방 및 취사연료 지원을 위한 대북 연탄 및 연탄보일러 지원과 북한 풍력산업 개발을 위한 풍력자원 조사 지원 그리고 정부의 정책적 판단에 의해 시행되는 일회성 에너지 지원 등이 진행되었다. 인도적 지원에서는 특히 민간단체들의 지원사업이, 정부가 주도하는 에너지 교류·협력 프로젝트에 비하면 작은 규모이지만 에너지 부족으로 고통받는 북한 주민들에게 실질적인 도움을 제공하고 5.24조치로 중단

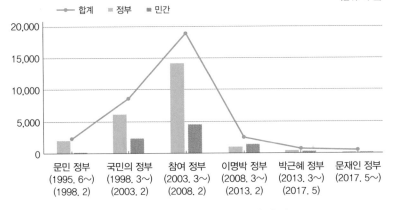

(단위: 억 원)

[그림 5] 남한 정부별 대북 인도적 지원 추이

출처: 대북지원정보시스템 https://hairo.unikorea.go.kr/

되기 전까지 꽤 지속적으로 이루어진 사례들도 있어 주목할 만하다.
다음 표3은 민간단체를 통한 인도적 지원 중 에너지와 관련된 사업들
에 남북협력기금이 집행된 실적을 정리한 것이다. 이것은 공개된 자
료를 활용해 말 그대로 남북협력기금이 지원된 실적만을 보여주는
것이며, 각 단체들은 자체 모금 등도 병행하며 사업을 전개해 실제로
는 아래보다 더 많은 지원이 이루어졌다.

이 중 가장 지속적으로 추진된 대표사업 중 하나로 대북 연탄지
원은 사단법인 따뜻한 한반도 사랑의 연탄 나눔 운동에 의해 추진되
고 있는 민간 위주의 자발적 북한 지원사업으로 2004년부터 북한 주
민들의 취사·난방용 연료를 지원했다. 강원도 고성군 온정리, 삼일
포 지역과 개성지역을 중심으로 추진되어 온바, 2004년 이후 2010년

[표 3] 민간단체를 통한 인도적 지원사업 중 에너지 관련 남북협력기금 집행 현황

(단위: 억 원)

단체명	사업내용	연도별 집행액							
		2003	2004	2005	2006	2007	2008	2009	2010
개별사업									
남북강원도협력협회	연어부화, 산림방제	701	16			591			
평화의 숲	산림녹화, 양묘 시범단지, 태양광 12kW 발전설비	55	86	89	152	20			
새천년생명운동	보일러 지원			42	37	104	141		
연탄나눔운동	연탄, 면장갑				209	354	285		
남북함께살기운동	살림집 개보수 등					226	206		
서피스포피스	주택난방 지원사업							67	28
통일준비네트워크	친환경 순환농업							134	90
통일연합 종교포럼	주택 개보수 지원사업							12	26
정책사업									
겨레의 숲	산림녹화 시범사업						750	500	421
민족화해협력 범국민협의회	산림녹화 시범사업					1,300			
합동사업									
남북나눔	주거환경 개선사업				500	1,043	923	1,413	
남북어린이 어깨동무	모자보건 복지사업				783				
한국국제 기아대책기구	보건, 식수 환경개선사업				166	273			
한민족 복지재단	복토, 직파 농업협력					500			
영유아 지원사업									
어린이재단 등 5개 민간단체 컨소시엄	남포시, 대안군, 회령시 영유아지원						1,080	7,826	

주: 2011년 이후 현황은 포괄적 금액 현황 외 세부 사업내용을 공개한 사항을 찾지 못함
출처: 남북교역25년사편찬위원회(2016: 226~230) 일부 발췌하여 정리

3월 31일까지 강원도 고성군, 온정리, 삼일포 지역에 지원된 연탄이 576만 장, 개성지역에 지원된 연탄이 425만 장으로 총 1001만 장의 연탄을 지원했다. 개인, 법인, 단체 등의 자발적 대북 지원의사를 후원 방식으로 통합하여 규모 있는 지원이 가능하도록 일원화한 지원 사례로 전국 각지의 수많은 기업, 단체 및 개인들이 참여하고 있다. 동 단체는 2005년부터 2008년까지는 나무심기를 통해 북한 산림을 복구하고 실태를 보고하기도 했다. 이 사업에서는 북한 해당 지역에서 연탄을 하역할 때 북한 주민들과 함께하고, 191차례의 방북(개성 76회, 고성 115회) 과정에서 나무심기에 참여한 남측 인원이 2307명, 연탄하역 및 모니터링을 위해 방북한 인원까지 합하면 4000여 명이 북한 주민들과 공동작업함으로써 남북 간 화해와 협력 분위기 조성과 지원 대상지역 난방 및 산림보호에 크게 기여했다(김경술, 2012; 남북교역25년사편찬위원회, 2016; 따뜻한 한반도 사랑의 연탄나눔운동 홈페이지).

　북한에 대한 연탄보일러 지원도 민간 기업이나 단체들에 의해 자생적으로 시작되어 이어진 지원사례다. 경기도 부천의 보일러 제조업체 목화정밀은 민간운동단체인 새천년생명운동본부를 통해 2002년부터 2008년까지 평양과 금강산 온정리 일대 7000여 세대에 연탄보일러를 지원했으며, 귀뚜라미보일러는 북한 실정에 맞도록 취사 및 온돌난방이 동시에 가능한 북한용 연탄보일러를 개발하여 기술을 이전한 바 있다. 동사는 또한 보일러 견본품 1000여 대와 각종 연결부속, 팽창탱크, 중형 난방전용보일러, 전기보일러, 온수기 등을 전달하고 보유 중인 560여 건의 보일러 관련 특허기술 중 일부를 북한으로 이전하여 북한이 자체적으로 사용할 연탄보일러는 물론 중국, 러시아, 중앙아시아 등지에 기술수출이 가능하도록 지원한 바 있다(김경술, 2012). 재생에너지를 지원한 사례도 존재하는데, 우선 2003년에 '평화의숲'이라는 단체가 평양시 순안지구 양묘 시범단지에 12kW의 소규모 태양광 발전설비를 지원했다. 한국풍력에너지는 북한 삼천리총회사와 협력하여 북측 풍력자원조사를 위한 공동 학술회의를 2007년 1월(북경), 3월(개성) 두 차례 개최하고, 동년 7월에는 마식령지구에 계측타워를 설치하는 등 북한 풍력자원 개발을 위한 기초조사를 지원한 바 있다(김경술, 2012). 이 밖에 농업현대화나 생활개선, 영유아 지원 차원에서 진행된 사업들에 단열을 위한 주택 및 시설 개보수가 포함된 경우들이 있다.

정부 당국도 정책적 판단에 의해 일회성 대북 에너지 지원을 시행한 사례들이 있는데, 2004년에는 용천 폭발사고 수습용으로 아스팔트 2000톤, 휘발유 167통, 경유 167톤을 지원했다.

에너지 전환 관점의 제안

그렇다면 이 책의 가장 큰 주제인 한반도 에너지 전환의 관점에서 추진된 교류협력은 없을까? 2010년 5.24조치로 인한 전체 남북교류협력의 긴 하강기 이전에 '에너지 전환'은 상당히 낯선, 시민사회에서조차 거의 쓰지 않는 개념이었기 때문에 정확히 그 용어를 쓴 것은 아니지만 내용상 에너지 전환의 관점을 담고자 한 사례는 있다. 2007년 9월 민주노동당 녹색정치사업단과 녹색교통운동, 녹색연합, 환경운동연합, 환경정의 등 환경운동단체 그리고 유니슨, 코팩아이엠씨 등 재생에너지 기업과 한국발전산업노동조합이 공동으로 구성한 '대북 에너지지원 국민운동본부'의 "선샤인 프로젝트"가 그것이다.

대북 에너지지원 국민운동본부는 선샤인 프로젝트를 크게 3단계로 추진할 계획이었다. 먼저 1단계는 당장 심각한 에너지 부족을 해결해 가장 고통받는 인민들의 에너지기본권을 확립하는 것을 목표로 했다. 그리고 이를 기존 대부분의 인도적 지원사업과 달리 화석연료보다 재생에너지와 에너지 효율화로 달성하겠다는 제안을 내놓았다. 긴급한 에너지 부족분이 해결된 후 2단계는 역시 재생에너지를 중심으로 민간 부문에 대한 지원 폭을 넓힘과 동시에 수송 부문에 대한 지원까지 확대함으로써 자립형 에너지체계를 마련하는 것을 목표로 했다. 마지막으로 3단계는 사회 전반에 걸쳐 재생에너지 체계가 확산된 것을 기반으로 산업용 에너지 공급에 좀 더 집중해 경제를 활성

[표 4] 대북 에너지지원 국민운동본부의 '선샤인 프로젝트' 단계별 구상

	과제	목표	수단	공급량	예산(원)
1단계	당면 부족분 해결	• 에너지효율화 • 에너지기본권	풍력, 태양열, 바이오 등 재생에너지 제공	중유 100만 톤 상당	3,100억
2단계	민간수송부문 에너지난 해결	• 자립형 에너지체계 • 재생에너지 체계	• 민간: 풍력+태양열+소수력 • 수송: 바이오매스+재생전력	25억kWh	2조 1,000억
3단계	산업용 해결	• 경제개발 • 에너지안보	발전설비 보수+풍력+바이오+소수력 등	125억kWh	15조 3,000억

출처: 대북 에너지지원 국민운동본부(2007: 6)

화하고 에너지 안보를 강화하고자 했다. 산업용 에너지의 특성상 대용량의 전기를 생산하는 것도 필요하기 때문에, 이 목표를 위한 방안에는 기존 수력 및 화력발전소와 송배전망을 개보수하고 일부 중소형 화력발전소를 건설하는 것도 포함했다(대북 에너지지원 국민운동본부, 2007). 이처럼 선샤인 프로젝트는 아직 명시적으로 에너지 전환이라는 용어를 쓰진 않았지만 에너지원을 재생에너지 중심으로 설계하고, 생산뿐 아니라 에너지 효율화에도 주목하며, 자립형 에너지체계나 에너지기본권과 같은 지향을 담고 있었다(표4 참조).

이러한 계획을 실현하기 위해 대북 에너지지원 국민운동본부는 당시 예정되어 있던 남북정상회담에서 개성공단 재생에너지단지 설치 등 '남북 재생에너지 협력방안'을 공식 의제화하기 위한 활동을 전개하면서 1단계 사업들을 구체화해나갔다. 남한 기업이 개발한 소규모 재생에너지의 북한 설치, 인도적 차원에서 북한 주민의 에너지 빈

[그림 6] 대북 에너지지원 국민운동본부의 대북 재생에너지 지원 모금 캠페인 광고

곤 지원방안 수립, 남북 전력노동자 연대를 통한 발전설비 효율증대 사업 등을 추진하고, 그 결과에 따라 2단계 활동을 모색한다는 구상이었다. 운동본부의 구성도 이러한 구상을 염두에 두었기 때문에 재생에너지 기업과 발전산업노조가 참여한 것이었다. 그러나 대북 에너지지원 국민운동본부는 1차적으로 남북 정상회담 의제화에 실패했고, 북한과 중국의 관련 인사나 대북 접촉이 잦은 단체들과 접점을 찾는 과정에서도 부정적인 반응을 얻으며, 이후 구심점 역할을 했던 민주노동당의 분당 사태 등으로 활동이 유지되지 못했다.

남북 에너지 교류·협력 평가와 과제

기존 교류·협력의 평가와 시사점

추진 논리, 행위자, 사업 내용에서의 세 가지 조합

지난 30여 년간의 남북 에너지 교류·협력을 보면 유형별로 사업의 추진 논리와 주요 행위자, 사업 내용이 비교적 뚜렷한 차이를 가진 조합을 이루고 있어, 이를 살펴보는 것은 지난 교류·협력 실태를 종합하고 평가와 연결하는 데 도움이 될 수 있다.

먼저 에너지 광산물 교역의 대부분을 차지한 무연탄 교역은 북한에는 풍부하고 남한에는 부족한 자원으로서 무연탄이 남측의 경우 민간 무역기업에 의해 반입되어 제철산업으로 판매되었고 교역이 확대되면서 대한석탄공사 등 무연탄 수요를 가진 행위자들이 관련 투자에 참여했다. 북한에서는 교류·협력에 중앙정부가 개입되지 않는 경우는 거의 없으며 무연탄 교역에서도 예외 없이 석탄광들이 조선민족경제협력연합회(민경련) 산하 회사 중 광물을 취급하는 명지총회사를 통해 연결되었다. 다만 북한의 석탄광들은 고난의 행군 시기를 거치면서 소유권은 당과 군에 속해 있는 무역회사에 두면서도 운영권은 소위 '돈주'로 불리는 민간자본에게 대부분 이전되었기 때문에 (김경술·신정수, 2019) 이들 역시 무연탄 교역의 주요 행위자로 포함되어 있을 것이다. 또한 남북 무연탄 교역이 재개되고 확대된 2000년대 중반은 북한에서 석탄이 통치자금 확보를 위한 외화획득의 가장 중요한 교역품목으로 자리 잡기 시작한 시기로 해당 교역이 북한 정부의 높은 관심과 통제의 대상이 되었을 것이다.

북핵 문제 해결이라는 안보 논리에 의해 추진된 경수로사업이나 중유 지원, 대북 송전 제안은 이러한 안보를 다룰 수 있는 권한을 독점한 양국 중앙정부의 직접 개입으로 사업이 추진되었다. 먼저 핵발전소, 중유, 송전이라는 에너지 공급 방식을 요구한 것은 소련의 붕괴와 자연재해를 연이어 맞닥뜨린 북한 정부다. 갑자기 독자적으로 체제를 유지하고 생존해야 할 상황에 놓이면서, 특히 핵심 발전시설과 원유 공급을 소련에 의존하고 있었던 북한은 중요 현안인 에너지난을 북핵 개발과 연동하여 돌파하고자 했다. 요구안을 꺼내 든 것은 북한이었지만 남한도 이에 못지않게 경수로 지원사업에 적극적이었다. 국제적으로 경수로 지원이 합의되는 사이 남한 차원에서도 이 사업은 안보에 산업 논리가 추가되었다. 당시 한국전력을 주축으로 한 핵산업계는 대북 경수로 지원이 향후 한국형 원전의 수출을 위해 국제무대에 오를 절호의 기회로 여기고 정부와 공조하여 북한과의 협상 과정에 적극 개입한다. 결과적으로 남북한 중앙정부와 전력산업계가 그 기반을 둔 핵-화석연료-중앙집중형 시스템이 남한을 포함한 다자합의 참여 정부들의 재정 투입으로 구축되는 것을 사업 내용으로 하게 되었다.

다음으로 금강산관광지구나 개성공단 및 철도·도로연결과 같은 대표적 남북 경제협력사업에서 소요되는 에너지를 공급한 유형인데, 이 경우 전형적인 산업지원 수단으로서 에너지가 다뤄지고 있다. 다만 에너지 공급의 주체는 금강산관광지구와 나머지가 갈리는데, 금강산의 경우엔 사업자인 현대아산이 필요한 에너지를 일부는 북한정부를 통해 지원받고 대부분 직접 운용하는 발전소 등으로 충당했다. 반면 개성공단에 남한 한전이나 관련 공사들이 변전소와 송전선로를 짓고 저장탱크를 만들어 탱크로리로 공급하는 것 등은 민간 기업의 경제활동을 지원하기 위해 정부가 인프라를 조성하는 보다 전통적 형태를 보였다. 행위자에 차이가 있긴 하지만 어떤 경우든 '남북경제협력사업'이라는 산업 지원의 목적을 띠고 있다는 점, 화석연료에 의존하고 있다는 점은 공통적이다.

인도적 지원의 경우 앞서 서술한 유형들과 상당히 다른 양상을 보인다. 우선 남측도 북측도 관련 행위자가 대단히 다양하고, 교류·협력이 진행된 북한 내 지역도 다양하며, 그래서 사업 내용도 다양하다. 사실 2010년 갑작스레 찾아온 전체 교류·협력의 침체기가 인도적 지원 부분에서는 지원 초점이 구호 위주에서 개발역량 지원으로

[표 5] 남북 에너지 교류·협력의 주요 조합과 평가

사업 추진 프레임/목적		주요 행위자		사업 내용	약평
남	북	남	북		
자원 교역 (무연탄)		민간무역기업 석탄공사 제철기업	중앙정부 (민경련*) 석탄광들	• 북한에서 남한으로의 무연탄 반입	• 교역 규모는 크지 않았으나 남북 이해관계 합치 • 북한의 무연탄 수출 급증 시기에 남북교역 중단
제철 공정	외화획득				
안보 논리에 기반 둔 정부 간(or 다자 간) 거래		중앙정부, 한전 등 핵산업계	중앙정부 일괄도급계약에 참여한 노동자들	• 경수로 건설 지원 • 대북 직접 송전 • 중유 지원	• 북) 중유로 산업 에너지 일부 공급 • 남) 경성에너지시스템 고착 (핵산업계 숙원 해결), 북한 에너지 실태 파악 • 막대한 비용: 남한 예산 → 남한 핵산업계
기간(토건) 산업챙기기	체제수호 위한 도시·산업지원			'핵·화석연료+ 대규모 생산지의 원거리 공급 방식'	
산업지원 수단으로서 에너지		중앙정부 한전 등 공공기업 현대아산	중앙정부	• 금강산관광 • 개성공단 • 철도도로 연결에 소요되는 에너지를 주로 남한이 공급	• 개성공단, 남한 전력 → 남한 기업 에너지 공급으로 교류협력 의미 반감 • 현대아산 에너지자급 • 북) 일부 보조전원 제공
				'화석연료+석유제품'	
인도적 지원		통일운동· 구호 및 개발 NGOs, 중앙정부, 지방정부	중앙정부 (민경련) 수혜지역 및 주민 환경 및 에너지 전문가	• 연탄·보일러지원 • 집수리지원 • 산림복원 • 태양광설비 제공 • 재생E잠재량조사	• 북) 취약계층 에너지난 일부 완화 • 남) 북한주민접촉 및 신뢰증진, 교류·협력 경험 및 역량 축적 • 다양한 행위자/사업내용/에너지지원 활용
구호+개발 (역량)지원	에너지빈곤 완화				

* 조선민족경제협력연합회

질적 변화를 겪던 초기였기 때문에 아직 에너지 지원이 큰 비중은 아니었다. 그럼에도 불구하고 취약계층을 중심으로 에너지난 일부 완화에 기여하기도 하고, 단열과 같은 기본적인 에너지 효율화나 재생에너지 설비 제공 등도 이뤄졌으며, 잠재량 조사나 기술이전 등의 활동도 진행되었다. 활용한 에너지원도 화석연료 위주의 지원이 아니라 지원 행위자들의 특성과 목적에 따라 달라졌다.

기존 지배적 레짐에 안보외교 울타리 한 겹 더

남북 에너지 교류·협력의 지배적 레짐 균열 없이 남과 북 그리고 한반도 에너지 전환 요원

지난 교류·협력을 돌아볼 때 가장 먼저 눈에 띄는 것은 남북한 양국 에너지시스템의 지배적 레짐을 구성하는 요소들이 결합하고 여기에 안보와 외교라는 형식적·규범적·인지적 규칙 요소가 추가되어, 남북 교류·협력의 지배적 레짐을 영토화하고 있다는 점이다. 안보와 외교라는 명분 덕에 이 교류·협력의 레짐은 한층 정당화된 밀실을 확보할 수 있다. 밀실 밖에서도 남북교류협력사업 승인이라는 공식 절차를 통해 교류·협력이 이루어지기는 하나, 지배적 레짐이 구상하는 안들에 대한 실제 검토와 추진은 개별적 라인에서 폐쇄적으로 의사결정이 이뤄진다. 이 레짐의 구성 행위자들은 밀실에서 교류·협력의 내용과 범위를 정하고, 그 내용과 범위를 정하는 데 있어 지배적 레짐을 구성하고 있는 다른 행위자들과 정보를 공유하고 이후 사

업 진행을 담당하도록 하여 후에 교류·협력 사업을 진행한다. 그들은 그들의 관계가 견고할 때뿐만 아니라 무너졌을 때에도 교류·협력에 큰 영향을 미친다. 예컨대 대남·대북 정책은 교류·협력 '안'을 마련하기도 하지만 교류·협력 시작과 중단과 같은 교류·협력의 수준에도 큰 영향을 가지기 때문에 중요하다. 이 말인즉슨 지배적 레짐을 구성하는 요소에도 변화는 있다는 의미인데, 특히 대북·대남 정책을 결정하는 인적 요소의 변화는 '에너지시스템'과 '남북 에너지 교류·협력'의 지배적 레짐에서 큰 차이 요소다. 소위 정권 교체의 영향이 있기 때문이다. 그러나 남한 정부의 대북 정책에 큰 변화가 있는 동안에도 교류·협력 '안'에는 거의 변화가 없다. 매 정부, 그러니까 이명박, 박근혜 정부에서도 남북 에너지 교류·협력안이 검토되었는데, 그 내용이 모두 놀랍게 흡사하다. 마치 별도의 곳간이라도 갖춘 듯 아이템들이 차곡차곡 축적될 뿐이다. 기술관료들의 존재 덕분이다.

이러한 지배적 레짐의 속성을 엿볼 수 있는 사건이 최근 있었는데, 2020년 말부터 2021년 초를 달군 새로운 버전의 북풍 논란이다. 논란의 발단은 정부의 월성 핵발전소 1호기 경제성 평가 조작 의혹이었다. 이 건에 대한 검찰 수사를 계기로 문재인 정부의 탈원전 정책에 대한 야권의 비판이 집중되던 중, 산업부의 삭제 문건에 북한 원전 건설 추진이 포함되었다는 의혹이 추가 제기되면서 논란의 초점은 대북 정책으로까지 확장되었다. 논란에 대응하기 위해 산업부가 공개한 '북한 지역 원전 건설 추진 방안'은 산업부 원전 부서에서 2018년 4·27 남북 정상회담 직후 작성했다가 2019년 12월 감사원 감사 전

삭제되었다. 산업부는 이 문건에서 기존 경수로지원사업의 대상지였던 북한 함경남도 금호지구에 신한울 3·4호기용 등으로 제작했던 APR1400을 건설하는 1안과 비무장지대DMZ에 신규 노형인 APR+를 건설하는 2안, 신한울 3·4호기를 건설한 후 북한으로 송전하는 3안을 검토해 방안별 장단점도 분석해놓았다. 여러모로 논란의 문건이고 지배적 레짐의 단면을 잘 드러내는 문건이다. 국민이 모르게 작성되어 감사 전에 삭제된 점에서 그 폐쇄성이 확인되며, 탈원전을 정책으로 내건 정부에서도 핵발전 확대의 다양한 방안이 모색되고 있었음을 보여주며, 또 기존 남북 에너지 교류·협력 프로젝트로 추진되었던 경수로지원과 대북 송전안을 그대로 답습하고 있음도 알 수 있다.

이러한 남북 에너지 교류 협력의 지배적 레짐은 사실 전체 교류 협력의 레짐의 중요한 일부일 것으로 보인다. 왜냐하면 남북 전체 교류협력에서 에너지는 특히 남북한 정부가 인프라 마련의 차원에서 직접 다루는 중요한 의제이기 때문이다. 그리고 이러한 레짐이 형성된데 크게 기여한 것이 KEDO 경수로 및 중유 지원사업이었을 것으로 판단된다. 앞서 살펴보았듯이 이 사업은 남북한 정부가 직접 개입되어 추진한 첫 대형 프로젝트이고, 그 프로젝트의 추진 여부가 결정된 북미 제네바 합의나 6자 회담 모두 기존 양국의 지배적 레짐을 구성하고 있는 행위자가 아니라면 접근 자체가 거의 불가능한 의사결정 구조였다. KEDO의 설립 및 대북 경수로공급협정 체결에서 남한의 경우만 보아도 국회의 비준 동의 절차가 생략된 채 진행되었다. 국회조차 이 과정에 개입할 수 있게 된 것은 경수로 차관공여협정이 체결되면서다(1999년 7월 2일 차관공여협정 발표, 동년 8월 12일 차관협정 비준 동의안 국회 통과). 1994년 10월 제네바 합의가 채택되고 1994년 11월 통일관계장관회의에서 구성된 경수로사업지원기획단은 외교부와 통일부, 재경부, 그리고 산자부와 과기부로 구성되었지만 실질적인 구성원이 더 있었다. 전력산업계다. 한국전력을 위시한 전력산업계는 경수로 제공을 위한 공급협정을 위해 북미 간 전문가회의가 시작된 11월 훨씬 이전부터 이미 이 공급협정의 주계약자를 한국전력으로 하고 한국표준형 원전을 공급노형으로 한다는 방침이 마련된 언제인지 알 수 없는 밀실에 참여하고 있었다. 사실상 국회보다 더 빠르고 깊이 이 사업에 주도적으로 참여할 수 있었던 것이다.

또한 이렇게 마련된 경수로지원사업이라는 기회를 통해 남한 전력산업계 특히 핵산업계는 어떻게 보면 가장 큰 수혜자가 되었다. 한국은 70%의 재정 기여와 함께 중심 역할을 수행하며 주계약자인 한전을 비롯해 총 110여 개 협력계약 중 100여 개 계약에 참여했는데, 경수로 사업비의 대부분이(경수로 총공사비 15억 7500만 달러의 77%인 12억 800만 달러) 주계약자 한전과 협력업체로 돌아갔다. 이들을 보다 구체적으로 열거하자면, 종합사업관리의 책임을 맡은 주계약자 한국전력, 설계에 한국전력기술(주), 시공에 현대·대우·동아·두산으로 구성된 합동시공단, 기자재공급의 경우 원자로계통과 터빈발전기는 두산중공업, 핵연료는 한전연료(주), 그외 보조기기들은 국내외 관련 업체들(총 47개 업체 중 국내 38개 업체, 국외 9개 업체)이 담당했으며,

그 외에도 수송을 담당하는 업체와 보험사들이 참여했다. 이 업체들이 얻은 수혜는 단순히 이 사업의 금전적 이득에 그친 것이 아니라 원전 수출이라는 미래의 기회였다. 남한은 KEDO에 한국형 경수로를 공급함으로써 치열한 수출 경쟁을 거치지 않고 '한국표준형 원전'에 대해 국제적 공인의 기회를 얻었고, 이로써 그동안 기자재 공급과 유지·보수용 부품 수출에 머물렀던 원전 수출 방식에서 벗어나 한국형 원전을 제3국에 일괄계약방식으로 최초로 수출하는 실적을 기록한 것으로 해석할 수 있다(경수로사업지원기획단, 2007). 또한 이때 국제기구를 상대로 한 각종 규제 대응 인력과 문서 작성 및 검증 경험은 이후 실제 원전 수출 준비에서 핵심적 역할을 수행(이종훈, 2012, 523-587p)하며 교두보 역할을 맡았다. 또 남한 전력산업계는 북한의 전력난과 송배전 실태, 핵 기술의 실태를 파악, 말하자면 미래 시장 분석도 얻은 셈이다. 이는 단순히 정보획득 이상의 의미로서 한반도 에너지 전환에 대한 영향 측면에서도 주목해야 할 부분이다. 북한 전력 및 핵 기술 실태에 대한 파악은 남한의 핵산업계에 한반도 공동의 핵발전 체계를 그려볼 수 있는 계기를 제공했고, 이는 남북관계 개선 후 에너지 교류·협력에서 전환보다는 핵발전으로의 회귀나 유지로 가는 경로에 유리하게 작용할 수 있다. 앞서 언급한 북풍 논란 역시 이를 재확인해주었다.

경수로지원사업을 통해 이미 손발을 맞춰본 남한과 북한의 지배적 행위자들은 교류·협력에서 자신들만의 인적, 물적, 규범적 네트워크-밀실을 생산, 확장하고 정보와 협상을 주고받을 토대를 마련한다. 따라서 다른 행위자들도 교류·협력 사업을 할 수는 있으나, 그 우선순위와 범위는 여전히 지배적 레짐의 구성 행위자들이 결정하는 선에서 이뤄진다. 게다가 이들이 다루는 정보의 양과 속도 그리고 경험지식 축적은 다른 교류·협력 참여 행위자들과 질적으로 큰 차이가 있기 때문에 이후에도 사업 추진에 유리할 수밖에 없다. 그렇게 경수로-중유 지원사업의 중단에서 경제협력사업으로의 매끄러운 연결이 가능했고, 개성공단을 지원하기 위한 에너지 교류·협력은 유사한 추진 논리-행위자-내용의 조합을 보였다. 즉, 산업지원 수단으로서 에너지라 하더라도 다른 방식이 시도될 수 있었을 텐데 새로운 시도 없이 기존 지배적 레짐의 방식이 그대로 추진되었다. 경로의존성이 괜히 유지되는 것이 아니다. 지배적 힘이 다시 지배적 힘을 더 키우는 이 순환 고리를 끊기란 분명히 어려운 일이며, 에너지 전환을 추진하는 길에 유리한 전략을 선택하기도 쉽지 않은 상황이다. 예를 들어, 탈원전 정책에 대한 저항으로 벌써 원전 수출은 국가적으로 지원해야 한다는 논리가 횡행한 가운데 북한에 경수로를 지원하게 된다면, 북풍 논란에서 정확히 제시되고 있는 '남한은 막으면서 북한은 지어준다고?' 하는 논리가 '남한에도 필요하면 짓자'로 돌아오지 말란 법이 없다. 그런 점에서 남한의 에너지 전환을 제대로 완수하는 것과 남북 에너지 교류·협력에서 에너지 전환의 원칙을 녹여내는 것은 강력하게 연결될 수밖에 없다.

마지막으로 남한보다 오히려 잘 인식되고 있겠지만 북한에 대해 덧붙이자면, 북한은 남한과의 교역을 철저히 당국의 통제하에 관리하고 있다. 현재 경제협력 측면에서는 북한의 대남교역은 '조선민족경제협력연합회'(이하 민경련)가 전담 창구 역할을 하고 있으며, 대부분 민경련 산하의 총회사 중 하나가 교역의 계약당사자가 되어 계약체결이 이루어진다. 이와 같이 북한의 대남교역 창구 일원화로 거래승인, 가격결정, 원산지증명 등 거래와 관련된 제반사항은 대남 창구로서 민경련의 고유한 기능으로 간주되고 있다. 즉, 민경련이 남북교역의 전 분야에 있어 일종의 공급자 독점권을 행사한다고도 볼 수 있는데(남북교역25년사편찬위원회, 2016), 이 구조가 해체되지 않는다면교류·협력이 계속 당국의 정치적 고려에 의한 결정에 구속되어야 하고 실제 에너지를 생산-소비-분배하는 북한 인민들과의 교류는 상당한 제약을 받게 될 것이다.

소규모지만 다양한 실험으로 경험과 성과 축적한 인도적 지원
그러나 대규모-인프라-산업지원 vs 소규모-생활-주민지원 투트랙 넘어서야

남북 에너지 교류·협력을 남한과 북한 각각의 에너지 이슈를 해결하는 측면에서 그 성과에 초점을 맞춘다면 어떻게 평가할 수 있을까? 먼저 경수로 사업에서 잊지 말아야 할 것은 조 단위의 막대한 물량과 인력이 투입되고도 사업이 완결되지 못함으로써 에너지 공급에 실패했다는 점이다. 건설 기간에 제공되기로 했던 중유가 산업으로 투입되고, 건설 사업에 참여한 노동자들이 임금을 받았다는 것으

로 이 사업을 정당화할 수 없는 이유다. 또한 경수로 건설의 미완결은 출발부터 구조적으로 끝을 맺기 어려운 수많은 리스크를 껴안고 있었다는 점을 고려할 때 결정권자들의 판단 실패로 볼 수 있다. 북핵을 둘러싼 군사적 긴장, 안보 논리에 기반을 둔 거래, 남한 못지않게 전력의 소비지와 분리된 생산지, 북한의 전력망으로는 감당할 수 없는 대용량의 발전소, 완공되더라도 가동 자체가 불가능할 수 있는 안전규제에 대한 무방비, 가동 이후 남는 핵물질의 이동과 보관 문제 등은 대부분 사업이 시작될 무렵부터 계속 제기된 내용들이다. 경수로사업지원기획단조차 2007년 발행한 백서에서 이러한 리스크 중 상당 부분을 인정하고 있다. 백서는 정치적 장애물 못지않게 중요한 장애물로 북한의 경수로 수용능력을 꼽았다. "북한이 경수로를 제공받기 위해서는 경수로의 안전에 필요한 각종 기술적·법적 요건을 충족시켜야 한다. 그러나 현재의 북한의 낮은 국가신용도와 경제력, 열악한 인프라 등은 국제사회의 안전기준을 만족시키기 어려운 실정이다. 안전 기술적 관점에서 볼 때 단위 발전소의 발전량이 송배전망으로 연결되어 있는 전체 발전량의 10%를 넘지 않아야 유사시 전체 발전체계의 안정성이 유지되지만 북한은 이런 안전기준을 만족시킬 수 없는 실정이다. 북한의 전력망이 개선되지 않고, 원자력 안전체계 및 사고 시 보상체제 등이 완비되지 않을 경우 경수로 부품과 핵연료를 공급받기 어려운 것이 국제사회의 현실이다." 경수로를 대체할 대안으로 북한도 남한도 제안한 적 있는 전력 송전 방식 역시 유사한 문제들을 가지고 있었다.

다음은 남북 경제협력사업에 대한 에너지 지원으로 넘어가 보자. 개성공단과 금강산관광지구 사업으로 소비되는 에너지는 모두 남한 전용 사업장이라는 이유로 남측이 에너지를 공급하는 방식으로 충당했다. 개성공단의 경우 한국전력이 상업적 차원에서 전력설비를 설치 및 공급했기 때문에 입주기업 등으로부터 전기요금을 받고 판매했다. 교류 중단 시점까지 입주해 있던 기업들은 대부분 설비보다 노동집약적 산업이었기 때문에 2007년 준공한 평화변전소를 통한 송전으로 1단계 지역의 전력을 공급하는 것까지는 가능했다. 반면 금강산관광지구는 2004년 12월 사업 확대를 이유로 사업자인 현대아산 측이 한국전력에 전력공급을 요청했으나 한전이 비용 문제로 사업 참여를 유보하면서, 현대아산이 자체 설치한 소형 발전소와 건물별 비상발전기, 북측의 수력발전소까지 여러 방안을 동원하여 공급했다. 그러나 운영 중에 정전이 잦았고 추가 공급 방안을 검토하던 중 사업이 중단되었다. 이러한 경제협력사업에 대한 에너지 지원은 에너지 공급 자체는 비교적 원활하게 이뤄졌으나, 그것이 에너지난으로 어려움을 겪던 북한의 산업에 투입된 것이 아니라 남북 경제협력사업이라는 이름표와 북한 노동자들의 근무에도 불구하고 남한이 운영하는 기업에 남한 기업이 에너지를 공급했다는 점에서 교류·협력의 의미는 상당히 반감되었다고 할 수 있다.

이쯤에서 지배적 레짐의 성적표를 정리해보면 "대규모 설비를 통한 전력공급 실패", "부속 사업으로서 임시적 중유 지원도 일부 공급 후 중단", "교류협력의 의미보다 남한 기업 소비를 위한 남한 기업 공급에 가까운 산업 에너지 지원"으로 요약할 수 있다. 그리고 성적과 별개로 공통적인 것이 있는데, 하나는 이미 언급한 핵과 화석연료 의존이고 다른 하나는 산업에 대한 우선순위다. 산업 에너지 지원 자체도 성공적이지 못했지만 더 큰 문제는 북한 인민들의 생활 혹은 생존에 필요한 에너지 공급을 남한은 물론이고 북한 정부조차 후순위로 다뤘다는 점이다. 북한의 에너지 문제는 경제 사정이 호전된다고 단기일 내에 해결될 수 있는 상황도 아니었기에 에너지 기본권 측면에서 마땅히 비판받아야 할 부분이다. 결국 정부를 포함해 지배적 레짐을 구성하는 행위자들이 방치하고 있던 북한 인민의 에너지 기본권에 주목한 것은 구호나 개발지원 등 인도적 지원을 목적으로 진행된 교류·협력이었다.

인도적 지원은 그 목적 자체가 북한 주민들의 삶의 질을 확보하는 데 있다는 것, 그리고 참여하는 행위자들의 다양성이 성과를 얻을 수 있던 열쇠였다. 전자의 경우, 그래서 지원사업들의 면면을 볼 때 직접적인 에너지 공급 지원도 있었지만 보건, 교육, 농업, 임업 등 타 분야와 연관되어 있는 경우가 많음을 알 수 있다. 이는 사회 다양한 분야와 밀접하게 연결된 에너지의 특성도 반영되었다는 점에서 눈여겨보아야 한다. 또 인도적 지원이기에 지원의 대상 자체가 취약한 계층에 집중되어 있다는 점도 중요하다. 후자, 즉 참여 행위자들의 다양성도 주효했다. 특히 북한이 통제하고 있는 지원대상에 비해 참여가 상당히 개방된 남한 지원 행위자들이 다양하다 보니 그들의 특성과 목적에 따라 지원 내용과 활용 에너지원도 다르게 나타났다. 화석연료 위주의 지원이 아니라 다양한 시도가 있었고, 취약계층을 중심으로 에너지난 일부 완화에 기여하기도 하고, 단열과 같은 기본적인 에너지 효율화나 재생에너지 설비 제공 등도 이뤄졌으며, 잠재량 조사나 기술이전 등의 활동도 진행되었다. 또 북한에서는 난방설비나 연료를 구하기 어려워 빈번해진 벌목으로 산림이 훼손되고 그것이 다시 자연재해 피해를 키우는 악순환이 이뤄지고 있기 때문에, 산림녹화나 방제도 지원대상이 되었다.

전체적으로 다른 에너지 교류·협력에 비해 남측도 북측도 관련 행위자가 다양하고, 교류·협력이 진행된 북한 내 지역도 다양하며, 그래서 활용된 에너지원이나 사업 내용도 다양하다. 또 소규모이지만 주민의 필요에 온전히 초점을 맞추었기 때문에 사업적 리스크도 작았다. 지속적으로 진행된 사업에서 북한 주민 접촉과 신뢰가 증가하고, 그들의 문화와 소통 방식 등을 익히며 교류·협력 경험과 역량이 축적된 것도 긍정적이다. 여기에 독립적인 재정과 역량을 갖춘 지방자치단체들의 관심과 참여가 증가하면서 지원의 폭도 확대되던 추세였다. 이렇게 인도적 지원의 경험과 성과가 축적되고, 지원의 초점도 구호 위주의 일회성 지원에서 보다 지속가능한 개발역량 지원으로 심화되어 에너지 지원이 확대되던 시기에 교류·협력이 큰 제약을 만나게 된 점은 그래서 더욱 아쉽다. 어쨌든 정리하자면 지배적 레짐에 기반을 둔 대규모-인프라-산업지원이 실패한 자리, 아니 정확히는 그 관심과 지원의 대상에서 소외된 자리에 인도적 지원을 목적으로 한 다양한 행위자들의 소규모-생활-주민지원이 성과를 창출한 것이다. 이는 이후에도 한반도 에너지 공동체 형성을 위한 남북 에너지 교류 협력의 길에서 현실적이고도 효과적인 하나의 실천 경로를 시사한다.

다만 에너지 교류·협력을 에너지 전환의 관점에서 재편하고자 한다면, 지금과 같이 산업 지원과 주민 지원이 그 추진 논리나 행위자, 사업 내용과 방식에서 별도로 흘러가는 투 트랙의 고착화를 극복해야 한다. 물론 지금 이대로 에너지 교류·협력이 재개되더라도 이전과 똑같지는 않을 것이다. 잃어버린 10년 동안 북한에도 남한에도 많은 변화가 있었기 때문이다. 예컨대 재생에너지나 에너지 효율화는 명분에 그칠지라도 어쨌든 그 명분에 대한 사회적 지지도가 달라졌고 관련 산업이 성장하고 있다. 이는 이명박 정부의 녹색성장 정책에서 이미 발견되는 변화다. 에너지 교류·협력에도 재생에너지나 에너지 효율화 방식이 어느 정도 도입될 것이다. 북한 당국과의 협상 단계에서 무산되긴 했으나 박근혜 정부에서조차 남북한 환경 분야 협력사업으로 〈그린 데탕트〉 프로그램이 구상되고 개성공단 건물 옥상 및 정수 시설에 태양광 패널을 설치하여 1MW의 전력을 생산하는 계획이 통일부 차원에서 추진된 바 있다. 문재인 정부나 그 이후 정부가 이보다 적극적으로 인도적 지원이나 산업 공급에서 재생에너지와 효율화를 확대할 수는 있으나, 인프라 건설의 기회가 열린다면 모멘텀이 다시 작용할 가능성이 크다.

산업지원에서 에너지 전환의 관점을 처음부터 주류화할 길을 찾지 못한다면 이는 또 상당 기간 주변적으로 남게 될 것이다. 즉, 중앙집중적 점진적 전환이라는 변형 경로에 포섭될 여지가 크다. 그것은 남한의 에너지 전환 정책, 4차 산업혁명과 연결된 그린뉴딜 정책이 핵, 화석, 재생에너지 모두에서 유지나 일부 후퇴하고 있는 현실과 산업부의 북한 핵발전소 추진 검토에서 감지되고 있다. 많은 정책 연구와 학술 연구에서도 향후 남북 에너지 교류·협력에서 특히 재생에너지 활용이 효과적일 것이라 제안하면서도, 대부분 이를 남한이 북한의 개방과 시장화를 통해 그 인프라 건설을 주도할 수 있을 때까지 단기적 성과 및 보완적 측면에서나 기후변화를 고려할 때 언젠가는 가야 할 장기적 방향으로만 남겨 두고 있다. 그러나 IPCC 1.5도 특별보고서에서도 경고하고 있듯이 전환은 이제 방향의 문제가 아니다. 그것은 '속도'의 문제다.

따라서 특히 에너지 소비의 가장 큰 몫을 차지하는 산업 에너지의 문제를 지배적 레짐에 맡겨두어 효율성과 경제성을 이유로 대규모 인프라 조성으로 해결하도록 해서는 안 된다. 대규모 인프라 사업은 사업 기간이나 이해당사자의 다양성을 비롯해 수많은 변수로 사업이 종료되고 성과를 거두기까지 리스크가 큼에도 불구하고 정부 주도로 재정이 투입되고 지속적으로 개발 시도가 이뤄진다. 하물며 불안한 정세의 남북관계를 토대로 한 교류·협력이 이런 방식을 재현하게 될 때의 실패를 우리는 이미 목격했다. 그럼에도 불구하고 현재 지배적 레짐의 입장에서는 리스크를 기업은 정부에게 정부는 재정이라는 형태로 국민에게 부담시킬 수 있기 때문에, 그리고 일단 사업 추진이 시작되고 재정이 투입되기 시작하면 누군가에게는 이득이 남기 때문에, 또 그렇게 해서 사업이 완결된다면 그로부터 얻는 이득은 더욱 막대하기 때문에, 끊임없이 시도할 것이다. 이 고리를 끊는 것이 중요하다.

만약 경수로 및 중유 지원과 개성공단 에너지 공급에 소요된 시간과 재정과 노력이 다른 대안에 투여됐다면 어떠했을까? 그래서 전환은 또한 자원 배분을 둘러싼 정치의 문제다. 에너지 교류·협력의 범위와 내용을 결정하는 권한을 분산해야 한다. '산업 에너지 공급=대규모 인프라 건설'의 공식을 깨야 하며, 이를 위해서는 에너지 소비 주체로서 산업계의 책임을 분명히 해야 한다. 중소기업과 노동집약적 산업이 핑계가 될 수는 없다. 그것은 에너지 다소비 산업과 기업에 대한 책임을 우선 강화하고, 다른 보완적이고 단계적 접근을 통해 풀어나가면 된다. 여기에 에너지 전환을 추진하려는 주체들이 있다면, 소규모–생활–주민지원에 대한 참여로 제한하지 말고 이러한 산업에너지 문제 해결에 다양한 실험으로 참여하고 돌파해나가야 한다.

교류·협력 전반에서 에너지 전환 관점도 동력도 부족

교류·협력의 전문성 가진 단체와 기존 시스템에 의존하는 노동자들 동참 이끌어내야

지난 교류 협력은 충분히 살펴보았듯이 에너지 전환의 관점이 거의 부재했다. 이는 두 가지로 해석할 수 있는데, 먼저 남북 교류·협력의 주요 행위자들은 에너지 전환에 대한 인식과 관심이 부족했다는

것으로 해석될 수 있다. 또 인도적 지원 행위자들의 경우 지배적 행위자들이 대규모 인프라를 조성하는 상황에서 상대적으로 에너지 지원을 활동의 중심으로 놓지 않았던 측면도 있을 것이다. 두 번째로는 에너지 전환 운동의 주요 행위자들이 남북문제에 상대적으로 관심이 부족했고, 이 사안에 힘을 쏟을 여력이 없었던 것으로 볼 수 있다. 즉, 에너지 전환의 관점을 견지한 운동의 동력이 남북 교류·협력에 투입되지 않은 것이다. 환경운동연합, 녹색연합, 에너지정의행동 등 환경 및 반핵 단체들이 북한 경수로 건설 지원이나 직접 송전방식의 대북 전력지원에 대한 성명과 논평을 통해 반대의 목소리를 낸 적은 있으나, 남북 에너지 교류·협력 자체에 에너지 전환의 관점을 가지고 개입하려는 시도는 2007년 선샤인 프로젝트에 와서야 싹이 텄고 이마저 오래 지속되지 못했다.

그렇다면 어쨌든 인식과 관점을 가지고 있던 쪽에 무게를 두어 좀 더 평가해보자. 선샤인 프로젝트는 기존의 에너지나 환경운동 단체뿐만 아니라 기업과 노동자를 함께 참여시켜 출발했다는 점에서 지금까지도 유효한 전략으로 평가할 수 있다. 그러나 한편으로 여기에 통일운동 세력이나 인도적 지원 단체들과의 협력이 보이지 않는 점은 만만치 않은 한계다. 이들과 함께 할 의지와 역량이 있었다면 인도적 지원 사업에서 에너지 전환 관점의 교류·협력을 충분히 시도해볼 수 있었을 것이고, 무엇보다 교류·협력과 같은 상호신뢰가 중요한 영역에서 북한과 관계를 쌓고 경험을 주고받은 이들이 없이 독자적으로 추진한다는 것은 매우 어렵기 때문이다. 에너지 전환이 사회 전반의 변화로 가능함을 고려할 때 이들을 설득하고 함께하는 것 자체가 중요한 실천이기도 하다. 또한 남북 교류·협력에 대한 인식과 명분이 싹텄음에도 불구하고 초반 계획의 실패 후 선샤인 프로젝트의 활동이 지속되지 못했다는 것은 여전히 남북 교류·협력과 한반도 차원의 에너지 전환이 활동의 우선순위에 오르지 못했거나, 에너지 전환의 동력 자체가 충분히 형성되지 못했음을 의미한다. 남북 에너지 교류·협력이 한반도 전체는 물론 남한의 에너지 전환에도 심대한 영향을 줄 수 있다는 전략적 인식도 미흡했을 수 있다.

물론 최근의 달라진 현실을 볼 때 향후 교류 협력에서는 이러한 점들이 상당 부분 극복될 수도 있다. 교류 협력이 마비된 기간에도 지자체를 중심으로 에너지 자립이나 에너지 전환 정책을 확산시키려는 노력이 있었고 일부 실현되었으며, 문재인 정부에 들어서는 에너지 전환이 아예 중앙정부의 정책으로 채택되었다. 일련의 과정들을 거치며 에너지 전환에 대한 사회적 인식과 합의 수준도 높아졌고, 재생에너지·에너지 효율화·에너지 분권화 등 전환의 다양한 측면들도 담론으로 정책으로 실생활로 녹아들었다. 관련 산업과 제도의 발전으로 이해관계자들이 증가하고, 행위자 간 네트워크도 확장됨으로써 남북 교류 협력에 대해서도 에너지 전환과 연관된 다양한 구상이 제시되었다. 다만 초점이 한쪽으로 기울어진 것 같아 우려된다.

전환 과정은 새로운 무언가를 발견해내는 것이 아니라 기존 시스템을 불안정하게 하는 것이다. 그것은 지배적 레짐을 흔드는 것이기도 하지만, 그것이 비록 불만족스럽고 불평등할지라도 지배적 레짐의 작동으로 생계를 유지하고 에너지를 생산 또는 소비하는 이들의 안정도 흔드는 것이다. 그것은 몸에 익은 것을 흔드는 것이고 손에 쥔 것을 잃게 하는 것이다. 기존 시스템이 시스템으로 안착할 수 있었던 건 그것이 소수에게 집중될지언정 소수에게'만' 득이 되는 건 아니었기 때문이다. 전환 과정에 돌입할 때에는 지배적 레짐에서 상위 의사 결정의 권한과 정보 및 경험적 지식을 독점하고 네트워크를 확보하고 있는, 그러니까 지배적 권력을 차지하고 있는 행위자들의 저항이 더 커 보일지 몰라도, 전환이 진행될수록 저항은 기득권만이 아닌 더 폭넓은 행위자들에게서 발생할 것이다. 전환은 불안정을 다루는 것이다. 따라서 기존 시스템의 빛과 그늘을 함께 이해해야만 한다.

이러한 이해를 교류·협력으로 확장해보자면 교류·협력은 첫째, 기존 시스템과 얽혀 있다는 점에서 둘째, 시스템을 변화시키려는 행위자는 물론 기존 시스템에 의존하고 있는 행위자까지 다양한 행위자들에게 기회의 창이 된다는 점에서 전환의 경로에 큰 영향을 미칠 수 있다. 따라서 기존 시스템에 의존하는 행위자들이 선택할 기회의 창에 대해서도 주의를 기울여야 한다. 앞서 산업 에너지를 중심으로 한 인프라 건설에 대한 환기도 넓게 보면 이러한 우려에 포함된다. 그런데 지금은 에너지 전환과 관련해 시스템을 변화시키려는 행위자의 새로운 기회 창출에만 쏠린 감이 없지 않다.

앞서 경수로-경협으로 이어지는 지배적 교류 협력이 에너지 공급이라는 본래 목적에 있어서는 실패했지만 한편으로는 이후 교류 협력을 위한 토대를 제공한 측면도 있음을 보았다. 후자 역시 긍정적 영향뿐 아니라 부정적 영향을 포함하지만, 그 영향 자체가 교류 협력의 레짐에도 남아 있고 성과나 가능성을 경험한 행위자들이 경로 의존성을 가지기 때문에 이를 신중히 검토해야 현실적 문제들을 인식하고 해결할 수 있다. 대표적으로 경수로 사업비의 대부분(77%, 약 12억 달러)은 주계약자인 한전과 협력업체를 통해 인건비, 설계비, 원부자재비 등으로 국내 경제에 환류되어 내수진작과 고용창출의 파급 효과를 분명 유발했을 것이다. 그것이 정부의 보고에서처럼 크지 않다고 해도 작지만도 않을 것이다.

남한만이 아니다. 북한도 경수로 사업을 통해 지속적이지는 않지만 중유를 제공받았고 외화 수입을 올렸다. KEDO는 1995~2002년에 걸쳐 5억 2100만 달러 상당의 중유 총 356.1만 톤을 북한에 제공했다. 이는 같은 기간 중국으로부터 도입한 원유량 472.2만 톤의 약 75.4%에 해당하는 규모다. 또한 북한은 경수로사업에 근로자를 제공하고 하청계약 참여, 운송 및 통신서비스 제공 등으로 약 2000만 달러의 외화수입을 올린 것으로 추산되고 있다(경수로사업지원기획단, 2007). 북한도 남한도 중유로 돌린 산업들 그리고 경수로 건설 산업들을 통해 적지 않은 이들에게 이익이 돌아갔을 것이다. 그것이 바로 지배적 레짐을 유지해온 비결이다. 대규모 인프라 사업이 성사되고 추진되려고 할 때 이미 그러한 사업의 경제적 보상에 익숙한 이들이 많은 상황에서 과연 이를 어떻게 저지해낼 것인가.

그리고 무연탄 교역도 있다. 무연탄 교역은 지난 실적으로만 보면 크지 않으나, 대북 제재를 제외하고는 당시 교역을 어렵게 했던 장애물들이 대부분 사라졌고, 무엇보다 무연탄 교역으로 이해관계가 맞아떨어지는 남북의 행위자들이 여전히 존재한다. 게다가 남북관계가 단절된 10년 동안은 북한의 무연탄 교역이 큰 폭으로 성장한 시기다. 최근 정부 연구기관 등에서 검토한 에너지 혹은 광물 교역에서도 핵심 중 하나가 무연탄이다. 에너지 전환이나 기후변화 대응이라는 목표를 제쳐둔다면 사실 남과 북의 실리가 가장 맞는 부분이고 상호 윈윈이 가능하기 때문이다. 우리는 과연 그러함에도 불구하고 무연탄 개발을 멈추기로 합의해나갈 수 있을까?

자원이 있어도 개발하지 않는다는 합의를 위해서는 가장 기초적으로는 전환이 왜 필요한가에 대한 사회적 인식 수준도 상당히 높아야 하겠지만, 그 산업과 그 산업의 연관 산업으로 먹고 사는 사람과 지역이 여기에 만장일치는 아니어도 합의를 만들어낼 정도는 되어야 한다. 이것이 아니라면 아무리 개발을 멈추는 결정이 이뤄지더라도 폭력적인 결정이 될 것이다. 북한에서 무연탄은 수출을 통한 외화 획득의 주요 수단이기도 하지만, 무연탄을 채굴하는 수많은 탄광 지역에서는 생계·생존의 수단이며, 석탄 의존도가 높은 산업 구조에서 연관 산업의 노동자들에게도 생계의 수단이다. 따라서 석탄 교역 외에 다른 외화획득 수단이 확대되지 않는 한, 탄광 지역의 대안적 전망이 합의되지 않는 한, 그리고 산업의 석탄 의존도가 높게 유지되는 한, 석탄 개발은 멈추기 힘들거나 멈추더라도 많은 이들의 삶을 어렵게 만들 것이다.

또한 남한에서는 에너지 전환의 대상이 되는 산업이 북한 교류 협력 재개 나아가 개방과 함께 북한으로 이전하려고 할 경우 이는 일자리 보존을 명분으로 힘을 얻을 수 있을 것이다. 그러니 남한 내에서 에너지 전환에 따른 일자리 감소 및 지역경제 피해에 대한 우려를 해소나 완화하지 않는 한 남북관계가 개선되면 정리 대상인 산업과 이에 얽힌 지역들이 북한에서 더 나아가 동북아시아에서 활로를 찾을 것임은 분명하다. 일례로 석탄산업의 합리화 이후 여전히 지역경제의 어려움을 호소하는 강원도는 이 석탄을 중심으로 남북 교류·협력 추진을 검토하고, 핵발전소가 대거 입지해 있는 울산광역시는 원전해체연구원과 연계한 원전해체사업을 수용하는 대신 동북아 오일허브 구축사업, 더 나아가 러시아산 가스 및 원유 도입을 비롯한 글로벌 에너지허브 구축으로까지 남북 교류·협력을 연결하는 계획을 검토한 바 있다.

이러한 맥락에서 남한에서조차 정의로운 전환의 관점에서 실천적 시도와 성과가 빈약하다는 것은 남북 에너지 교류·협력을 한반도 에너지 전환으로 이끌어나가는 데 큰 어려움으로 작용할 것이다. 지금으로서는 전환 과정에서 영향을 받을 행위자들이 기존 시스템의 지배적 레짐의 논리와 저항에 동참하고 있는 경우가 더 많은 것이 사실이다. 최근 위원장 선거에서 청년 기후긴급행동(청년 기후운동단체)의 기후위기 대응을 위한 노동조합 역할 질문에 모든 입후보가 긍정적 반응을 보이고, 2021년 2월 정기대의원대회에서는 '기후위기 대응, 노동자가 나서야 한다'는 제목의 특별결의안을 채택하는 등, 민주노총의 달라진 태도는 그래서 반가운 일이다. 그렇지만 이는 아직은 간

부급에서 확인된 그것도 원칙과 방향성에서의 변화에 불과하다. 따라서 해당 노동자들의 삶을 어떻게 정의롭게 전환해나갈지는 아직 해법이 나온 것이 아니다. 기존 시스템에 의존해 있는 다양한 이들, 특히 노동자들을 전환의 흐름에 동참하게 만드는 것은 남한은 물론 한반도 에너지 전환을 위해 남아 있는 큰 숙제다.

남북한의 부정적 상호인식과 공간적 불균등
'하나의 시장' '실용주의' 넘어선 동등하고 정의로운 공동체성 만들어나가기

10년을 주기로 남북 교류·협력 활성화기와 침체기가 오고 가며, 또 더 짧은 기간에 한 번 더 온탕과 냉탕을 오고 가며, 에너지 부문을 포함한 남북 교류·협력은 대남·대북 정책 변화와 남북한 간 군사적 긴장을 중심으로 한 안보 정세에 휩쓸려왔다. 이는 교류·협력의 중단에 그치지 않고 직접적인 참여 당사자들, 나아가 남북한 시민사회의 구성원들에게까지 교류·협력에 대한 회의와 피로감을 주고, 상호 간에 부정적 인식을 남겼다. 남한의 경우 사회에 누적된 상호 부정적 인식은 남한에서 북한으로의 지원을 '시혜' 내지 '퍼주기'로 보게 하고, 대북 정책의 관점을 '실용주의' 내지 '상호주의'로 쏠리도록 할 가능성이 크다.

그러나 살펴보았듯이 에너지는 물론이고 남북 교류·협력 전체에서 가장 많은 재정이 투입된 경수로 지원사업조차 북한에 대한 일방

적 퍼주기는 없었다. 경수로사업을 굳이 퍼주기로 평가하고자 한다면, '북한'과 '핵산업계'에 대한 퍼주기로 보아야 공정할 것이다. 일반 교역은 물론이고 개성공단이나 금강산관광지구에 대한 에너지 공급도 마찬가지다. 객관적으로만 보아도 본래 목적 자체가 긴급구호에 있는 인도적 지원 사업을 제외하고는 시혜적 성격의 교류·협력 사업은 없다. 또한 이 긴급구호마저도 기후위기로 인한 자연재해 등은 그 책임이 재해지역에 한정되지 않음을 기억해야 한다.

국민의 막대한 혈세가 들어간 에너지 교류·협력의 가장 굵직한 프로젝트들은 시작부터 예고된 엄연한 리스크에도 불구하고 안보 논리에 의한 북한과의 거래로 추진되었고, 더 깊게는 양국의 지배적 레짐 구성원 중에서도 상위 의사결정권자 그리고 산업계의 이해를 반영해 설계되고 실행되었으며, 결국 실패했다. 그렇게 결국 북한의 에너지난에는 거의 도움이 되지 못하고 그 가장 큰 이익은 남한의 전력산업으로 돌아갔음에도 불구하고, 북한 에너지 지원은 '퍼주기'라는 왜곡된 인상만 남겼다. 이러한 남북한 지배 세력들의 정책 실패가 '남 탓'을 통한 상호 대립적 인식으로 굳어진다면 발전적 관계를 맺기는 더욱 어려워질 것이다.

서술한 바와 연결되는, 남한이 북한에 대해 가지고 있는 또 다른 부정적 인식도 있다. 그것은 비슷하나 조금씩 다른 버전이 있는데, 예컨대 '못 사는 나라', '자원이 풍부한 나라', '노동력이 값싼 나라' 등이다. 아무래도 공식 문서에서는 주로 뒤의 두 가지 표현으로 나타나는데, 사실 이는 남한이 북한에 대해서만 가지는 인식도 아니고, 북

한에 대해 남한만 가지는 인식도 아니다. 그것은 선진국과 개발도상
국 혹은 후진국으로 표현되기도 하며, 공간문화적 차이를 역사적 단
계로 전환하고, 비서구적·비자본주의적 생활양식이 바람직할 가능
성을 무시한다. 우리는 개발되었고 그들은 개발이 덜 되고 개발이 필
요하다는 식민지적 인식 혹은 시선, 바로 개발주의다. 남한과 북한의
관계에서 개발주의의 슬로건은 과거에는 '흡수통일'이었고, 보다 최
근에는 '하나의 시장'으로 순화되었다. 에너지 교류·협력에서도 주로
대규모 인프라 조성의 조건과 목표가 이 개발주의를 기반으로 삼고
있다.

그러나 기후위기의 시대에 과하게 풍족한 수입 에너지를 손쉽게
소비해온 남한이 북한을 우주정거장에서 본 한반도의 어두운 반쪽으
로 인식하는 한, 한반도 전체의 미래가 어두워질 것이다. 개발주의와
에너지 전환은 동반자가 될 수 없다. 이제 우리는 북한과 북한 에너지
난 그리고 북한의 에너지 정책을 바라보는 낡은 시선, 수동적으로 대
상화하는 시선을 넘어서야만 한다. 북한은 여전히 에너지 부족을 해
소하진 못했지만 꾸준히 자구책을 찾아왔으며 최악의 상황을 지나왔
다. 북한은 극도로 제한된 자원과 교류 속에서도 대외적으로는 기후
협약을 둘러싼 갈등 구조와 기후정의의 논리를 흡수하고, 대내적으
로도 자신들의 이념과 현실에서 비롯된 자력갱생의 원칙을 바탕으로
'1지역 1발전소 정책'과 '자연에네르기' 정책을 채택했다. 또 어쩌면
북한의 인민들은 남한의 시민들보다 더 적극적인 에너지 생산자다.

이러한 긍정적 측면은 아직도 핵을 포기하지 못하고 있는 부정적

측면만큼이나 적절히 평가되어야 한다. 북한이 '강요된 에너지 자립화'의 길을 걸으며 축적한 경험을 토대로 일종의 지역에너지 전환을 촉진하고 재생에너지 독립망을 늘리는 시도들에 대해 재평가하는 것 즉, 누가 더 개발되고 덜 개발된 것이 아니라 각자의 문화적 차이와 성취로 이해하는 것은 교류·협력을 위해, 더구나 그것이 어떤 공동체를 지향하는 교류·협력이라면 더더욱 선택이 아닌 기본이다.

남북 상호 인식의 한계와 같은 맥락에서 에너지 교류·협력을 추진할 때 신중하게 다뤄야 할 것이 있는데, 그것은 공간적 불균등이다. 공간적 불균등은 꽤 다양한 이슈와 얽혀 있고, 어떻게 다뤄지냐에 따라 비슷한 것 같지만 완전히 다른 방향으로 갈릴 수 있기 때문에 주의가 필요하다. 이를테면 공간적 불균등이 공간적 불균등 발전과 동일시된다면 그것은 결국 개발주의로 이어질 가능성이 크다. 한편으로 공간적 불균등이 공간적 불평등으로 고착되지 않도록 하는 것은 교류·협력에서도 주요 과제에 해당한다. 이 둘 사이의 경계는 사실 모호하고 교류·협력의 실천 과정에서 판단할 수밖에 없는 문제이지만 분명 중요하다.

공간적 불균등은 남과 북도 해당하고, 남남 사이에도 있어 남한의 지역 불균등이 교류·협력 과정에서 불평등으로 고착될 수도 있다. 이를 모두 다루는 것은 힘들지만 남북 교류·협력의 주요 이슈 중 하나를 예로 실천적 시사점을 얻어 보고자 한다. 교류·협력의 대상지가 평양시와 그 인근 지역에만 집중되는 현상은 많은 행위자가 우려해온 현상이고 다른 지역으로 확장하려는 시도들도 존재했다. 에너지 부문에서도 북한 내 지역별 에너지 실태를 고려할 때 이는 교류·협력이 오히려 지역 간 불평등을 심화시킬 가능성이 있기 때문에 우려할 만한 이슈다. 그런데 이것을 북한의 지역 불균등에 대한 총체적 구상과 제안으로 접근하는 것은 이론적으로는 가능하고 필요할 수도 있겠으나, 실제 그 실천 과정을 떠올려보면 독립된 국가로서 북한을 상대로 조금은 무리수일 가능성이 더 크다.

예컨대 문재인 정부는 이 문제를 남한의 혁신도시-광역경제권을 조합한 지역균형발전 정책에서 한반도로 확장해 풀어가려는 구상을 한반도 신경제지도에서 비쳤는데, 전형적으로 앞서 제기한 갈림길 사이에서 위태롭게 줄을 타는 방안이다. 그러나 이것이 실제로 북한과의 협상 과정에서 과연 어떻게 다뤄질까? 북한이 이 구상에서 남북 경제가 시장을 매개로 통합되어가는 과정을 의미하는 '하나의 시장'이라는 핵심 개념을 반가워할지도 의문이지만, 무엇보다 현실적으로 자국 전역을 대상으로 한 마스터플랜 방식을 받아들일 가능성은 극히 작다.

그렇다면 유사한 교류·협력의 사례를 좀 더 자세히 참고해보자. 농업 교류·협력에서도 지원이 평양과 인근에 집중되는 특징을 보이면서, 지자체들이 이를 넘어서 지리적 인접성, 역사문화적 공통성, 산업입지 조건 및 주요 산품의 공통성에 근거하여 북측 시·도 전역을 대상 자매결연지역으로 선정한 바가 있다. 그러나 이 계획들은 북한의 정책적 가이드라인을 넘어서지 못했고, 결국 평양시를 중심으로 남쪽 방향으로 황해도를 포함한 지역에서 북한이 지정한 협동농장을 대상으로 교류·협력 사업을 전개해 몇몇 모범사례도 창출했다.

그런데 2008년 들어 북한은 지자체가 추진하는 농촌 개발지원 사업의 중단을 요구했다. 이에 대해 지방자치단체 대북교류 10년 백서(이화여자대학교 통일학연구원, 2009)에서는 교류·협력 참여자들의 조사를 토대로 세 가지 중단 이유를 추정했다. 첫째는 남한이 지원하는 협동농장이 잘살게 되면서 인근 협동농장과 생활수준의 격차가 벌어지게 되었고, 둘째는 해당 협동농장이 농촌개발 사업의 과정에서 자체적으로 재원을 조달해야 하는 부분이 있는데 이 과정에서 빚을 과도하게 지게 되었고, 셋째는 해당 협동농장이 자립하지 못하고 계속 남한의 지원을 받아야 하는 의존적 상태가 된다는 것이다. 즉, 북한은 개발지원적 성격의 사업들을 시범적으로 추진하면서 이 사업들이 북한 사회에 미치는 영향이 작지 않음을 파악하고 중단한 것이다.

이러한 사례를 실천적 차원에서 곱씹어 보자면, 우선 북한 정부도 우리가 우려하듯이 아니 그보다 더 공간적 불균등에 대해, 남한 의존에 대해 심각하게 고려하고 있음을 알 수 있다. 가장 중요한 체제유지와 연결되는 문제이고, 좁게는 교류 대상 지역이 불안정한 남북관계에도 불구하고 남측의 지원을 기대하고 농사계획을 세우는 것은 위험한 일이기 때문이다. 또한 북한이 무조건 대규모 사업을 반기는 것은 아니며 때에 따라 작지만 성공적 사례가 하나씩 축적되는 것을 선호하고, 또 사례들을 자립적 역량으로 지속하기를 원한다는 것이다. 그리고 북한 또한 남한과의 교류·협력 과정에서 변화하는 존재라는 것도 환기해준다. 사실 당연한 이야기들인 것 같지만, 실제로는 실천 과정에서 경험하지 않고서는 깨닫기 힘든 것들이다. 우리가 북한의 신뢰를 얻는 것도 중요하지만, 동시에 우리도 북한을 신뢰할 수 있어야 하는 문제이고, 말 그대로 상호관계의 문제이기 때문이다. 교류·협력에서는 같은 이슈라 하더라도 분명 한층 더 나아간 사고가 필요하고, 이 사고는 또 실제로 상호관계의 경험이 쌓이며 형성된다. 이렇게 본다면, 결국 공간적 불균등도 다중 스케일의 관점에서 복합적으로 이해하고 풀어가야 할 문제라 하겠다.

정리하자면, 한반도 에너지 전환의 공동체적 전망은 지난 에너지 교류·협력에 대한 객관적 평가를 바탕으로, 교류·협력의 실천 과정에서, 남북 상호 간 부정적 인식을 극복하고 새로운 '공동체성' 그리고 더 앞서 상호신뢰가 다시 축적되어야만 열릴 수 있을 것이다. 그리고 새로운 공동체성은 이제 낡은 안보 논리가 아니라 기후위기 시대에 공동 생존을 위한 동등하고 정의로운 공동체성을 지향해나가야 할 것이다.

실천 경로로서의 교류·협력 과제

이제 무엇을 어떻게 실천해나갈 것인가? 여기에 답하기 위해 마지막으로 잃어버린 10년 동안 달라진 것들과 이 장에서 남북 교류·협력에 초점을 맞추면서 중요하게 다루지 않은 것들을 함께 종합하여, 에너지 교류·협력에서 한반도 에너지 전환으로 이어지는 실천 경로들을 논해보고자 한다.

먼저, 달라진 것들은 무엇인가? 북한은 핵무기 개발을 마침으로써 핵보유국이 되었고, 기후위기 완화를 위한 온실가스 감축수단으로서 핵발전을 계속 추진한다는 계획이다. 그러면서 한편으로는 1지역 1발전은 물론 가구 차원에서도 스스로 태양광 등의 생산 수단을 마련하는 자력갱생의 에너지 생산이 국가적으로 장려되고 실질적으로도 확대되었다. 이 지점은 남북한이 유사한데, 남북 모두 에너지에 국한되지 않고 중앙정부가 앞서서 분권을 강화하는 방향으로 가고 있다. 이에 따른 영향과 여타 이유로 남한에서는 지자체라는 행위자가 정치경제적으로 강력한 위상으로 부상함으로써 에너지는 물론 남북 교류·협력에서도 큰 변수가 되었다. 또한 에너지 전환에 대한 인식 확산과 정책 추진이 이뤄졌으며, 관련 행위자들 역시 양적·질적으로 확대되었다. 그리고 반대급부로서의 저항도 등장해 에너지 전환의 정치가 만만치 않은 상황에 처해 있다. 특히 이러한 저항에는 신고리 5·6호기 공론화를 통한 건설 재개나 월성 핵발전소의 경제성 논란에서 보듯이 경제 논리가 동원될 가능성도 크고 그것이 여론적 지지를 받을 가능성도 작지 않은 상황이다. 여기에는 해당 산업 노동자의 일자리 문제도 큰 비중을 차지하고 있다. 더욱이 핵산업계나 야권을 중심으로 이를 북풍으로 엮어 더 세게 몰아붙이면서, 남북 교류·협력의 현실적 이슈로 대두되기도 했다.

이러한 변화 속에서 지금까지 결합되어 있던 남북 에너지 교류·협력의 추진 논리－행위자－사업내용 조합이 현재에 와서는 어떻게 재조합될 수 있을지 예상해 보는 것은 유의미할 것이다. 지난 교류·협력의 평가에서는 이 조합이 가장 고착화된 것이 안보논리－지배적 행위자네트워크-핵·화석연료에 기반한 대규모 인프라 산업 에너지 지원이고 이를 해체하는 것이 과제임을 확인한 바 있다. 10년이 흘러 여기에는 분명 변화가 예상되는데, 남한에서는 이미 중앙정부 차원에서 에너지 전환을 정책으로 채택한 만큼 관련 사업들에 대한 기회의 창이 열릴 것이고, 중앙정부가 직접 개입할 여지도 있다. 그러나 이 변화가 과연 고착화된 기존 조합을 깨고 새롭게 재조합할 만큼 강할 것인가에는 의문이 남는다. 안보 논리는 지금도 건재하고, 산업부가 아직도 남북관계 개선에 따른 협력방안으로 '북한지역 원전건설 추진방안'을 검토하고 있는 데다, 해당 문건이 공개되기 전에도 이미 핵산업계의 강한 저항으로 '원전 수출'에 대한 지원을 공개적으로 강하게 약속한 바 있다. 물론 핵산업계도 이 북한의 핵발전소 건설에 대해서는 의견이 두 개로 갈려 분열을 겪고 있지만, 어쨌든 그중 최소한 반은 지금도 대규모 핵발전소가 아니더라도 스마트원자로로 북한 전력을 공급할 수 있다며 구체적인 입지까지 제시하고 있는 실정이다.

따라서 이미 강조했던 것처럼 에너지 전환은 지배적 레짐의 해체와 동시에 추진하는 것이 중요하다. 특히 남북 교류·협력의 측면에서는 남한과 북한의 빗장이 다시 열려 서로의 위기를 이전하는 것, 그리고 더 나아가 남과 북 각각 또는 남북이 함께 동북아라는 다른 경로가 열려 위기를 이전할 수 있는 한 그 논점은 언제나 유효할 것이다. 이것은 말하자면 중앙집중적 점진적 전환이라는 변형 경로와 동북아시아 슈퍼그리드 전환이라는 재배열 경로 사이에 대한 경계가 필요함을 의미하는데, 이를 더욱 세밀하게 검토하려면 남북 교류·협력을 넘어선 연구가 이뤄져야 한다. 남한과 북한 외에도 동북아는 물론 전 세계에 걸쳐 수많은 행위자가 남·북·한반도와 연결되어 있으며, 특히 북한에는 남한 이전에 훨씬 더 강하게 연결된 중국이 있고, 과거만큼은 아니지만 에너지원 수출에 대한 강력한 의지로 영향력을 다시 키우고 있는 러시아도 있다. 또한 인도적 지원을 통해 북한과 교류·협력하고 있는 수많은 국제기구와 다른 국가들도 있다. 남한은 이들과 북한이라는 미래시장을 둔 경쟁도 하게 될 것이며, 한반도 에너지 전환을 추진하며 또 다른 교류·협력도 형성할 것이다. 실제의 남북 에너지 교류·협력은 이러한 보다 복잡한 정치동학 속에서 전환의 경로를 찾는 실천인 셈이다.

다시 지배적 레짐의 해체로 돌아와 보자. 이를 위해 우리는 지배적 레짐의 유지에 복무하는 폐쇄적인 상위 의사결정의 밀실을 열고 교류·협력의 범위와 내용에 대해 더 공론화된 방식을 쟁취해야 하고, 무엇보다 남북 에너지 교류·협력의 지배적 레짐에 균열을 내고 새로운 레짐으로 재구성해야 한다. 여기서 급부상한 지자체 변수를 활용해 에너지 분권과 자립 전환이라는 이탈 및 재배치 경로가 중앙집중적 점진적 전환의 일종의 대안이 될 수도 있을 것이다. 남한에서 이는 이미 꽤 지지를 받는 대안이다. 그러나 지자체 그러니까 다른 이름으로 지방정부에 대한 지나친 기대와 의존도 경계해야 한다. 우선 지자체들은 단일한 주체가 아니라는 점을 잊어서는 안 된다. 지금의 어려움을 남북관계 개선 그리고 동북아 진출로 풀려는 시도는 중앙정부만 하는 것이 아니다. 언급한 바 있는 강원도와 울산광역시의 사례가 그렇고, 하나의 광역지자체도 속해 있는 기초지자체들마다 다른 행보가 가능하다. 같은 지자체 역시 단일체가 아님은 물론이다. 또한 중앙정부이든 지방정부이든 정부에 대한 지나친 의존은 지배적 레짐에 포섭될 위험성을 가진다. 현재는 소위 반관반민의 성격을 가지고 상대적 유연성을 보여온 지자체들이 분권화가 강화됨에 따라 제도화된 권력을 확대해 간다면 분권화의 미래도 밝게만 볼 수는 없다. 이미 지역에서 광역지자체장은 작은 대통령이라 불리며 강력한 권력과 그에 따른 부작용을 종종 드러내고 있다.

또 강력한 권력을 견제하기 위해 조금 덜 강력한 권력을 활용하는 것 말고도 우리에겐 더 중요한 숙제가 있다. 에너지 전환이 추진됨에 따라 생계와 생존의 측면에서 더 많은 그리고 더 심대한 영향을 받게 될 행위자들이 남한 차원의 에너지 전환에서도 남북 교류·협력에서도 소외되어 있다. 노동자도 그중 하나이며 노동자가 그런 행위자들을 모두 대변할 수도 없고 노동자 모두가 균일하게 영향을 받는 것도 아니지만, 어쨌든 대표적인 행위자이자 그런 행위자들 중 가장 집단화, 조직화된 힘을 발휘할 가능성이 큰 것이 노동자다. 남한 또는 한반도 에너지 전환 추진에서 노동자들은 지금보다 훨씬 더 많은 참여로 정의로운 전환에 기여할 수 있어야 한다. 특히 정의로운 전환은 전환의 속도가 빨라질수록 더 중요해지고 더 피부에 와 닿는 의제가 될 것이다. 이러한 일환으로 남북 교류·협력에서도 과거 선샤인 프로젝트가 제시한 구상처럼 예를 들어, 북한의 에너지 설비 개보수를 한국전력이 아니라 노동조합 주도의 교류·협력으로 추진하는 등의 시도가 더 과감하게 이뤄져야 한다.

한편 이 모든 중요한 과제들은 과연 누구의 손에서 시작되는 것인지도 되물어봐야 한다. 분명 에너지 전환에 동의하고 이를 스스로의 실천으로 추진하려는 '주체'들이 존재하고 과거에 비해 몰라보게 양적으로 확대되고 질적으로도 숙련된 것이 사실이지만, 여전히 독자적인 동력으로는 많이 부족한 데다 남북 교류·협력에서는 더더욱 전문성과 경험치가 떨어지고 단기간에 높아질 가능성도 작다. 그렇다면 에너지 전환의 동력은 구심력에서 원심력으로 확장해가는 것보다 원심력을 통해 구심력을 확보하는 것이 유력한 방법 아닐까? 어쩌면 지금도 이미 그러한 전략이 진행 중인 것인지도 모른다. 지자체의 에너지 전환 정책과 역량의 많은 부분은 이들로부터 나왔다는 것을 고려할 때 이는 더 타당한 추측이 된다. 다만 전술했듯이 그것이 지자체에 편중될 시 예상되는 위험과 소외되는 다른 중요한 행위자들이 있다는 점에서 지금보다는 더 스펙트럼을 넓혀 에너지 전환의 구상이 사회 곳곳에, 그중에서도 전환으로 인한 불안정이 예상되는 곳에 어떻게 녹아들 수 있는지를 찾는 것이 필요하다.

또 남북 교류·협력의 경험과 성과가 축적된 인도적 지원 분야에서도 해당 단체들과 상호협력 관계를 구축하고, 최근 대두되고 있는 LRRD Linking Relief, Rehabilitation and Development 접근법과 같은 진전된 논의를 참고하여 상상력을 발휘할 필요가 있다. LRRD는 긴급구호Relief, 재건Rehabilitation과 개발Development을 보완적이고 동시적으로 연계하여 단기적 인도적 지원과 중·장기적 개발지원을 통합적으로 관리하는 접근법이다. 남북 교류·협력에서 개발지원의 주축을 이뤘던 농업 분야에서 한발 앞서 검토되기는 하였으나, 허준영·유진아·우창빈(2018)은 에너지가 인간의 삶 전반에 사용되기 때문에 이에 대한 지원은 다른 분야의 지원 효과까지 높여 삶 전반의 질을 높일 것이라며 LRRD 접근을 대북 신재생에너지 지원에 적용하자고 제안한 바 있다. 이들에 따르면 LRRD 접근의 신재생에너지 지원 적용은 북한의 심각한 에너지 빈곤 상황에서 단기적 필요를 해결하여 에너지 접근성을 높이고, 이와 함께 장기적으로 재난에 대처하는 북한의 역량 발전과 에너지 자급능력의 증진을 모색하는 지원방안으로 한반도 에너지 전환을 위한 남북 교류·협력에서도 충분히 검토할 가치가 있다.

2021년 1월 현재, 한반도의 정세를 보건데 단시일 내에 북한과의 대규모 인프라 건설 협력이 성과를 거두기는 힘든 상황이다. 그런데 상투적이지만 기회는 준비된 자에게 찾아온다. 이 시공간을 잘 활용해야 한다. 우선은 이미 제안되고 있는 개성공단을 중심으로 한 재생에너지 협력이나 국제적 협력을 포함한 인도적 지원 사업들에 구상 단계부터 적극적으로 협력을 제안하고, 남한에서 산업 에너지에 대한 대안적 접근과 구조조정 대상 산업에서 노동자들이 전환으로 동참하도록 이끌 정의로운 전환 방안을 함께 강구하며 남북 교류·협력에서도 적극적 역할을 할 수 있도록 설득해야 한다. 강조했듯이 여기서 중요한 것은 단기적 성과에 유리한 인도적 지원에 머물러 지배적 행위자들에 다른 기회를 주지 않도록 경계하고 전환의 속도와 폭을 확보해야 한다는 점이다. 다양한 행위자들과 다양한 논리의 결합으로 남북 에너지 교류·협력을 한반도 에너지 전환을 위한 다양한 실천의 경로로 만들어야 한다.

한반도 에너지 공동체의
열린 미래

이정필·황진태

"2000년대가 개막되면서 지구에는 첨단과학시대가 활짝 열렸으나 인구폭발, 자연자원의 소진, 공해 등 많은 문제점으로 인해 인류는 새로운 삶의 터전을 찾아 우주탐사에 몰두하고 있었습니다. 서기 2020년 어느 날 지구의 우주개발사령부에서 발생한 의문의 사건은 새로운 별을 찾아 나선 인류 앞에 어두운 그림자를 던져주었습니다."

위 인용문에서 밝히고 있듯이, 2000년대 인류는 첨단기술을 발전시켰지만, 동시에 인구증가, 자연자원의 소진과 공해를 야기하면서 지구를 망가뜨리고 있다. 그런데 지금 이 글을 마무리하는 2021년 시점에서 볼 때 인용문에서 언급한 2020년은 이미 지나간 과거인데, 팬데믹을 해결하려는 전 지구적 협력은 있었지만, 지구를 떠나 새로운 별을 찾아나서는 우주개발사령부는 존재하지 않는다는 점에서 윗글을 쓴 사람이 뭔가 착각하는 게 아닐까 하는 의문이 든다.

윗글은 1989년 KBS에서 방영한 공상과학만화 〈2020년 우주의 원더키디〉의 1화 도입부에서 2020년 미래의 세계관을 설명하는 대목이다. 어린 시절 이 만화를 보면서 미래의 발전된 과학기술에 매료되었지만, 정작 과학기술이 인류를 지구에 머물게 하지 못하고, 다른 행성을 찾게 만든 디스토피아적인 아이러니에 마음이 무거웠던 기억이 난다. 인구는 앞으로도 증가할 전망이고, 자연자원은 상당히 소진되었으며, 공해와 더불어 기후변화, 팬데믹까지, 인류는 그야말로 화불단행禍不單行의 상황에 직면했다. 그렇지만 다른 행성을 찾는 노력은 초기 단계에 그치고 있으며, 지구에 발을 붙일 수 있을 정도로 아직은 '덜' 파괴했다는 점에서 만화 속 2020년보다는 상대적으로 나은 미래를 보내고 있다며 안도해도 되는 걸까?

홍미롭게도 〈2020년 우주의 원더키디〉가 방영된 1989년 당시 시간배경을 2020년으로 정했던 제작진은 30년이 흐른 현재의 시점에서 돌이켜보면 "먼 미래가 아니라 가까운 미래를 설정한 건 의미가 있는 것 같습니다. 100년 뒤는 남 일이지만, 30~40년 뒤는 내 일이

되는 거잖아요"라고 답했다(《경향신문》, 2020.01.02). 다행스럽게도 1989년으로부터 30년 후인 2020년에는 만화에서 예측한 것보다는 살만한 지구지만, 앞으로 30년 후인 2050년에도 살만한 지구로 남을 수 있을까 하고 질문을 던진다면 감히 자신하기 어렵다. 다만 만화의 제작진이 말했듯이, 이 가까운 미래는 바로 '내 일'이라는 점에서 막연한 미래가 아니며 구체적인 실천을 통해서 우리가 원하는 미래로 나아갈 희망과 가능성을 담고 있다는 점에서 옅은 장밋빛을 띠고 있다.

이 책에서 7명의 연구자가 치열하게 모색한 한반도 에너지 전환론은 다양한 개념과 이론자원 그리고 사회공간적 상상력을 동원하여 남북의 에너지시스템 변화와 상호 교차점의 과거를 평가하고 현재를 진단하는 동시에 미래를 구상하는 실천적 과정이었다. 한반도 에너지 공동체는 안보와 개발이라는 화석화된 사고에서 벗어나지 않는다면 국가주의와 채굴주의의 새로운 버전으로 전유될 수 있다. 또한 에너지 공동체의 복합성과 역동성을 주목하고 다층적으로 이해할 수 있는 전환의 상상력이 뒷받침되지 않는다면 지속 불가능한 꿈에 불과할 것이다. 기존 통일담론의 양분이었던 민족주의, 국가주의, 실용주의를 넘어서 평화, 인권, 정의, 지속가능성, 커먼즈 등의 새로운 가치들을 수용하는 것이 필요하다. 이를 위해서는 외부의 시선이 가정하는 것처럼, 북한은 텅 빈 공간이 아니라 미래 한반도의 지속가능성을 확보하기 위한 사유와 실천의 잠재성을 담고 있는 능동적인 공간임을 인지해야 한다. 전환의 상상력 자체가 우리가 지향할 방향과 경로를 설정하는 실천이며, 남과 북이 함께 실천할 때, 우리의 상상은 현실이 된다.

한반도 에너지 전환론 작업에 들어간 지 햇수로 4년이 되었다. 그동안 남북관계를 둘러싼 정세는 크게 바뀐 것이 없어 보인다. 그러나 변화는 불가피하다. 변화의 대표적인 징후는 '기후위기'에 있다. 코로나19 팬데믹보다 파급력이 더 클 것으로 예상되는 기후위기라는 장기 비상사태는 뒤늦게나마 주류 담론이 되었고, 국제기구, 국가, 지방정부와 기업들이 앞다투어 관련 계획과 정책을 쏟아내고 있다. 2021년, 지구 행성은 파리협정에 의한 신기후체제에 진입했다. 그러나 최근 국제적으로 파리협정의 한계를 지적하고 더 효과적인 국제조약을 체결해야 한다는 움직임이 활발하다. 기후변화 대응에 필요한 목표와 수단을 거의 전적으로 각 국가에 맡긴 구조적 결합 탓에 그러한 느슨한 방식으로는 위기상황에 맞는 비상조치를 제때 취할 수 없기 때문이다.

이런 상황에서 화석연료확산금지조약FF-NPT: Fossil Fuel Non-Proliferation Treaty은 핵확산금지조약NPT: Nuclear Non-Proliferation Treaty처럼 국제조약의 효력을 지향한다는 점에서 주목할 조치다. 기존 기후변화 국제협상이 석유, 석탄, 가스 등 화석연료를 직접 규제(화석연료 채굴과 생산 자체를 체계적으로 제한하고 관리하는 방안 포함)하지 않는다는 문제의식에서 등장한 FF-NPT는 파리협정을 보다 강화할 수 있다. 반면 유럽에서 출범해 1994년에 체결된 에너지헌장조약ETC: Energy Charter Treaty은 화석연료 기업 투자와 관련된 인프라스트럭처 확대를 뒷받침하고 있어 기후위기 대응과 에너지 전환의 걸림돌로 작용하고 있다(Climate Action Network Europe, 2020). 이런 이유에서, 한편으로는 에너지헌장조약을 전면 개정하거나 폐기해야 한다는 주장이 설득력을 얻고 있으며, 다른 한편으로는 국제법적 구속력 없이 정치적 선언에 불과한 국제에너지헌장IEC: International Energy Charter을 새롭게 갱신하여 국제규범으로 발전시킬 필요성이 제기되고 있다. 이와 더불어 한반도를 포함한 동북아 지역에서도 탈탄소 에너지 전환 연대를 보장하는 협력적 거버넌스를 꾀할 수 있을 것이다.

한국 정부는 2050년 장기저탄소발전전략과 2030년 온실가스감축목표를 2020년 연말에 유엔에 제출하면서 2050년까지 '탄소중립'을 달성한다는 국가 비전과 전략 그리고 2030년까지 온실가스 배출량을 2017년 대비 24.4% 감축하겠다는 중기 목표를 담은 두 문서를 공식화했다. 이보다 앞서 북한은 2019년에 2030년 감축목표를 제출했는데, 2016년 제출 감축목표와 비교하면 두 가지 특징이 있다. 우선 온실가스 배출량 전망치가 1억 8800만 톤에서 2억 1800만 톤으로 증가했는데, 경제성장과 에너지 수요 증가분을 반영했다고 설명한다. 자체 감축목표는 8%에서 16.4%로, 해외 지원 300억 달러를 통한 추가 감축목표는 32.3%에서 36.1%로 각각 늘렸다. 배출량과 감축량을 비슷한 수준에서 높게 잡았다는 점이 첫 번째 특징이다. 다음으로 감축 수단에는 큰 변화가 없는데, 2016년과 동일하게 핵발전소 건설을 계속해서 추진한다는 국가적 의지가 두 번째 특징이다(UNFCCC NDC Registry 홈페이지 접속).

즉, 북한은 여전히 핵발전을 핵무기와 연결해 국가안보로 인식하는 입장을 고수하고 있음을 알 수 있다. 기후위기 대응과 에너지 전환 시대에 핵발전을 도입하거나 유지하려는 몇몇 국가의 논리와도 유사하다. 이런 점에서 2021년 연초 국내에서 논란이 된 남한 정부의 북한지역 핵발전소 건설 추진 의혹을 다시 생각해볼 필요가 있다. '북한지역 원전건설 추진방안' 보고서에 대해 산업통상자원부는 2018년

1차 남북정상회담 이후 남북경협을 대비하는 차원에서 산업통상자원부가 자체적으로 내부 검토한 자료이기 때문에 정부의 공식 입장과 무관하다고 해명했다. 그리고 문서에는 향후 비핵화 조치가 구체화된 이후에 추가 검토가 필요하고, 핵발전소 입지도 북한 지역만이 아니라 남한 지역 건설 후 송전하는 방안도 언급되어 있다는 점을 들어 "구체적 계획이 없는 아이디어 차원의 다양한 가능성"을 담은 종결된 문서라는 점을 강조했다(《프레시안》, 2021.01.31). '아이디어 차원의 다양한 가능성'이 탈핵 에너지 전환을 선언한 정부의 에너지 부처에서 검토했다는 사실만으로도 한반도 에너지 전환과 에너지 교류 협력에 대한 인식을 짐작게 한다.

본서는 한반도 에너지 전환을 모색하기 위한 매우 구체적이고, 실천적인 아이디어들이 풍부하게 논의되었다는 점에서 '아이디어 차원의 다양성이 떨어지는 가능성'에 주목한 정부 관료들에게 유익한 지침서가 될 수 있을 것이다. 한편, 기존 핵발전 기반 발전모델로부터 자유롭지 않은 관료들의 아이디어에 대하여 친북이라는 이념적 공격을 가한 보수성향 정치권을 포함한 사회 세력들은 얼마나 정부 관료들과는 다른 차별화된 전망과 아이디어를 갖고 있는지에 대해서도 의문이 든다(에너지기후정책연구소, 2012; Hwang et al., 2017; 이상헌 외,

2017). 현 정부의 탈핵노선이 국가경제를 심대하게 위협한다면서 북한은 안 되지만, 남한에서는 더 많은 핵발전소를 지어야 한다거나 또는 원전의 해외 수출을 장려하여 결국 2050년쯤 인류가 '새로운 별'을 찾게끔 만드는 그들에게도 이 책의 일독을 권한다. 이 책은 핵발전 선택지를 제외하고도 한반도 에너지 전환을 위하여 수많은 선택과 고민이 아이디어 수준이 아니라 매우 구체적인 수준에서 심화되어야 함을 가리키고 있다. 그리고 남한과 북한의 단순 결합이 아닌, 국가나 국가 관계로 수렴되지 않는 다양한 주체와 공간이 살아 숨 쉬는 한반도 에너지 공동체를 꿈꾼다. 한반도 에너지 전환의 미래는 기다리는 게 아니라 지금 여기서 함께 만들어나가는 것이다!

1. 한반도 에너지 전환의 개념화를 위한 시론

1 르페브르에게 가려진 지대는 단순히 이곳이 어둡고, 불확실해서 우리가 알아차
   리는 데 실패했음을 의미하는 것뿐만 아니라 여태껏 바라보던 방식에 익숙해져
   버린 우리의 (산업적) 시각 때문에 새로운 (도시적) 현상을 알아차리지 못하는
   unable to notice 것을 포함한다(Lefebvre, 2003[1970]: 29; Wachsmuth, 2019: 136-
   137). 고로 이 글이 시도하는 미래 만들기는 인식론적으로 우리 인식 속의 가려
   진 지대를 밝히는 작업이기도 하다.

2 미국-멕시코 국경에 형성된 마킬라도라Maquiladora로부터 영감을 받아 남북한
   접경도시들을 소위, '쌍둥이 도시'로 개발하자는 장밋빛 청사진이나 개성공단
   에 주목한 것에서 보듯이, 접경지역을 넘어서지 못하는 제한된 상상력이 확인된
   다. 이러한 상상력의 공간적 한계는 현존하는 남북한 간의 팽팽한 지정학적 긴
   장관계로부터 기인한다.

3 이 전략이 국내에 처음 소개된 것은 아니다(한재각, 2019; 앵거스 엮음, 2012).

4 서영표는 기후변화담론을 주도하는 경제학은 "복잡한 사회적 관계를 이미-언
   제나 합리적으로 기회비용을 계산하는 원자로서의 인간이라는 '가정'에서 출발
   한다. 경제학적 논리가 전제하는 인간은 그래서 언제나 '이기적'이다"라고 평하
   면서 경제학이 가정한 이기적 인간상[6]은 경제학 논리 너머의 대안들을 고안할
   수 있는 인간의 역량을 제한하고 있음을 지적한다(서영표, 2016: 155).

5 북한에 대한 정확한 진단과 생산적인 전망을 내리기 위해서 외부적으로는 남한
   자본의 북한 진출에 대한 시장주의 일변을 경계하는 것과 더불어 내부적으로는
   시장화가 전개 중인 북한의 경제공간이 계획경제로부터 시장경제로의 단선적
   전환으로 설명되지 않는 복잡하고, 다양한 맥락과 관행들이 결합되고 있음을 인
   지해야 한다(김부헌·이승철, 2019). 즉, 북한의 안과 밖에서 '방법론적 남한주

의'(황진태, 2019)를 벗어날 수 있는 사회공간적 상상력이 필요하다.

6 어두운 북한의 광경은 북한의 경제 상황을 보여주는 것뿐만 아니라 우리가 북한에 대해 알고 있는 지식수준을 의미하기도 한다. 야간 불빛을 이용하여 북한의 경제수준을 평가한 시도(예컨대, 황일도(2015))는 참신하면서도 남한 연구자들의 북한 자료 접근이 어려운 상황을 방증한다.

7 유엔 안보리의 대북 제재에도 불구하고, 최근 북한 남포항에는 석탄 운반 선박들이 확인되고 있다(《조선일보》, 2019년 12월 27일)

8 최근에 동북지역에 나타난 경제성장률 감소와 인구 감소를 가리키는 '신동북현상'에 대해서는 박철현(2017)을 참조 바람.

9 필자는 실제 전환 과정에서 시장 메커니즘의 역할 자체를 부정하는 것이 아니라 다른 가치들(공유, 지속가능성, 분배, 환경 등)에 대한 고려가 없는 경제 중심주의 일변으로 흐르는 게 문제임을 지적하는 것이다. 뒤에서 제시한 공유화 모델(그림3)에서는 자본과의 협력 가능성을 열어두기도 했다.

10 환경의 신자유주의화의 관점에서 국내 광물기업을 비롯한 다국적 기업들의 제3세계 진출을 살펴본 연구로는 엄은희(2008)를 참고 바람.

11 예컨대, 성장지역의 성장편익을 지방정부 간 재정을 이전하여 균형발전을 도모하려는 수평적 지방재정조정제도의 도입을 서울 수도권 지역에서 반대해온 이유 중 하나는 수도권 지역의 지자체들과 주민들이 지방정부와 거주민들에게로의 재정 이전을 '시혜'로 간주하면서 자신들의 부가 지방으로 이전되는 것을 반대하기 때문이다(김용창, 2008a, 2008b). 하지만 자신이 거주하는 지역에서의 부의 창출이 자신들이 살고 있는 지역의 내생적 요인뿐만 아니라 지방, 비도시 지역의 요인들(다른 말로 외생적 요인)도 중요한 역할을 했음을 인식하게 된다면 수평적 지방재정조정제도를 비롯한 균형발전 관련 제도들에 대한 도시민들의 입장이 변화할 가능성은 있다.

12 경제주의적 사고에도 균열이 생기고 있다. 20세기의 화석연료는 지금보다 에너지 효율이 좋고, 채굴이 수월했고, 필요한 곳으로 쉽게 운반할 수 있었다. 하지만 21세기의 화석연료는 타르샌드 개발에서 보듯이 경제적 가치가 현저히 떨어지고 있다(Princen et al., 2015: 37).

13 다행히도 최근 독일연방정부는 2018년 6월에 발족된 탈석탄위원회가 권고한 2038년까지 석탄화력발전과 탄광의 단계적 폐쇄 전략안이 담긴 《석탄에서 재생에너지로의 정의로운 전환을 위한 로드맵》(아고라 에너지전환·오로라 에너지 연구, 출간 예정; 김현우, 2019)을 받아들이기로 했다. 이 로드맵에는 루사티

아를 포함한 탄광지역에 대한 경제적 지원안도 담겨 있다.

14 미세먼지는 인간의 폐와 혈액, 심혈관계 등 전신순환계에 침투하여 심혈관 질환과 만성 폐쇄성 폐질환, 만성 기관지염의 발생률을 높여, 결과적으로 사망률 증가로 이어진다(신동천, 2007; 조용민·홍윤철, 2014; 명준표, 2016).

15 전통 공유지와 도시 공유지 간의 상세한 비교는 황진태(2016b)를 참조 바람.

16 남한사회에서의 불균등 발전에 대한 보상이나 제3세계 국가들에서의 채굴 및 개발 중단에 대한 보상근거는 수도권 혹은 제1세계의 과거행위에 대한 역사적 채무와 관련된다면, 북한 매장지의 공유화의 근거는 과거보다는 아직 오지 않은 통일 이후 한반도 공간의 지속가능성이라는 미래에 방점을 두고 있다. 물론 새롭게 열릴 한반도 공간에서 남한의 불균등 발전의 경로의존성이 서울-평양 연담도시화 형태로 지속되어 한반도의 지속가능성을 침식시킬 수 있다는 점에서 과거에 대한 분석은 여전히 유효하다.

2. 북한 에너지 전환의 갈림길: 현황과 특징

1 제2조(정의) 연유는 현대산업의 동력원천의 하나이며 국가의 중요전략물자이다. 연유에는 류전기재와 가열설비의 연료로 쓰이거나 제조공업의 용매제로 쓰이는 휘발유, 디젤유, 중유, 항공석유 같은 것이 속한다.

2 제2조(흑색금속의 정의) 흑색금속은 철과 그 합금이다. 흑색금속에는 선철과 함금철, 리첼, 해면철, 강철, 합금강, 압연강재, 2차 금속가공제품 같은 것이 속한다.

3 제2조(유색금속의 정의) 유색금속은 나라의 귀중한 재부이다. 유색금속에는 철을 제외한 모든 금속이 속한다.

4 북한에서는 1990년대 후반(1996~1999년) 가뭄으로 200만~300만 명의 아사자가 발생하기도 했다. 2012년 봄에도 극심한 가뭄에 시달렸다. 2014년 봄 가뭄에 이어, 2015년 봄에는 북한 당국이 '100년 만의 가뭄'이라고 주장할 정도 심한 가뭄이 닥쳤고, 물 부족과 수질 악화로 주민들 사이에 수인성 전염병이 발생하기도 했다(《중앙일보》, 2018년 8월 11일).

3. 한국 에너지 전환의 미래: 다양한 스케일의 전환 경로 탐색

1 한편 틈새에서 성장한 다양한 혁신들과 행위자들이 결합하여 기존 레짐에 도전할 수 있을 정도로 성장할 경우, 이런 연합체를 틈새-레짐niche-regime으로 따로 구분하기도 한다(Geels and Schot, 2010b).

2 그런데 에너지(전력)시스템과 같은 거대한 하부구조infrastructure의 경우에는 기술적 요소만 단순히 대체되는 전환 유형은 발견하기 어려울 것으로 평가된다 (Verbong and Geels, 2012: 207).

3 '변형', '재배열', '이탈 및 재배치'라는 용어가 전환 유형의 특성을 제대로 표현하지 못한다는 의견을 수용해서 각각 '시스템 개선', '시스템 재구조화', '시스템 혁신'으로 표현할 수도 있다는 점을 병기한다.

4 사회정치적 권력이 공간 위에서 어떻게 조직되고 실행되는지를 기술하기 위해서 사용되는 개념인 '영역성'은 에너지 시스템에도 적용될 수 있다. 즉, 전력시스템을 구성하는 지리적 범위와 이를 관할하는 권력의 관할 범위를 영역성 개념으로 설명할 수 있다. 통상적으로 몇몇 도시 지역에서 출현하고 제한된 발전 및 배전 시스템은 지역적인 영역성을 가지지만, 여러 지역의 전력시스템이 송전망을 통해서 연계되고 이를 소유·운영하는 거대 기업과 이를 규율하는 국가 관료 기구들이 자리 잡으면서 확장된(대개 국가 수준의) 영역성을 가지게 된다. 자세한 내용은 Bridge et al. (2013: 336)를 참조.

5 이는 소위 '방법론적 국가주의'에 따른 '영역적 함정'의 문제(박배균, 2012)를 상기하게 만든다. 유럽 국가의 전력 레짐 영역성의 다양함과 지역에너지 전환 과정에서 레짐의 경계가 유동적으로 변화하는 상황에 대해서는 한재각(2017a)을 참조할 수 있다.

6 Verbong and Geels(2010, 2012)도 유사하게 유럽 전력시스템의 세 가지 전환 경로―하이브리드 그리드 지향 강화(Futher toward hybrid grid: 변형경로), 슈퍼그리드의 출현(재배열 경로) 그리고 분산 발전의 지향(이탈 및 재배치 경로) ―를 분석했다. 이는 네덜란드에 대한 Hofman and Elzen(2010)의 세 가지 전환 경로와 비슷한 점이 많다.

7 탄소포집·저장·활용기술Carbon Capture, Utilization and Storage: CCUS은 "이산화탄소를 포집한 후 유용한 물질로 전환하거나 안전하게 육상 또는 해양지중에 저장하는 기술"로 설명된다(정부부처 합동, 2018: 26). 그리고 CCS는 탄소포집저장기술을 의미한다.

8 표1에서 에너지 다소비 업종 중심의 경제활동 증가, 저유가와 차량 대형화 추세 등, 주로 국내적 환경들은 기존 레짐의 관성을 보여주는 것으로 전환 압력을 상쇄하는 요소들로 평가할 수 있다.

9 예를 들어 문재인 정부는 "연방제 수준의 지방분권"을 주장하면서 개헌 추진 의사를 밝히기도 했다. 또한 행정안전부는 "내 삶을 바꾸는 자치분권"이라는 비전

과 "연방제에 버금가는 강력한 지방분권"의 목표를 담은 '자치분권 로드맵(안)'
도 제시한 바 있다(행정안전부, 2017). 또한 정부 100대 국정과제 중의 하나로
"획기적인 자치분권과 주민 참여의 실질화"가 포함되었는데, 지자체로 포괄적
인 사무이양을 추진하면서 '지방이양일괄법'의 제정을 약속했다. 실제로 2019년
1월, 571개의 국가 사무를 지방으로 이양하기 위해서 46개 법률을 한꺼번에 개
정하는 지방이양일괄법안이 국회를 통과했다.

10 발전차액지원FIT 제도는 재생에너지 생산을 지원하기 위한 목적으로 투자비의
회수와 안정적인 수익 창출을 보장할 수 있도록 고정된 가격으로 재생에너지로
생산된 전력을 구매해주는 제도다. 그리고 RPS 제도는 일정 규모 이상의 발전
사업자가 자신들이 생산하는 전략량의 일정 비율을 재생에너지로 생산하도록
의무를 부여하는 제도다. 해당 발전사업자는 스스로 재생에너지 발전설비를 건
설하여 전력을 생산하거나 다른 재생에너지 발전사업자가 생산한 전력에 발급
되는 '신재생에너지 공급인증서REC'을 구매하여 의무를 이행할 수 있다.

11 태양광과 풍력 발전설비는 각각 30.8GW와 16.5GW를 확대한다는 계획이다.
이때 주로 (대)기업들이 주도하게 될 대규모 프로젝트는 28.8GW이며, 개인과
협동조합 등이 중심적인 역할을 하게 될 주택·건물 등 자가용 부문, 협동조합
등 소규모 사업 부문, 농가 태양광 부문이 각각 3.4GW, 7.5GW, 10.0GW로 계
획되었다.

12 성장상태가 나빠 솎아낸 잡나무.

13 한전은 동북아 슈퍼그리드를 "동북아 지역의 에너지자원을 효율적으로 활용하
고 청정에너지(풍력, 태양광, 수력, 천연가스 등)을 공동개발을 촉진하기 위하
여, 한-중, 한-일, 한-러 간의 전력계통을 연계하는 전력망"으로 정의하고 있
다(한전의 동북아수퍼그리드 웹사이트: https://home.kepco.co.kr/kepco/SG/
view/SGView001.do: 2020. 2. 10 접속).

14 동북아지역에서 제안된 다자간 전력망 연계 구상은 '동북아 전력시스템 연계
NEAREST', '아시아 슈퍼그리드', '고비텍Gobitec·아시아슈퍼그리드', '범아시아 에
너지 인프라', '아시아 태평양 전력망', '글로벌 에너지 연계GEI', '아시아 에너지
고리AER' 등이 있다. 자세한 것은 이성규·정규재(2017)를 참조할 것.

15 한국 정부의 '동북아 슈퍼그리드' 구상은 이명박 정부 시절부터 시작된 것으로,
일본 손정의 회장의 '아시아 슈퍼그리드' 구상과 관련된 것으로 보인다. 2011년
일본 손정의 회장이 후쿠시마 핵사고 이후 일본의 핵발전소가 거의 모두 가동
중지되면서 전력이 부족한 상황을 타개하고자, 러시아의 수자원 그리고 몽골 고

비사막의 태양광 및 풍력 자원을 이용하여 전력을 생산하여 슈퍼그리드를 통해서 일본까지 공급한다는 구상을 내놓았다. 문재인 대통령은 2012년 6월 민주통합당 상임고문 시절 일본에서 당시 손 회장을 만나 동북아 수퍼그리드 구상에 대해 의견을 나눈 바 있다. 손 사장은 2017년 4월 국내 언론과의 인터뷰에서 "아시아 슈퍼그리드 프로젝트 실현을 위해 한국의 새 대통령을 만나 이 문제를 논의하고 싶다"는 의지를 밝힌 바 있다. 그리고 그해 9월 블라디보스토크에서 열린 3차 동방경제포럼 연설에서 문재인 대통령은 '동북아 슈퍼그리드'를 제시함으로써 이에 화답했다. 그리고 그해 10월 말 서울 플라자호텔에서는 일본 신재생에너지재단과 대통령 직속 북방경제협력위원회는 공동으로 국제 세미나를 열었다. 세미나의 주제는 '아시아 수퍼그리드: 동북아시아를 위한 개념에서 현실까지'였다.

16 독일의 유사 경험에 대해서는 한재각(2017a)를 참조.

17 이 경로에 대한 보다 구체적인 토론은 이 책의 4장을 참조할 수 있다.

18 이에 대해서는 이성규·정규재(2017)를 참조.

19 유럽의 경험에 대해서는 이성규·김남일(2018)를 참조.

20 전환연구자들은 시스템 전환이 전개발 단계, 시작 단계, 가속화 단계 그리고 안정화 단계라는 S자형 다단계Multi-phase를 거치면서 이루어진다고 설명하고 있다 (Rotmans and Loorbach, 2010). 한편 전환 단계가 높아질수록 레짐과 틈새 행위자들의 투쟁은 격렬해지며, 이에 따라서 기존의 유력한 전환 경로가 다른 전환 경로에 지배적인 자리를 내줄 수도 있다. 관련하여 Geels et al. (2016)을 참조할 것.

21 기후변화에관한정부간패널IPCC이 2018년 10월에 발표한 1.5도 특별보고서는 지구적으로 2050년까지 온실가스 순배출 제로에 도달해야 한다고 권고하고 있다.

4. 동북아 슈퍼그리드와 에너지 전환의 경로

1 흔히 에너지 공급의 안정성, 에너지 서비스에 대한 접근성, 환경적 지속가능성이 에너지 트릴레마의 핵심 요소로 꼽힌다(Bridge et. al., 2018).

2 특정한 과학기술을 토대로 만들어진 기대expectation는 그 자체로 현재의 자원을 배분하는 데 활용될 뿐만 아니라 특정 이해관계자들 간의 결속을 강화한다 (Borup et. al., 2006).

3 에너지를 생산하고 소비하는 방식은 다양한 형태로 영역화될 수 있다(Bridge

et. al, 2013; Gailing et. al, 2019). 예컨대, 전력망은 고립된 섬처럼 단절되기도 하고 대륙 스케일로 통합되기도 한다. 이와 같은 전력망의 변화는 정치경제적 프로젝트와 빈번히 연결된다. 대표적으로 20세기 초 지역화된 전력망이 국가 단위로 통합된 과정은 국가·국민 만들기 프로젝트와 연동된 경우가 많았다. 최근 주목받고 있는 재공영화remunicipalization나 재지역화re-localization는 지역시민사회의 역량을 강화하려는 시도와 맞닿아 있다.

4 사회운동이자 담론으로서 에너지정의는 환경정의로부터 많은 영향을 받았다. 최근 여러 방향으로 확장되고 있지만, 기본적으로 환경정의는 분배적 차원과 절차적 차원을 중심으로 논의된다. 또한 경험적 차원에서 환경정의는 사회마다 다른 형태로 프레임된다(Walker, 2012). 에너지정의 역시 다양하게 논의가 전개되고 있지만 환경정의와 유사한 점이 많다. 최근에는 에너지정의를 경험적으로 분석할 수 있는 지표를 구성하려는 시도가 이어지고 있는데, 이를 통해 에너지정의의 기본적인 관심사를 확인할 수 있다. 예컨대, Heffron과 McCauley(2017)는 이용가능성availability, 지불가능성affordability, 적절한 과정due process, 투명성과 책임성transparency and accountability, 지속가능성sustainability, 세대 내 형평성intra-generational equity, 세대 간 형평성inter-generational equity, 책무성responsibility을 에너지정의의 지표로 제시한다.

5 에너지 민주주의 담론에서 눈에 띄는 점을 꼽으면 크게 3가지다(Becker and Naumann, 2017; Burke and Stephens, 2017, 2018; Szulecki, 2018; 홍덕화, 2019). 첫째, 에너지 민주주의는 계획 수립과 규제, 에너지 시설의 소유와 운영 등 에너지체계 전반에 걸쳐 민주주의의 확대를 요구한다. 즉 참여적 에너지계획 수립과 같은 절차적 민주화와 더불어 집합적 소유의 확대와 경제적 권력의 탈집중화 등 경제적 민주화를 주창한다. 둘째, 에너지 민주주의는 분산형 에너지체계로의 전환을 지향한다. 국가 차원의 공적 소유·통제를 넘어서서 지방정부, 지역공동체, 협동조합 등이 적극적으로 관여할 수 있는 에너지체계를 모색한다. 셋째, 지역주민과 지역공동체, 노동자 등의 역량 강화를 중시한다. 시민은 더 이상 수동적인 에너지 소비자에 머물지 않는다. 시민은 에너지의 소비자이자 생산자가 될 수 있으며 소비 절약과 같은 생태적 실천에 앞장선다.

6 화석연료에서 재생에너지로의 에너지 전환이 가져올 지정학적 변화에 대해서는 의견이 엇갈린다(Vakulchuk et. al, 2020). 특히 에너지 전환이 국가 간 갈등을 완화할 것이라는 입장과 다른 형태의 갈등으로 치환할 것이라는 전망이 충돌하고 있다. 전력망의 연결 수준에 따라 상호의존성이 달라지는 만큼 시나리오

형태의 예측도 나오고 있다. 관련 내용은 각주 10을 참고.

7 정치적, 경제적 측면에서 국가 간 전력망 연계를 중시하는 이들도 많다. 예컨대, 전력망 연계는 정치외교적 안정성을 높이고 전력 공급 비용과 저장 설비 투자비를 줄이는 계기가 될 수 있다(이성규·정규재, 2018: 14-15).

8 혼종적 망은 변형transformation, 슈퍼그리드는 재배열reconfiguration, 분산 발전은 이탈 및 재결합de-alignment and re-alignment에 해당한다(Verbong and Geels, 2010).

9 Schmitt(2018)는 데저텍 사업이 실패한 이유를 독일 전력체제의 변화와 연결짓는다. 독일 내에서 정부 보조금을 토대로 재생에너지가 빠르게 확대되는 상황에서 데저텍을 통해 수입하는 전기에 보조금을 주는 것은 쉽지 않았다. 이로 인해 데저텍은 기존 전력회사들이 자신들의 영향력을 유지하는 데 유리했음에도 불구하고 틈새 기술을 벗어날 수 없었다. 반면 분산형 재생에너지는 독일 정부의 지원을 바탕으로 독일 전력체제의 틈새에서 새로운 체제의 한 축으로 성장할 수 있었다.

10 Scholten과 Bosman(2016)은 재생에너지로의 전환 경로를 대륙 시나리오continental scenario와 국가 시나리오national scenario로 나눈다. 이들의 시나리오는 에너지 안보에 대한 함의를 기초로 하고 있다. 대륙 시나리오는 에너지 안보보다 공급 비용을 더 중시한다. 전력망을 확대하면 공급 비용을 관리하는 데 유리하지만 예기치 못한 일에 대응하기가 쉽지 않다. 전력망이 복잡해질수록 통제 범위는 급격히 증가하지만 빛의 속도로 움직이는 전기의 속성상 대응 시간을 확보하기가 쉽지 않다. 전기는 화석연료처럼 전략적 비축이 어렵기 때문에 전력망의 교란은 훨씬 더 치명적일 수 있다. 따라서 당사국 간의 강한 신뢰와 분명한 상호 이익이 없을 경우 대륙 시나리오에 기초한 전력망 공동체grid community가 형성되지 않는다. 국가 시나리오는 상대적으로 에너지 안보를 더 중시한다. 자국 내에서 재생에너지를 충당할 수 있다면 화석연료와 같은 에너지 안보 문제는 제기되지 않는다. 대신 국가 시나리오에서는 재생에너지 기술의 확보, 제품 제작을 위한 소재나 희토류와 같은 광물자원의 확보가 에너지 안보 문제를 대체한다. 또한 국가 시나리오 안에서 중앙집중형 경로와 소규모 분산형 경로가 경합할 수 있다.

11 독립망 공동체off-grid communities를 구성하는 이들은 자립을 강조하며 이용가능한 에너지 자원에 맞춰 생활양식을 바꾸는 실험을 한다(Bridge et. al., 2018: 209-212). 이들이 생각하는 에너지 안보는 완전히 다른 모습을 하고 있다.

12 다른 사례로 고비텍Gobitec, 범아시아 에너지 인프라Pan-Asian Energy Infrastructure,

아시아 태평양 전력망Asia Pacific Power Grid이 있다. 이미 국지적으로 연결되었거나 구상 중인 양자 간 전력망 연계까지 포함하면 동북아 전력망 연계 방안은 더 다양하다. 기본적인 내용은 이성규·정규재(2018)를 참고.

13 데저텍은 유럽과 중동, 북아프리카MENA, Middle East and North Africa의 전력망을 연결하는 사업으로 1990년대부터 논의되었다. 북아프리카 사막 지역에 대규모 집중 태양열 발전소CSP, Concentrated Solar power Plant를 건설하고 장거리 고압송전망을 이용해 독일을 비롯한 유럽 대륙에 전기를 공급하겠다는 것이 데저텍의 기본 구상이었다. 1990년대 말부터 독일을 중심으로 데저텍 네트워크가 형성되었고, 2009년 데저텍 재단Desertec foundation과 DII Desertec Industrial Initiative가 설립되면서 사업이 가시화되었다. 데저텍의 역사에 대해서는 Schmitt(2018)를 참고.

14 동북아 슈퍼그리드는 신북방정책과 밀접하게 연결되어 있다. 특히 남-북-러 전력망 연결은 한반도 종단 철도와 시베리아 횡단 철도의 연결, 남-북-러 가스관 연결과 함께 남-북-러 경제협력의 3대 사업으로 꼽는다. 이는 남-북-러 전력망 연계가 신북방정책의 일부라는 사실을 간과하면 동북아 슈퍼그리드의 실체를 파악하기 어렵다는 것을 뜻한다. 단적으로 문재인 정부의 동북아 슈퍼그리드 구상 역시 제3차 동방경제포럼에서 제시된 "9-Bridge 전략"(전력, 가스, 철도 연결 포함)을 통해 공식화되었다. 또한 신북방정책은 동해축과 서해축, DMZ접경지대축을 H자 형태로 이어 새로운 성장동력을 창출하려는 한반도 신경제 구상과 연결되어 있는데, 동해축의 중심이 다름 아닌 남-북-러의 에너지·자원 협력이다. 관련 내용은 성원용(2019), 우준모(2018)를 참고. 한편 남-북-러 가스관을 연결하는 구상은 1980년대 말까지 거슬러 올라간다. 1990년대 이후 러시아의 가스전을 공동으로 개발하고 가스관을 건설해서 한국으로 수입하는 방안이 꾸준히 논의되었다. 그러나 남북관계가 경색되면서 가스관 건설 사업이 중단되는 일이 반복되었다. 특히 이명박 정부는 남-북-러 가스관 건설을 적극적으로 추진했지만, 북한의 2, 3차 핵실험으로 인해 사업의 추진력을 잃었다. 관련 내용은 이유신(2018)을 참고.

15 각국의 상황은 윤성학(2018), 이성규·정규재(2018)를 참고.

16 van de Graaf와 Sovacool(2014: 24-25)이 제기하는 고비텍의 문제점은 더 다양하다. 예컨대, 고비텍은 몽골 유목민의 토지 이용과 생활방식을 교란할 수 있고, 계절성 황사와 취약한 송전망으로 인해 공급 안정성이 떨어질 수 있으며, 몽골의 정치 체제와 부패를 고려할 때 (재생에너지) 자원의 저주가 일어날 수도 있다.

17 한재각·김현우(2019)는 에너지 분권론을 에너지 전환의 동기에 따라 도구적 활용론, 전환 실험 공간론, 분권 자치 강화론으로 나눈다. 덧붙여 에너지 전환과의 연계 수준을 기준으로 방어적 에너지 분권론, 보완적 에너지 분권론, 전환적 에너지 분권론으로 에너지 분권론을 구분한다.

5. 한반도 에너지 전환 경로와 시나리오 구상하기

1 세계에너지협의회에서 세계 각국 에너지 시스템의 건전성을 평가하기 위해 제안된 지표. 에너지의 안정적 공급 가능성을 의미하는 '에너지 안보', 에너지 가격 및 접근성 측면의 '에너지 형평성', 환경피해·기후변화 회피 노력을 평가하는 '환경적 지속가능성' 등 세 가지 분야를 포괄하여 향상되도록 하는 목적이 있다.

2 북한의 주요 수력 및 화력발전소 현황에 대해서는 '북한 전기사업 정보포탈시스템' 참고.

3 자세한 내용은 UNFCCC 웹사이트에 게재된 연설문Ms. Kyong Sim Ri, Director General, Department of Economic Cooperation, Ministry of Land and Environment Protection of the Democratic People's Republic of Korea 참조(검색일: 2020.01.31).

4 Raven et al.(2012: 63)은 "공간적 스케일을 명확하게 조합하는 다중 스케일적 다층적 접근multi-scalar MLP"이라는 개념을 제안하며, "다중 스케일적 접근은 혁신과 관련된 행위자, 제도, 신념과 실천 등, 모든 것들이 더 넓은 초국적이고 하위 국가적인 공간에 포개지고 얽혀 있다"고 설명한다(Raven et al., 2012: 69).

5 한반도 에너지 전환 경로와 시나리오 구상은 필자들이 사전에 수행한 초기 작업(이정필·권승문, 2018)에 바탕을 둔다. 당시에는 '한반도 에너지 확장불안 시나리오', '한반도 에너지 격차유지 시나리오', '한반도 에너지 축소전환 시나리오'로 제시되었다.

6. 남북 에너지 교류·협력 평가와 과제

1 남북한 간에 이루어지는 교류 협력에 관한 제반사항을 규정하고 있는 남북교류협력법 제2조는 '교역'을 남한과 북한 간의 물품, 대통령령으로 정하는 용역 및 전자적 형태 무체물의 반출·반입으로 규정하고 있으며, '반출·반입'이란 매매, 교환, 임대차, 사용대차, 증여, 사용 등을 목적으로 하는 남한과 북한 간의 물품 등의 이동(단순히 제3국을 거치는 물품 등의 이동을 포함한다)이라 정하고 있다. 또 남북교역에 해당하는 경우에는 수출입 절차와 구분되는 반출입 절차에 따라 이를 추진해야 하고, 남북교류협력법은 원산지가 북한인 물품에 대하여

'관세법'에 따른 과세 규정과 다른 법률에 따른 수입부과금에 관한 규정을 준용하지 않도록 하고 있다.

2 《IT조선》, 2018.09.20., '포스코 고유기술 "파이넥스", 북 철강 재건 불지펴'.

3 남측 서평에너지와 북측 조선명지총회사 간 합작으로 '천성석탄합작회사'를 설립하고 남포에 무연탄 수송 전용 대안부두 건설을 추진했다.

4 KEDO의 최고 의사결정기구인 집행이사회는 최초에는 한·미·일 각 1인씩 3인의 집행이사로 구성되어 전원 합의제 형태로 운영되었고, 이후 1997년 9월 EU가 집행이사국 자격으로 정식 가입하면서 4자로 확대되었다. KEDO는 이 4자 외에도 핀란드, 캐나다, 뉴질랜드, 호주, 인도네시아, 칠레, 아르헨티나, 폴란드, 우즈베키스탄 등 9개국이 일반회원국으로 참여했고, 그 외 영국, 싱가포르, 네덜란드, 태국 등 20여 개국이 기여금을 납부하는 방식으로 참여하며 경수로 지원사업과 북핵 문제의 전반적 해결을 위한 국제기구로서 역할을 수행했다.

5 정부는 경수로사업비 재원을 충당하기 위해 남북협력기금에 경수로계정을 설정하고, 국채발행을 통해 조성된 공공자금관리기금 예수금을 경수로 계정에 차입했다. 경수로 계정의 사업비는 한국수출입은행이 관리 및 집행했다.

6 제5차 장관급회담(2001.9.15.-18. 서울)의 합의사항에는 남-북-러 철도 연결 협력 및 가스관 연결사업 검토가 포함되기도 하였다.

7 200만kW 규모 복합화력발전소 건설에 약 1조 원, 평양까지 송전망 건설에 6000억 원, 200만kW 송전 전력을 수용하기 위한 북한 송배전망 개선에 1조 8000억 원이 든다는 계산이다.

8 2002년 10월에는 남북 철도연결사업의 공사 지원을 위해 정부가 유류 20배럴, 저장탱크 3기, 주유기 3기를 지원하기도 했다.

참고문헌

들어가며

Hwang, J. T., 2021, "The Future is How: Urbanising the Korean Peninsula for Imagining Post-fossil Cities in East Asia", *The Geographical Journal*, 187(1), pp. 64~68.

1. 한반도 에너지 전환의 개념화를 위한 시론

김경술. 2012. 《남북 에너지협력 프로젝트별 추진방안 분석 연구》. 에너지경제연구원.

김부헌·이승철. 2015. 〈후기 사회주의 체제전환 지리학의 담론: 국가 사회주의 붕괴 이후 10년과 20년〉. 《국토지리학회지》, 49(4), 517~534쪽.

_____. 2019. 〈절합된 (비-)경제적 관행의 공간과 사회적 재생산: 북한 시장화에 대한 경제지리학적 접근〉. 《한국경제지리학회지》, 22(4), 381~404쪽.

김용창. 2008a. 〈수평적 지방재정조정제도에 의한 지역균형발전전략 연구(Ⅰ)〉. 《대한지리학회지》, 43(4), 580~598쪽.

_____. 2008b. 〈수평적 형평화 기금에 의한 지역균형발전전략 연구(Ⅱ)〉. 《대한지리학회지》, 43(6), 914~937쪽.

김인선·김용표. 2019. 〈북한의 에너지 사용과 대기오염물질 배출 특성〉.

《한국대기환경학회지》, 35(1), 125~137쪽.

김종안. 2020. 〈에너지전환, 그린뉴딜, 농촌태양광〉. 《농정연구》, 72, 52
~67쪽.

김준기. 1997. 〈북한경제의 개혁: 동구권과 중국 경제 개혁의 교훈〉. 《행
정논총》, 35(2), 125~149쪽.

김현우. 2019. 〈독일의 정의로운 전환, 2038년 모든 석탄화력발전 중단
결정〉. 《레디앙》, 2019.01.30.

김현우·이보아·김아연·김남영·조보영. 2016. 《지역 및 부문 스케일의
에너지 전환 시범 설계연구: 삼척시의 사례를 중심으로》. 에너지기
후정책연구소·프리드리히 에버트 재단.

명준표. 2016. 〈미세먼지와 건강 장애〉. 《대한내과학회지》, 91(2), 106~
113쪽.

무페, 샹탈(Mouffe, C). 2019. 이승원 옮김. 《좌파 포퓰리즘을 위하여: 새
로운 헤게모니 구성을 위한 샹탈 무페의 제안》. 문학세계사.

민경태. 2018. 《서울 평양 스마트시티: 도시 네트워크로 연결되는 한반도
경제 통합의 길》. 미래의창.

박배균. 2012. 〈한국학 연구에서 사회-공간론적 관점의 필요성에 대한
소고〉. 《대한지리학회지》, 47(1), 37~59쪽.

_____. 2018. 〈각자도생 강요하는 사회에서 커머닝하기〉, 《프레시안》,
11월 1일자.

박배균·김동완 엮음. 2013. 《국가와 지역》. 알트.

박배균·장세훈·김동완 엮음. 2014. 《산업경관의 탄생》. 알트.

박배균·황진태 엮음. 2017. 《강남 만들기, 강남 따라하기: 투기 지향 도시
민과 투기성 도시개발의 탄생》. 동녘.

박인권·김진언·신지연. 2019. 〈도시 커먼즈의 내재적 모순과 도전들: '경
의선공유지' 사례를 중심으로〉. 《공간과 사회》, 29(3), 62~113쪽.

박인성. 2017. 〈도시화를 통해 본 개혁기 중국〉. 박철현 편저. 《도시로 읽는 현대중국 2》. 역사비평사, 16~43쪽.

박종문·윤순진. 2016. 〈서울시 성대골 사례를 통해 본 도시 지역공동체 에너지 전환운동에서의 에너지 시민성 형성 과정〉. 《공간과 사회》, 26(1), 79~138쪽.

박진희. 2012. 〈독일 탈핵정책의 역사적 전개와 그 시사점〉. 《역사비평》, 98, 214~246쪽.

박철현. 2017. 〈노후공업도시로 풀어본 동북 문제〉. 박철현 편저. 《도시로 읽는 현대중국 2》. 역사비평사, 325+345쪽.

배민아·김현철·김병욱·김순태. 2018. 〈수도권 초미세먼지 농도모사:(V) 북한 배출량 영향 추정〉. 《한국대기환경학회지》, 34(2), 294~305쪽.

백낙청. 1998. 《흔들리는 분단체제》. 창작과비평사.

백종학·윤순진. 2015. 〈서울시 원전 하나 줄이기를 위한 전략적 틈새로서 미니태양광사업과 에너지 시민성의 변화: 서울시 노원구 주민 인식조사를 바탕으로〉. 《서울도시연구》, 16(3), 91~111쪽.

서영표. 2016. 〈기후변화 인식을 둘러싼 담론 투쟁: 새로운 축적의 기회인가 체계 전환의 계기인가〉. 《경제와 사회》, 112, 137~173쪽.

신동천. 2007. 〈미세먼지의 건강영향〉. 《대한의사협회지》, 50(2), 175~182쪽.

아고라 에너지전환·오로라 에너지 연구. 이정필·김형수·하바라·권승문 옮김. 출간 예정. 《독일 탈석탄위원회: 석탄에서 재생에너지로의 정의로운 전환을 위한 로드맵》. 충남연구원.

안정배·이태동. 2016. 〈도시의 에너지 전환 분석: 서울시의 원전하나 줄이기 정책을 중심으로〉. 《환경사회학연구 ECO》, 20(1), 105~141쪽.

앵거스, 이안(Angus, I). 2012. 김현우·이정필·이진우 옮김. 《기후정의: 기후변화와 환경 파괴에 맞선 반자본주의의 대안》. 이매진.

엄은희. 2008. 《환경의 신자유주의화와 제3세계 환경의 변화: 필리핀 라 푸라푸 광산 프로젝트의 정치생태학》. 서울대학교 박사학위논문.

_____. 2012. 〈환경 (부)정의의 공간성과 스케일의 정치학〉. 《공간과 사회》, 22(4), 51~91쪽.

에너지기후정책연구소. 2017. 《시민 참여 에너지 시나리오》. 이매진.

여기봉. 2018. 《당진에코파워 석탄화력발전소 건설을 둘러싼 탈석탄 운동의 전개과정과 의미》. 서울대학교 환경대학원 석사학위논문.

윤순진. 2018. 〈원자력발전정책을 둘러싼 사회갈등 해결을 위한 쟁점과 과제: 신고리 5·6호기 공론화에 대한 평가를 중심으로〉. 《경제와 사회》, 118, 49~98쪽.

이상헌·김은혜·황진태·박배균 엮음. 2017. 《위험도시를 살다: 발전주의 도시화와 핵 위험경관》. 알트.

이상헌·이정필·이보아. 2014. 《지역 중심의 에너지시스템 전환을 위한 정책과제》. 충남연구원.

이승원. 2019. 〈도시 커먼즈와 민주주의: 도시 커먼즈 운동의 특징과 동학에 관한 이론적 재고찰〉. 《공간과 사회》, 29(2), 134~174쪽.

이영희. 2018. 〈신고리 5·6호기 원전 공론화와 민주주의〉. 《동향과 전망》, 102, 186~216쪽.

이용갑. 2002. 〈통일이후 구 동독 지역 사회계층간 소득분배의 불균등 발전, 1989년-1995년: 남북통일을 준비하는 사회정책적 시사점〉. 《한국사회정책》, 9(1), 135~170쪽.

이춘근·배용호. 2006. 《체제전환국들의 과학기술체제 개편과 북한에 대한 시사점》. 과학기술정책연구원.

정세진. 2003. 〈이행학적 관점에서 본 최근 북한경제 변화 연구〉. 《국제

정치논총》, 43(1), 209~230쪽.

정연미·한재각·유정민. 2011. 〈에너지 미래를 누가 결정하는가?: 한국 사회 탈핵 에너지전환 시나리오의 모색〉. 경제와 사회, 92, 107~ 140쪽.

정우진. 2015. 《북한의 에너지교역실태 연구》. 에너지경제연구원.

정웅. 2005. 〈북한의 체제변화경로에 관한 연구: 중국·베트남 사례의 시사점을 중심으로〉. 《통일전략》, 5(1), 330~366쪽.

정인환·고순칠. 2004. 〈우리나라 농업 에너지체계의 전환을 위한 정책대안 연구〉. 《농촌지도와 개발》, 11(2), 251~265쪽.

조성찬. 2019. 《북한 토지개혁을 위한 공공토지임대론》. 한울아카데미.

조용민·홍윤철. 2014. 〈미세먼지로 인한 건강영향과 대한의사협회의 역할〉. 《의료정책포럼》, 12(2), 32~36쪽.

지역에너지전환을 위한 전국네트워크. 2018. 《지역에너지전환을 위한 전국네트워크 출범식/전국에너지전환을 위한 메니페스토 협의회 협약식 자료집》. 4월 26일 개최.

진상현·박진희. 2012. 〈한국과 독일의 원자력정책에 대한 비교연구: 정책흐름모형을 중심으로〉. 《한국정책학회보》, 21(3), 265~289쪽.

최병두. 2017. 〈관계적 공간과 포용의 지리학〉. 《대한지리학회지》, 52(6), 661~682쪽.

충청남도·에너지기후정책연구소. 2018. 《충남 주민참여형 재생에너지 보급계획(2018~2030년)》.

페스트라이쉬, 임마누엘(Pastreich, E). 2018. 〈제대로 된 북한 발전 계획〉. http://thetomorrow.kr/archives/7398

하비, 데이비드(Harvey, D.). 한상연 옮김. 2014. 《반란의 도시》. 에이도스.

한재각. 2019. 〈탄소가 아니라 사회를 바꿔라〉. 《창작과 비평》, 47(1), 344~356쪽.

한재각·이영희. 2012. 〈한국의 에너지 시나리오와 전문성의 정치〉. 과학
　기술학연구, 12(1), 107~144쪽.

함인희. 2004. 〈동구 사회주의 국가의 붕괴와 성 불평등의 재구조화 과
　정: 구동독 여성의 경제적 지위 변화를 중심으로〉. 《한국여성학》,
　20(2), 105~140쪽.

황일도. 2015. 〈야간 위성사진을 이용한 북한경제 관찰방법론 연구:
　1992-2009 불빛 개수 증감으로 본 상황추이를 중심으로〉. 조영주 편
　저. 《북한 연구의 새로운 패러다임: 관점·방법론·연구방법》. 한울아
　카데미, 198~227쪽.

황진태. 2016a. 〈동아시아 맥락에서 바라본 한국에서의 위험경관의 생
　산〉. 《대한지리학회지》, 51(2), 283~303쪽.

_____. 2016b. 〈발전주의 도시에서 도시 공유재 개념의 이론적·실천적
　전망〉. 《한국도시지리학회지》, 19(2), 1~16쪽.

_____. 2019. 〈북한도시연구방법론으로서 소셜네트워크서비스 활용에
　관한 시론: 인스타그램을 중심으로〉. 《공간과 사회》, 29(4), 118~
　156쪽.

홍덕화. 2018. 〈전환적 사회혁신과 고령사회 대응: 도시 녹색 공유재를
　중심으로〉. 《경제와 사회》, 117, 317~348쪽.

Angel, J. 2017. "Towards an energy politics in-against-and-beyond the
　state: Berlin's struggle for energy democracy." *Antipode*, 49(3), pp.
　557~576.

Arboleda, M. 2016a. "Spaces of extraction, metropolitan explosions:
　planetary urbanization and the commodity boom in Latin
　America." *International Journal of Urban and Regional Research*, 40(1),
　pp. 96~112.

Arboleda, M. 2016b. "In the nature of the non-city: expanded infrastructural networks and the political ecology of planetary urbanisation." *Antipode*, 48(2), pp. 233~251.

Brenner, N. 2013. "Theses on urbanization." *Public Culture*, 25(1), pp. 85~114.

Bridge, G., Bouzarovski, S., Bradshaw, M., and Eyre, N. 2013. "Geographies of energy transition: space, place and the low-carbon economy." *Energy Policy*, 53, pp. 331~340.

Bulkeley, H. 2005. "Reconfiguring environmental governance: towards a politics of scales and networks." *Political Geography*, 24(8), pp. 875~902.

Bulkeley, H. 2013. *Cities and Climate Change*. Routledge.

Burke, M. J. and Stephens, J. C. 2018. "Political power and renewable energy futures: a critical review." *Energy Research & Social Science*, 35, pp. 78~93.

Buzar, S. 2007. "The 'hidden' geographies of energy poverty in post-socialism: between institutions and households." *Geoforum*, 38(2), pp. 224~240.

Callon, M. 1984. "Some elements of a sociology of translation: domestication of the scallops and the fishermen of St Brieuc Bay." *The Sociological Review*, 32, pp. 196~233.

Colding, J., Barthel, S., Bendt, P., Snep, R., van der Knaap, W. and Ernstson, H. 2013. "Urban green commons: insights on urban common property systems." *Global Environmental Change*, 23(5), pp. 1039~1051.

De Vogli, R., and Gimeno, D. 2009. "Changes in income inequality and suicide rates after "shock therapy": evidence from Eastern Europe." *Journal of Epidemiology & Community Health*, 63(11), p. 956.

Gailing, L., Bues, A., Kern, K. and Röhring, A. 2019. "Socio-spatial dimensions in energy transitions: applying the TPSN framework to case studies in Germany." *Environment and Planning A: Economy and Space*, 0308518X19845142.

Gebreegziabher, Z., Mekonnen, A., Kassie, M. and Köhlin, G. 2012. "Urban energy transition and technology adoption: the case of Tigrai, northern Ethiopia." *Energy Economics*, 34(2), pp. 410~418.

Geels, F. W. 2014. "Regime resistance against low-carbon transitions: introducing politics and power into the multi-level perspective." *Theory, Culture & Society*, 31(5), pp. 21~40.

Geels, F. W., Sovacool, B. K., Schwanen, T. and Sorrell, S. 2017. "Sociotechnical transitions for deep decarbonization." *Science*, 357(6357), pp. 1242~1244.

Hajer, M. A., and Pelzer, P. 2018. "2050-An energetic ddyssey: understanding 'techniques of futuring' in the transition towards renewable energy." *Energy Research and Social Science*, 44, pp. 222~231.

Hsu, J. Y., Gimm, D. W. and Glassman, J. 2018. "A tale of two industrial zones: a geopolitical economy of differential development in Ulsan, South Korea, and Kaohsiung, Taiwan." *Environment and Planning A: Economy and Space*, 50(2), pp. 457~473.

Huber, M. 2015. "Theorizing energy geographies." *Geography Compass*, 9(6), pp. 327~338.

Hwang, J. T. 2016. "Escaping the territorially trapped East Asian developmental state thesis." *The Professional Geographer*, 68(4), pp. 554~560.

Hwang, J. T., Lee, S. H. and Müller-Mahn, D. 2017. "Multi-scalar practices of the Korean state in global climate politics: the case of the Global Green Growth Institute." *Antipode*, 49(3), pp. 657~676.

Jessop, B. 1990. *State Theory: Putting the Capitalist State in its Place.* Polity Press.

Kanai, J. M. 2014. "On the peripheries of planetary urbanization: globalizing Manaus and its expanding impact." *Environment and Planning D: Society and Space*, 32(6), pp. 1071~1087.

Kanai, J. M. and da Silva Oliveira, R. 2014. "Paving (through) Amazonia: neoliberal urbanism and the reperipheralization of Roraima." *Environment and Planning A*, 46(1), pp. 62~77.

Kip, M., 2015. "Moving beyond the city: conceptualizing urban commons from a critical urban studies perspective," in M. Dellenbaugh, M. Kip, M. Bienioik, A.K. Mueller, M. Schwegmann (eds.). *Urban Commons: Moving Beyond State and Market.* Birkhaeuser, pp. 42~59.

Kip, M., Bienioik, M., Dellenbaugh, M., Mueller, A.K., Schwegmann, M. 2015. Seizing the (every)day: Welcome to the urban commons!, in Dellenbaugh, M. Kip, M. Bienioik, M. Mueller, A.K. Schwegmann, M. (eds.), *Urban Commons: Moving Beyond State and Market.* Birkhaeuser, pp. 9~25.

Leach, G. 1992. "The energy transition." *Energy Policy*, 20(2), pp. 116~123.

Lefebvre, H. 2003[1970]. *The Urban Revolution.* University of Minnesota Press.

Lee, S. H., Hwang, J. T. and Lee, J. 2018. "The production of a national riskscape and its fractures: nuclear power facility location policy in South Korea." *Erdkunde*, 72(3), pp. 185~195.

Lee, S. O. 2014. "China's new territorial strategies towards North Korea: security, development, and inter-scalar politics." *Eurasian Geography and Economics*, 55(2), pp. 175~200.

Lee, T., Lee, T. and Lee, Y. 2014. "An experiment for urban energy autonomy in Seoul: the one 'less' nuclear power plant policy." *Energy Policy*, 74, pp. 311~318.

Ma, T., Zhou, Y., Zhou, C., Haynie, S., Pei, T. and Xu, T. 2015. "Night-time light derived estimation of spatio-temporal characteristics of urbanization dynamics using DMSP/OLS satellite data." *Remote Sensing of Environment*, 158, pp. 453~464.

Merrifield, A. 2013. "The urban question under planetary urbanization." *International Journal of Urban and Regional Research*, 37(3), pp. 909~922.

Monstadt, J. and Wolff, A. 2015. "Energy transition or incremental change? Green policy agendas and the adaptability of the urban energy regime in Los Angeles." *Energy Policy*, 78, pp. 213~224.

Ostrom, E. 1990. *Governing the Commons: The Evolution of Institutions for Collective Action*. Cambridge University Press.

Pandey, B., Joshi, P. K. and Seto, K. C. 2013. "Monitoring urbanization dynamics in India using DMSP/OLS night time lights and SPOT-VGT data." *International Journal of Applied Earth Observation and Geoinformation*, 23, pp. 49~61.

Princen, T., Manno, J. P. and Martin, P. (eds.). 2015. *Ending the Fossil Fuel Era*. The MIT Press.

Rose, G. 2016. *Visual Methodologies: An Introduction to Researching with Visual Materials*, London: Sage.

Rutherford, J. and Coutard, O. 2014. "Urban energy transitions: places, processes and politics of socio-technical change." *Urban Studies*, 51(7), pp. 1353~1377.

Sachs, J. D. 1995. "Shock therapy in Poland: perspectives of five years." *delivered at the University of Utah*, April 6 and 7.

Saguin, K. 2017. "Producing an urban hazardscape beyond the city." *Environment and Planning A*, 49(9), pp. 1968~1985.

Seto, K. C., Golden, J. S., Alberti, M. and Turner, B. L. 2017. "Sustainability in an urbanizing planet." *Proceedings of the National Academy of Sciences*, 114(34), pp. 8935~8938.

Shaffer, B., Flores, R., Samuelsen, S., Anderson, M., Mizzi, R. and Kuitunen, E. 2018. "Urban energy systems and the transition to zero carbon-research and case studies from the USA and Europe." *Energy Procedia*, 149, pp. 25~38.

Sin, H. Y., Heo, E., Yi, S. K. and Kim, J. 2010. "South Korean citizen's preferences on renewable energy support and cooperation policy for North Korea." *Renewable and Sustainable Energy Reviews*, 14(5), pp. 1379~1389.

Sonn, J. W. and Kim, S. H. forthcoming. "Industrial complexes in South Korea: Anurban planning approach," in A. Oqubay. and J. Y. Lin. (eds.), *Oxford Handbook of Industrial Hubs and Economic Development*. Oxford University Press.

Swyngedouw, E. 2010. "Apocalypse forever?" *Theory, Culture & Society*, 27(2-3), pp. 213~232.

UNEP(United Nations Environment Programme). 2012. *Democratic People's Republic of Korea: Environment and Climate Change Outlook*.

Wachsmuth, D. 2019. "The territory and politics of the post-fossil city."

Territory, Politics, Governance, 7(2), pp. 135~140.

Wachsmuth, D., Cohen, D. A. and Angelo, H. 2016. "Expand the frontiers of urban sustainability." Nature, 536(7617), pp. 391~393.

World Bank. 1994. The East Asian Economic Miracle. World Bank.

Wright J. 2014. "Korean Peninsula seen from space station." Feb. 25 NASA homepage https://www.nasa.gov/content/korean-peninsula-seen-from-space-station

Yi, S. K., Sin, H. Y. and Heo, E. 2011. "Selecting sustainable renewable energy source for energy assistance to North Korea." Renewable and Sustainable Energy Reviews, 15(1), pp. 554~563.

《경향신문》, 2018.05.08. "남북 접경지에 '평화발전소' 건설 추진."

《뉴스1》, 2019.09.09. "두산重, 인니 화력발전소 설비 공급 계약... 1200억 원 규모."

《동아사이언스》, 2018.06.15. "북한 지하 100~300m 매장 광물자원, 원격 으로 찾는다."

《아이뉴스24》, 2019.10.07. "현대건설, 인니 찌레본 '검은 뇌물' 의 혹...500억원 이상 벌금 가능성."

《이데일리》, 2019.12.17. "동서발전, 인도네시아 칼셀-1 발전소 종합 준공."

《전자신문》, 2019.08.28. "중부발전, 인니 '찌레본 발전소' 주변에 복지시 설 짓는다."

《정책브리핑》, 2018.05.08. "남북 접경지에 발전소 건설, 동서발전이 아 이디어 차원 자체 검토."

《조선일보》, 2019.12.27. "北 남포항, 올해 석탄·유조선 110여척 드나 들어."

《파이낸셜뉴스》, 2019.09.30. "삼성물산, 방글라데시 복합화력 발전소 공사 수주."

《한겨레》, 2018.05.02. "북한 광물자원 어마어마… 땅 밑에 '삼성·현대' 있는 셈."

《한국경제》, 2019.11.14. "北, 서울 42배 산림 소멸…석탄협력으로 경협 단추 끼워야."

NASA(National Aeronautics and Space Administration) 홈페이지 https://www.nasa.gov/content/korean-peninsula-seen-from-space-station 2019.12.28. 접속

2. 북한 에너지 전환의 갈림길: 현황과 특징

김경술. 2019. 〈북한의 에너지산업과 수급 상황〉. 한국대기환경학회 학술대회논문집.

박정원. 2016. 〈북한의 전력법 분석과 남북한 전력법제 통합방향〉.《법학논총》, 통권 52호.

법률출판사. 2012.《조선민주주의인민공화국 법전》.

빙현지·이석기. 2017.《북한 재생에너지 현황과 시사점》. 산업연구원.

윤지훈·이강준·이유진·장주영(2007).《남북에너지 협력방안 연구》. 국회사무처.

이강준. 2007. 〈재생가능에너지 협력으로 한반도 평화시대를 열자〉.《녹색평론》, 통권 제96호(2007년 9~10월).

이강준. 2015. 〈北 김정은은 왜 '자연에네르기'를 강조하나?〉.《프레시안》, 2015.04.13.

이강준. 2018. 〈'분쟁'에서 '평화'의 에너지로〉.《레디앙》, 2018.04.30.

이준서. 2013. 《한국의 경제성장과 입법발전의 분석-에너지 법제-》. 한국법제연구원.

《데일리엔케이》, 2019.06.14. "평안북도 전력공급 체계 변경시도…의주 개발총계획 일환?." 《데일리엔케이》, 2019.09.18. "“풍력으로 전력 생산” 밀어붙이는 北…주민들은 ‘한숨’". 《동아일보》, 2013.03.26. "북한의 국가 상징…알고 보면 실패한 북한 체제의 상징."

《민주조선》, 2013.08.23. "재생에네르기법에 대하여(1)."

《민주조선》, 2013.08.24. "재생에네르기법에 대하여(2)."

《연합뉴스》, 2020.06.03. "전력난 해소에 팔 걷어붙인 북한…송배전 손실 줄이기 ‘안간힘’."

《인더스트리뉴스》, 2018.10.09. "북한의 최근 에너지 동향과 재생에너지 확대 움직임." 《중앙일보》, 2018.08.11. "북한 “원전·풍력 지원해주면 온실가스 40% 감축하겠다.”"

《한국경제》, 2019.02.25. "“韓 1인 에너지소비량, OECD보다 40% 많다.”"

3. 한국 에너지 전환의 미래: 다양한 스케일의 전환 경로 탐색

관계부처 합동. 2018. 《2030년 국가 온실가스 감축목표 달성을 위한 기본 로드맵 수정안》.

김병윤. 2008. 〈전환 및 전환관리: 배경과 논의〉. 송위진 외. 《사회적 목표를 지향하는 혁신정책의 과제》, 과학기술정책연구원.

김종달. 1999. 〈에너지체제 전환정책〉. 《새천년을 향한 환경·보건복지 정책》. 대통령 자문 정책기획위원회.

김형수·한재각. 2019. 〈가상발전소와 전력중개시장: 시민참여 가능성의 검토〉. 《에너진포커스》, 91호, 에너지기후정책연구소.

박배균. 2012. 〈한국학 연구에서 사회−공간론적 관점의 필요성에 대한 소고〉. 《대한지리학회지》, 47(1), 37〜59쪽.

박진희. 2008. 〈지속가능한 에너지 시스템 전환과 재생가능 에너지〉. 송위진 외. 《사회적 목표를 지향하는 혁신정책의 과제》, 과학기술정책연구원.

산업통상자원부. 2017a. 《재생에너지 3020 이행계획안》.

산업통상자원부. 2017b. 《제8차 전력수급기본계획(2017〜2031)》.

산업통상자원부. 2019. 《제3차 에너지기본계획》.

송위진 외. 2015. 《사회·기술시스템 전환 전략 연구사업(1차년도)》, 과학기술정책연구원.

송위진 편. 2017. 《사회·기술시스템전환: 이론과 실천》, 한울아카데미.

윤재영. 2018a. 〈남북한 전력분야 협력방안과 과제〉. 《석유와 에너지》, 313, 26〜29쪽.

윤재영. 2018b. 〈동북아 에너지협력의 미래: 동북아 슈퍼그리드를 중심으로〉. 에너지기후정책연구소 창립 기념 심포지엄 발표문(서울, 2018.11.02).

이명석·김병근. 2014. 〈사회-기술 전환이론 비교 연구: 전환정책 설계와 운영을 위한 통합적 접근〉. 《학국정책학회》, 23(4), 179〜209쪽.

이보아. 2018. 〈에너지 전환의 지리에 아상블라주 사유 더하기〉. 《한국도시지리학회》, 21(1), 93〜106쪽.

이성규·김남일. 2018. 《유럽 전력망 연계의 확대 과정과 장애 요인: 동북아 전력 계통 연계에 대한 시사점》, 에너지경제연구원

이성규·정규재. 2017. 《동북아 슈퍼그리드 구축사업 관련 해외 사례분석과 시사점》, 에너지경제연구원.

이은희·정환수. 2016. 〈신기후체제하의 CCS 도입 전망〉. 《이슈리포트》, 15, (재)한국이산화탄소포집및처리연구개발센터, 8〜11쪽.

이정필·권승문. 2018. 〈한반도 에너지전환의 비전과 가능성 모색〉. 에너지기후정책연구소 창립 기념 심포지엄 발표문(서울, 2018.11.02).

이필렬. 1999. 《에너지 대안을 찾아서》, 창작과비평사.

장영배·한재각. 2008. 《시민참여적 과학기술정책 형성 발전방안》. 과학기술정책연구원.

한재각. 2017a. 〈유럽의 지역에너지 발전 과정과 시사점〉.《에너지 포커스》, 겨울호, 에너지경제연구원, 39~60쪽.

한재각. 2017b. 〈당진 시장은 왜 단식 농성을 했을까?〉.《프레시안》, 2017년 4월 18일자. http://www.pressian.com/news/article/?no=156170&ref=nav_search

한재각·이정필·김현우. 2017. 〈에너지산업 구조개편과 에너지민주주의 대안: 지역화/공유화 접근을 제안하며〉.《에너진포커스》, 75호, 에너지기후정책연구소.

한재각·이영희. 2012. 〈한국의 에너지 시나리오와 전문성의 정치〉.《과학기술학연구》, 12(1), 107~144쪽.

행정안전부. 2017. 〈지방자치분권 5년 밑그림 나왔다〉. 보도자료(2017.10.27).

《한국에너지》, 2019.09.23. "두산중공업, 발전용 대형 가스터빈 국산화… 세계 5번째 독자모델 보유 '눈앞'." http://www.koenergy.co.kr/news/articleView.html?idxno=108288

《건설경제》, 2018.04.30. "한-중 전력망 연계 사업 가사화… 동북아 수퍼그리드 속도 붙나." http://m.cnews.co.kr/m_home/view.jsp?idxno=201804271144498610618#cb

Bridge, G. et al. 2013. "Geography of energy transition: Space, place and the low-carbon economy", *Energy Policy* 53, pp. 331~340.

Hall, D. et al. 2013. "Energy Liberalisation, privatisation and public ownership", PSIRU Paper(2013. 9). https://www.world-psi.org/sites/default/files/en_psiru_ppp_final_lux.pdf

Geels, F. W. 2004. "From Sectoral Systems of Innovation to Socio-technical Systems Insights about Dynamics and Change from Sociology and Institutional theory", *Research Policy* 33(67), pp. 897~920.

Geels, F. W. 2014. "Reconceptualising the co-evolution of firms-in-industries and their environments. Developing an inter-disciplinary Triple Embeddedness Framework", *Research Policy* 43(2), pp. 261~277.

Geels, F. W. and Schot, J. 2007. "Typology of sociotechnical transition pathways". *Research policy*, 36(3), pp. 399~417.

Geels, F. W. et al. 2016. "The enactment of socio-technical transition pathways: a reformulated typology and a comparative multi-level analysis of the German and UK low-carbon electricity transitions (1990-2014)". *Research Policy*, 45(4), pp. 896~913.

Hofman, P. and Elzen, B. 2010. "Exploring system innovation in the electricity system through sociotechnical scenarios", *Technology analysis & strategic management*, 22(6), pp. 653~760.

IRENA. 2019. *Renewable Capacity Statistics 2019*.

Penna, C. C. and Geels, F. W. 2015. "Climate Change and the Slow Reorientation of the American Car Industry(1979-2012): An Applications and Extension of the Dialectic Issue LifeCycle(DILC) Model", *Research Policy*, 44(5), pp. 1029~1048.

Rotmans, J. and Loorbach, D. 2010. "Conceptual Framwork for Analyzing Transition", in John G. et al., ed., *Transition to Sustainble*

Development: New Directiopn in the Study of Long Term Transformative Change, Routledge, pp. 126~139.

Schwanen, T. 2018. "Thinking complex interconnection: Transition, nexus and Geography", *Transactions of the Institute of British Geographers* 43(2), pp. 262~283.

STRN. 2010. "A mission statement and research agenda for the Sustainability Transition Research Network". http://www. transitionsnetwork.org/files/STRN_research_agenda_20_August_ 2010(2).pdf

STRN. 2019. "A mission statement and research agenda for the Sustainability Transition Research Network". Updated version (2019). https://transitionsnetwork.org/research-agenda-updated-version-2019/

Turnheim, B. and Geels, F. W. 2013. "The Destabilisation of Existing Regimes: Confronting a Multi-dimensional Framework with a Case Study of the British Coal Industry(1931–1967)", *Research Policy*, 42(10), pp. 1749~1767.

Verbong, G. and Geels, F. W. 2010. "Exploring sustainability transitions in the electricity sector with socio-technical pathways", *Technological Forecasting and Social Change* 77(8), pp. 1214~1221.

Verbong, G. and Geels, F. W. 2012. "Future Electricity Systems: Visions, Scenarios and Transition Pathways", in Verbong, G. and Loorbach, D(eds.). *Governing the Energy Transition: Reality, Illusion or Necessity?*, London: Routledge. pp. 203~219.

Vertgart, P. 2012. "Carbon Capture and Storage: Sustainable Solution or Reinforced Carbon Lock-in", in Verbong, G. and Loorbach, D(eds.). *Governing the Energy Transition: Reality, Illusion or Necessity??*,

London: Routledge. pp. 101~124.

4. 동북아 슈퍼그리드와 에너지 전환의 경로

공혜원 외. 2020. 〈배출제로를 향한 분기점: 2020 정세전망〉. 《Energy Focus》, No.96.

김경술. 2015. 〈통일 대비 에너지부문 장단기 전략 연구(1차년도)〉. 에너지경제연구원.

_____. 2017. 〈동북아 에너지협력과 북한 요인〉. 김연규 엮음. 《21세기 동북아 에너지협력과 한국의 선택》. 사회평론아카데미.

김연규 엮음. 2017. 《21세기 동북아 에너지협력과 한국의 선택》. 사회평론아카데미.

_____. 2018. 《한국의 에너지 전환과 북방경제협력》. 사회평론아카데미.

김진수. 2017. 〈동북아 슈퍼그리드〉. 김연규 엮음. 《21세기 동북아 에너지협력과 한국의 선택》. 사회평론아카데미.

남부섭. 2018. 〈동북아 슈퍼그리드 유감〉. 《한국에너지》, 2018.12.17.

산업통상자원부. 2020. "제9차 전력수급기본계획(2020~2034)."

_____. 2017a. "제8차 전력수급기본계획(2017~2031)."

_____. 2017b. "9-Bridge 분야별 추진방향: 전력, 가스, 조선." 북방경제협력위원회 제1차회의(2017.12.07).

_____. 2019. "제3차 에너지기본계획."

성원용. 2019. 〈신북방정책과 남북러 삼각협력: 과제와 발전 전망〉. 《IDI 도시연구》, 제16권. 45~91쪽.

오철. 2018. 〈동북아 슈퍼그리드, 한-중-일-러 청정 전력망 연계 에너지 수급 안정성 확보〉. 《한국에너지》, 2018.5.21.

우준모. 2018. 〈신북방정책 비전의 국제관계이론적 맥락과 러시아 신동 방정책과의 접점〉. 《국제지역연구》, 제21권 5호, 105~130쪽.

윤성학. 2018. 〈러·중·일의 동북아 슈퍼그리드 추진 전략과 한국의 대응〉. 김연규 엮음. 《한국의 에너지 전환과 북방경제협력》. 사회평론 아카데미.

이성규·정규재. 2018. 〈동북아 슈퍼그리드 구축 사업 관련 해외 사례분석과 시사점〉. 에너지경제연구원.

이유신. 2018. 〈러시아 PNG 도입 방안과 실현 가능성〉. 김연규 엮음. 《한국의 에너지 전환과 북방경제협력》. 사회평론아카데미.

이재승. 2007. 〈동북아 에너지 협력 논의의 쟁점과 분석틀: 국제정치경제학적 의제 설정을 중심으로〉. 《한국정치연구》, 제16권 2호, 137~164쪽.

이재승·유정민·이홍구. 2016. 〈에너지 인프라 안보의 개념틀과 구성요소 분석: 한국에의 적용을 중심으로〉. 《국제관계연구》, 제21권 2호, 135~170쪽.

이정필·한재각. 2014. 〈영국 에너지전환에서의 공동체에너지와 에너지 시티즌십의 함의〉. 《ECO》, 제18권 1호, 73~112쪽.

최재덕. 2018. 〈중동의 산유국이 사막에 햇빛발전소를 짓는 이유?〉. 《프레시안》, 2018.02.04.

코너하우스. 이정필 외 옮김. 2015. 《에너지 안보: 지금은 안 보이는 에너지 안보 상상하기》. 이매진.

한재각. 2018. 〈에너지전환의 개념 분석과 한국 에너지정책을 위한 시사점〉. 《Energy Focus》, 2018 가을호, 72-98쪽.

한재각·김현우. 2019. 〈지역에너지전환과 에너지분권〉. 《Enerzine Focus》, No.92.

한재각·이정필. 2018. 〈재생에너지 확대를 위한 이익 공유화 전략의 모색〉. 에너지노동사회네트워크 외. 《재생에너지3020 평가와 RPS 제도 개선 방안 토론회 자료집》(2018.08.13).

홍건식. 2019. 〈신기후체제와 동북아시아 에너지협력: 차별화된 책임에서 지역책임으로〉. 《동북아연구》, 제34권 1호, 37~66쪽.

홍덕화. 2017. 〈에너지 전환 전략의 분화와 에너지 공공성의 재구성: 전력산업 구조개편을 중심으로〉. 《ECO》, 제21권 1호, 147~187쪽.

_____. 2018. 〈남북 에너지 협력은 이제 현실로 다가왔다〉. 《프레시안》, 2018.06.01.

_____. 2019. 〈에너지 민주주의의 쟁점과 에너지 커먼즈의 가능성〉. 《ECO》, 제23권 1호, 75~105쪽.

Becker, S. and M. Naumann. 2017. "Energy Democracy: Mapping the Debate on Energy Alternatives." *Geography Compass*, 11(8), pp. 1~13.

Borup, M. et. al. 2006. "The Sociology of Expectations in Science and Technology." *Technology Analysis & Strategic Management*, 18, 3/4, pp. 285~298.

Bouzarovski, S. and N. Simcock. 2017. "Spatializing Energy Justice." *Energy Policy*, 107, pp. 640~648.

Bridge, G. 2018. "The Map is not the Territory: A Sympathetic Critique of Energy Research's Spatial Turn." *Energy Research & Social Science*, 36, pp. 11~20.

Bridge, G., Bouzarovski, S., Bradshaw, M. and N. Eyre. 2013. "Geographies of Energy Transition: Space, Place and the Low-carbon Economy." *Energy Policy*, 53, pp. 331~340.

Bridge, G. et. al. 2018. *Energy and Society: A Critical Perspective*. Routledge.

Burke, M. and J. Stephens. 2017. "Energy Democracy: Goals and Policy Instruments for Sociotechnical Transition." *Energy Research & Social Science*, 33, pp. 35~48.

Burke, M. and J. Stephens. 2018. "Political Power and Renewable Energy Futures: A Critical Review." *Energy Research & Social Science*, 35, pp. 78~93.

de Rubens, G. and L. Noel. 2019. "The Non-technical Barriers to Large Scale Electricity Networks: Analysing the Case for the US and EU Supergrids." *Energy Policy*, 135 (http://lps3.doi.org.libproxy.snu.ac.kr/10.1016/j.enpol.2019.111018)

Foxon, T. 2013. "Transition Pathways for UK Low Carbon Electricity Future." *Energy Policy*, 52, pp. 10~24.

Gailing, L., Andrea, B., Kern, K. and A. Röhring. 2019. "Socio-spatial Dimensions in Energy Transitions: Applying the TPSN Framework to Case Studies in Germany." Environment and Planning A: Economy and Space(https://doi.org/10.1177/0308518X19845142).

Geels, F. et. al. 2016. "The Enactment of Socio-technical Transition Pathways: A Reformulated Typology and a Comparative Multi-level Analysis of the German and UK Low-carbon Electricity Transitions(1990–2014)." *Research Policy*, 45, pp. 896~913.

Goldthau, A. 2014. "Rethinking the Governance of Energy Infrastructure: Scale, Decentralization and Polycentrism." *Energy Research & Social Science*, 1, pp. 134~140.

Hamouchene, H. 2016. "The Struggle for Energy Democracy in the Maghreb." Rosa Luxemburg Stiftung North Africa Office.

Healy, N. and J. Barry. 2017. "Politicizing Energy Justice and Energy

System Transitions: Fossil Fuel Divestment and a Just Transition." *Energy Policy*, 108, pp. 451~459.

Heffron, R. and D. McCauley. 2017. "The Concept of Energy Justice across the Disciplines." *Energy Policy*, 105, pp. 658~667.

Hickel, J. and G. Kallis. 2019. "Is Green Growth Possible?" New Political Economy (https://doi.org/10.1080/13563467.2019.1598 964).

Hojčková, K., Sandén, B. and H. Ahlborg. 2018. "Three Electricity Futures: Monitoring the Emergence of Alternative System Architectures." *Futures*, 98, pp. 72~89.

Jasanoff, S. and S-H Kim. 2009. "Containing the Atom: Sociotechnical Imaginaries and Nuclear Power in the United States and South Korea." *Minerva*, 47, pp. 119~146.

Jenkins, K., McCauley, D., Heffron, R. and H. Stephan. 2016. "Energy Justice: A Conceptual Review." *Energy Research & Social Science*, 11, pp. 174~182.

Jenkins, K., Sovacool, B. and D. McCauley. 2018. "Humanizing Sociotechnical Transitions through Energy Justice: An Ethical Framework for Global Transformative Change." *Energy Policy*, 117, pp. 66~74.

Larkin, B. 2013. "The Politics and Poetics of Infrastructure." *Annual Review of Anthropology*, 42, pp. 327~43.

McCauley, D. and R. Heffron. 2018. "Just Transition: Integrating Climate, Energy and Environmental Justice." *Energy Policy*, 119, pp. 1~7.

Miller, C., Iles, A. and C. Jones. 2013. "The Social Dimensions of Energy Transitions." *Science as Culture*, 22(2), pp. 135~148.

Ottinger, G. 2013. "The Winds of Change: Environmental Justice in Energy Transitions." *Science as Culture*, 22(2), pp. 222~229.

Parks, B. and T. Roberts. 2010. "Climate Change, Social Theory and Justice." *Theory, Culture & Society*, 27(2-3), pp. 134~166.

Scholten, D. and R. Bosman. 2016. "The Geopolitics of Renewables: Exploring the Political Implications of Renewable Energy Systems." *Techological Forecasting & Social Change*, 103, pp. 273~283.

Slota, S. and G. Bowker. 2017. "How Infrastructures Matter," U. Felt et. al. (eds.), *The Handbook of Science and Technology Studies* (4th ed.). MIT Press.

Schmitt, T. 2018. "(Why) did Desertec Fail? An Interim Analysis of a Large-scale Renewable Energy Infrastructure Project from a Social Studies of Technology Perspective." *Local Environment*, 23(7), pp. 747~776.

Sovacool, B., Burke, M., Baker, L. and. C. Kotikalapudi. 2017. "New Frontiers and Conceptual Frameworks for Energy Justice." *Energy Policy*, 105, pp. 677~691.

Szulecki, K. 2018. "Conceptualizing Energy Democracy." *Environmental Politics*, 27(1), pp. 21~41.

van de Graaf, T. and B. Sovacool. 2014. "Thinking Big: Politics, Progress, and Security in the Management of Asian and European Energy Megaprojects." *Energy Policy*, 74, pp. 16~27.

Verbong, G. and F. Geels. 2010. "Exploring Sustainability Transitions in the Electricity Sector with Socio-technical Pathways." *Technological Forecasting & Social Change*, 77, pp. 1214~1222.

Vakulchuk, R., Overland, I. and D. Scholten. 2020. "Renewable Energy and Geopolitics: A Review." *Renewable and Sustainable Energy Reviews*,

122. https://doi.org/10.1016/j.rser.2019.109547

Walker, G. 2012. *Environmental Justice: Concepts, Evidence and Politics*. Routledge.

《경향비즈》, 2018.05.16. "몽골, 러시아로부터 한중일까지 전력망 연결 속도 내나."

《동아일보》, 2018.06.29. "동북아를 잇는 전력 실크로드."

《디지털타임스》, 2018.06.11. "남북 전력연결 시동, 슈퍼그리드 수혜주 부상."

《에너지신문》, 2018.06.12. "동북아슈퍼그리드, 퍼즐 완성은 '北 참여'."

《주간한국》, 2018.12.24. "시진핑, 푸틴도 관심 갖는 동북아 전력망 프로젝트."

《한국경제》, 2018.12.11. "한-중-일-러 연결하는 동북아 전력망사업에 7-8조원 필요."

한국전력 동북아 슈퍼그리드 홈페이지(http://home.kepco.co.kr/kepco/SG/main/main.do)

5. 한반도 에너지 전환 경로와 시나리오 구상하기

곽대종. 2018. 〈북한 에너지·전력 현황과 남북 태양광분야 협력방향〉. 《산업경제》, 18~27쪽.

구갑우. 2005. 〈남북한 관계의 이론들: 분류와 비판〉. 경남대학교 북한대학원 엮음. 《남북한 관례론》. 한울아카데미. 81~111쪽.

권세중. 2020. 《북한 에너지, 미래를 위한 협력과 도전》. 선인.

김연규 엮음. 2018. 《한국의 에너지 전환과 북방경제협력》. 사회평론아카데미.

_____. 2019.《한국의 에너지 전환: 관점과 쟁점》. 한울아카데미.

김윤성·윤성권·이상훈. 2018. 〈남북 재생에너지 협력을 위한 전략과 정
　　책적 과제〉.《환경법과 정책》, 21, 131~165쪽.

다이어, 권. 2011.《기후대전》. 이창신 옮김. 김영사.

미첼, 티머시. 2017.《탄소 민주주의: 화석연료 시대의 정치권력》. 에너지
　　기후정책연구소 옮김. 생각비행.

민주노동당. 2007. 〈남북에너지 협력방안 연구: 재생가능에너지를 중심
　　으로〉. 국회사무처.

박배균. 2013. 〈국가-지역 연구의 인식론〉, 박배균·김동완 엮음.《국가와
　　지역: 다중스케일 관점에서 본 한국의 지역》. 알트.

배성인. 2010. 〈북한의 에너지난 극복을 위한 남북 협력 가능성 모색: 신
　　재생에너지를 중심으로〉.《북한연구학회보》, 14(1), 59~90쪽.

부퍼탈연구소. 2011.《공정한 미래》. 이한우 옮김. 창조문화.

빙현지·이석기. 2017. 〈북한 재생에너지 현황과 시사점〉. 산업연구원.

산업통상자원부. 2017. 〈제8차 전력수급기본계획(2017~2031)〉.

_____. 2018. 〈에너지 전환 주요 이슈 '오해와 진실'〉.

_____. 2019. 〈제3차 에너지기본계획〉.

에너지경제연구원. 2018. 〈에너지통계연보〉.

에너지기후정책연구소. 2015. 〈재생가능에너지 보급에서의 갈등과 해결
　　방안 연구〉. 프리드리히에버트재단.

_____. 2016. 〈재생가능에너지 보급에서의 갈등과 해결
　　방안 연구(Ⅱ)〉. 프리드리히에버트재단.

윤순진·임지원·안정권·임효숙·조영래. 2010. 〈남북 재생가능에너지 협
　　력의 필요성과 장애요인〉.《환경논총》, 49, 64~93쪽.

이강준. 2018. 〈한반도 에너지전환을 위한 시민사회의 역할〉. 에너지기

후정책연구소 월례세미나(5월) 발표문.

이상헌·이정필·이보아. 2014. 〈다중스케일 관점에서 본 밀양 송전탑 갈등 연구〉. 《공간과 사회》, 24(2)호, 252~286쪽.

이정필. 2012. 〈에너지기후시대의 미·중의 에너지안보전략과 패권 경쟁〉. 《코리아연구원 리포트》, 3(2)호, 28~52쪽.

_____. 2015. 〈지방자치단체 지역에너지 전환의 의미와 과제〉. 《생태환경논집》, 3(2)호, 28~52쪽.

_____. 2019. 〈에너지민주주의: 전환정책과 정책통합〉. 《에너진포커스》, 93호.

이정필·권승문. 2018. 〈한반도 에너지전환의 비전과 가능성 모색〉. 《에너지기후정책연구소·서울대학교 아시아 도시센터 공동 심포지엄: 한반도와 아시아 에너지전환의 미래 자료집》, 8~31쪽.

이정필·조보영·유예지. 2014. 〈동남아시아 에너지 전환의 경로 탐색〉. 《에너진포커스》 60호.

정연미·한재각·유정민. 2011. 〈에너지 미래를 누가 결정하는가? 한국사회 탈핵 에너지전환 시나리오의 모색〉. 《경제와사회》, 92호, 107~140쪽.

최병두. 2003. 〈북한의 환경문제와 생태통일 전략〉. 《황해문화》, 39, 183~203쪽.

_____. 2006. 〈변화하는 동북아시아 에너지 흐름의 정치경제지리〉. 《한국지역지리학회지》, 12(4), 475~495쪽.

코너하우스. 2015. 《에너지 안보: 지금은 안 보이는 에너지 안보 상상하기》. 에너지기후정책연구소 옮김. 이매진.

페드렛, 애니. 2018. 《평양 2050: 미래공간》. 담디.

한국전력공사. 2019. 5. 〈한국전력통계〉.

한재각·이보아·이정필·이진우. 2017. 《시민 참여 에너지 시나리오》. 이 매진.

한재각·이영희. 2012. 〈한국의 에너지 시나리오와 전문성의 정치〉. 《과학 기술학연구》, 12(1)호, 107~144쪽.

홍덕화. 2019. 〈에너지 민주주의의 쟁점과 에너지 커먼즈의 가능성〉. 《ECO》, 23(1)호, 75~105쪽.

홍순직·이석기·조봉현·이윤식·정일영. 2017. 〈통일 후 남북한 산업구조 재편 및 북한 성장산업 육성방안〉. 대외경제정책연구원.

황진태. 2016. 〈동아시아 맥락에서 바라본 한국에서의 위험경관의 생 산〉. 《대한지리학회지》, 51(2)호, 283~303쪽.

Akizu, O. Bueno, G. Barcena, I. Kurt, E. Topaloğlu, N. and Lopez-Guede, J. M. 2018. "Contributions of Bottom-Up Energy Transitions in Germany: A Case Study Analysis." *Energies*, 11. pp. 1~21.

Angel, J. 2016. *Towards Energy Democracy: Discussions and Outcomes from an International Workshop(Workshop Report)*. Transnational Institute(Amsterdam), https://www.tni.org/es/publicacion/hacia-la-democracia-energetica?content_language=en.

Avelino, F. 2017. "Power in Sustainability Transitions. Analysing power and (dis)empowerment in transformative change towards sustainability." *Environmental Policy and Governance*, 27(6), pp. 505~520.

Barton, J. Davies L. Dooley B. Foxon, T. J. Galloway, S. Hammond, G. P. O'Grady, Á. Robertson, E. and Thomson, M. 2018. "Transition pathways for a UK low-carbon electricity system: Comparing scenarios and technology implications." *Renewable and Sustainable*

Energy Reviews, 82(3), pp. 2779~2790.

Berkhout, F. Angel, D. and Wieczorek, J. 2009, "Asian development pathways and sustainable socio-technical regimes." *Technological Forecasting & Social Change*, 76(2), pp. 218~228.

Bridge, G. Özkaynak, B. and Turhan, E. 2018. "Energy infrastructure and the fate of the nation: Introduction to special issue." *Energy Research & Social Science*, 41, pp. 1~11.

Bridge, G. Bouzarovski, S. Bradshaw M. and Eyre, N. 2013. "Geographies of energy transition: Space, place and the low-carbon economy." *Energy Policy*, 53, pp. 331~340.

Burke, M. and Stephens, J. 2017. "Energy Democracy: Goals and Policy Instruments for Sociotechnical Transitions." *Energy Research & Social Science*, 33, pp. 35~48.

_____. 2018. "Political power and renewable energy futures: A critical review." *Energy Research & Social Science*, 35, pp. 78 ~93.

Ćetković, S. and Buzogány, A. 2016. "Varieties of capitalism and clean energy transitions in the European Union: When renewable energy hits different economic logics." *Climate Policy*, 16(5), pp. 642~657.

Cox, K. R. 1998. "Spaces of dependence, spaces of engagement and politics of scale, or looking for local politics." *Political Geography*, 17(1), pp. 1~23.

Devine-Wright, P. 2007. "Energy Citizenship: Psychological Aspects of Evolution in Sustainable Energy Technologies." In J. Murphy(ed.). *Governing Technology for Sustainablity*. UK: Earth Scan, pp. 63~86.

Friedrichs, J. 2010. "Global energy crunch: How different parts of the world would react to a peak oil scenario." *Energy Policy*, 38(8), pp.

4562~4569.

Geels, F. W. 2014. "Reconceptualising the co-evolution of firms-in-industries and their environments: Developing an inter-disciplinary Triple Embeddedness Framework." *Research Policy*, 43(2), pp. 261~277.

Geels, F. and Schot, J. 2010. "The dynamics of socio-technical transitions: A socio-technical perspective." In J. Grin, J. Rotmans, and J. W. Schot(eds.). *Transitions to sustainable development: New directions in the study of long term transformative change*. New York: Routledge, pp. 11~104.

Geels, F. W. Kern, F. Fuchs, G. Hinderer, N. Kungl, G. Mylan, J. Neukirch, M. and Wassermann, S. 2016. "The enactment of socio-technical transition pathways: A reformulated typology and a comparative multi-level analysis of the German and UK low-carbon electricity transitions(1990-2014)." *Research Policy*, 45(4), pp. 896~913.

Goldthau, A. 2014. "Rethinking the governance of energy infrastructure: Scale, decentralization and polycentrism." *Energy Research & Social Science*, 1. pp. 134~140.

Grin, J. 2010. "The Governance of Transitions. An agency perspective." In J. Grin, J. Rotmans, and J. W. Schot(eds.). *Transitions to sustainable development: New directions in the study of long term transformative change*. New York: Routledge, pp. 265~284.

Groves, C. 2017. "Emptying the future: On the environmental politics of anticipation." *Futures*, 92, pp. 29~38.

Haarstad, H. and Wanvik, T. I. 2017. "Carbonscapes and beyond: Conceptualizing the instability of oil landscapes." *Progress in Human*

Geography, 41(4), pp. 432~450.

Hansen, U. E. and Nygaard, I. 2013. "Transnational linkages and sustainable transitions in emerging countries: Exploring the role of donor interventions in niche development." *Environmental Innovation and Societal Transitions*, 8, pp. 1~19.

Kuittinen, H. and Velte, D. 2018. *Case Study Report: Energiewende*. European Commission Directorate-General for Research and Innovation(Brussels), https://ec.europa.eu/info/publications/mission-oriented-research-and-innovation-policy-depth-case-studies_es.

Longhurst, N. and Chilvers, J. 2019. "Mapping diverse visions of energy transitions: co-producing sociotechnical imaginaries." *Sustainability Science*, 14, pp. 973~990.

Lovins, A. B. 1976. "Energy Strategy: The Road Not Taken?" *Foreign Affairs*, 55, pp. 65~96.

Raven, R. Schot, J. and Berkhout, F. 2012. "Space and scale in socio-technical transitions." *Environmental Innovation and Societal Transitions*, 4, pp. 63~78.

Sait, M. A. Chigbu, U. E. Hamiduddin, I. and De Vries, W. T. 2019. "Renewable Energy as an Underutilised Resource in Cities: Germany's 'Energiewende' and Lessons for Post-Brexit Cities in the United Kingdom." *Resources*, 8(7), pp. 1~27.

Späth, P. and Rohracher, H. 2014. "Beyond localism: The spatial scale and scaling in energy transitions." In F. Padt, P. Opdam, N. Polman and C. Termeer(eds.). *Scale-sensitive Governance of the Environment*, Oxford: John Wiley & Sons, pp. 106~121.

Sovacool, B. K. Baker, L. Martiskainen, M. and Hook, A. 2019.

"Processes of elite power and low-carbon pathways: Experimentation, financialisation, and dispossession." *Global Environmental Change*, 59, pp. 1~14.

Sustainability Transitions Research Network. 2019. *An agenda for sustainability transitions research: State of the art and future directions*, https://transitionsnetwork.org/wp-content/uploads/2016/09/STRN_Research_Agenda_2019c-2.pdf.

Von Hippel, D. and Peter, H. 2011. "DPRK energy sector development priorities: Options and preferences." *Energy Policy*, 39(11), pp. 6781~6789.

북한 전기산업 정보포탈시스템 https://nk.koema.or.kr/main/main.html

전력거래소 전력통계정보시스템 http://epsis.kpx.or.kr/epsisnew/

통계청 국가통계포털 http://kosis.kr/index/index.do

통일부 북한정보포털 https://nkinfo.unikorea.go.kr/nkp/main/portalMain.do

International Energy Agency 웹사이트 https://www.iea.org/

《경향신문》, 2018.05.08. "남북 접경지에 '평화발전소' 건설 추진."

《오마이뉴스》, 2018.11.01. "한반도 평화 위해 재생에너지 100% 전환은 필수."

《한겨레》, 2018.10.20. "문 대통령, 유럽 순방 마지막날 "북 경제성장·지속가능 발전 도와야.""

《KBS》, 2019.02.23. "[클로즈업 북한] 만성적인 북한 전력난…재생 에너지 개발 안간힘."

《21세기민족일보》, 2019.12.31. "[노동신문] 북, 당중앙위 제7기 제5차전원회의 3일회의 진행."

경기개발연구원. 2011. 《경기도 남북교류협력사업 평가 및 개선방안 연구》. 경기도의회 연구용역.

경수로사업지원기획단. 2007. KEDO 경수로사업 지원 백서.

국가균형발전위원회. 2018. 한반도 균형발전과 남북지역교류 활성화 방안.

김경술. 2012. 〈남북 에너지협력 프로젝트별 추진방안 분석 연구〉. 《에너지경제연구원 기본연구보고서》.

김경술·신정수. 2019. 《남북 에너지교역 잠재량 평가 및 추진전략 연구》. 에너지경제연구원.

김영재. 2012. 〈이명박 정부의 대북정책에 대한 소고: 쟁점 및 평가〉, 《21세기정치학회보》, 22권 2호, 109~112쪽.

김유동·박홍수·김성용·이재호. 2005. 〈북한의 광물자원개발과 남북간 자원협력방안〉. 《자원환경지질》, 38권 2호, 197~206쪽.

남북교역25년사편집위원회. 2016. 《남북교역 25년사》(1989~2015).

대북협력민간단체협의회. 2015. 《대북지원 20년 백서》(1995~2015).

대북 에너지지원 국민운동본부. 2007.9. "남북 재생가능에너지 협력 – 한반도 위기에서 상생·평화 시대로!"

문종열. 2007.8. 〈경수로사업 청산과 시사점〉. 《예산현안분석》, 제13호, 국회예산정책처.

이유진·이강준·윤지훈·장주영. 2007. 《남북에너지 협력방안 연구: 재생가능에너지를 중심으로》. 국회사무처.

이종훈. 2012. 《한국은 어떻게 원자력 강국이 되었나》. 나남출판.

이화여자대학교 통일학연구원. 2009.10. 《지방자치단체 대북교류 10년 백서》. 통일부.

통일연구원. 2008. 《이명박 정부 대북정책 비전 및 추진방향》.

한국에너지공단. 2016. 〈개성공단 폐쇄, 에너지업계에 미치는 영향은?〉, 《KEA 에너지 이슈 브리핑》, Vol 36. 2016.02.29.

한국행정학회. 2016. 《통일시대에 대비하는 에너지정책의 기본방향 연구》. 산업통상자원부.

허준영·유진아·우창빈. 2018. 〈LRRD 접근을 통한 남북 신재생에너지 협력에 대한 탐색적 연구〉. 《국제·지역연구》, 27권 4호, 95~130쪽.

《IT조선》, 2018.09.20. "포스코 고유기술 "파이넥스", 북 철강 재건 불지펴."

《조선일보》, 2020.11.23. "[단독] 월성원전 세운 산업부, 北엔 원전건설 지원 추진했다."

대북지원정보시스템 https://hairo.unikorea.go.kr/

(사)남북교류협력지원협회 https://www.sonosa.or.kr/

(사)따뜻한 한반도 사랑의 연탄나눔운동 http://lovecoal.org/north-business

통계청 국가통계포털 http://kosis.kr/index/index.do

통일부 북한정보포털 https://nkinfo.unikorea.go.kr/nkp/main/portalMain.do

나가며

에너지기후정책연구소. 2012. 《탈핵 에너지전환의 정치·사회 시나리오 연구》. 프리드리히에버트재단 한국사무소.

이상헌·김은혜·황진태·박배균. 2017. 《위험도시를 살다: 동아시아 발전주의 도시화와 핵위험경관》. 알트.

《경향신문》, 2020.01.02. "'2020년 우주의 원더키디'의 경고가 현실이 된

2020년…기후변화의 위협으로."

《프레시안》, 2021.01.31. "산업부 '북한 핵발전' 문건에 "경협 활성화 대비 아이디어 검토 자료.""

Climate Action Network Europe, 2020. Can europe policy briefing on the energy charter treaty. https://caneurope.org/content/uploads/2020/11/Policy-briefing-on-the-Energy-Charter-Treaty-ECT.pdf

Hwang, J. T., Lee, S. H. and Müller-Mahn, D., 2017, Multi-scalar practices of the Korean state in global climate politics: The case of the Global Green Growth Institute. *Antipode*, 49(3), 657~676.

International Energy Charter https://www.energycharter.org/

The Fossil Fuel Non-Proliferation Treaty https://fossilfueltreaty.org/

UNFCCC NDC Registry https://www4.unfccc.int/sites/NDCStaging/Pages/Home.aspx

한반도 에너지 전환

초판 1쇄 인쇄 | 2021년 6월 8일
초판 1쇄 발행 | 2021년 6월 15일

기획 서울대학교 아시아도시사회센터·정의로운 전환을 위한 에너지기후정책연구소
엮은이 이정필·황진태
지은이 권승문·이강준·이보아·이정필·한재각·홍덕화·황진태
책임편집 손성실
편집 조성우
디자인 권월화
펴낸곳 생각비행
등록일 2010년 3월 29일 | 등록번호 제2010-000092호
주소 서울시 마포구 월드컵북로 132, 402호
전화 02) 3141-0485
팩스 02) 3141-0486
이메일 ideas0419@hanmail.net
블로그 www.ideas0419.com

ⓒ 권승문·이강준·이보아·이정필·한재각·홍덕화·황진태, 2021
ISBN 979-11-89576-83-7 93300

이 저서는 2017년도 정부재원(교육부)으로 한국연구재단 한국사회과학연구사업(SSK)의 지원을
받아 연구되었음(NRF-2017S1A3A2066514).